国家出版基金项目
NATIONAL PUBLICATION FOUNDATION

"十四五"国家重点图书出版规划项目

新时代
东北全面振兴
研究丛书

XIN SHIDAI
DONGBEI QUANMIAN ZHENXING
YANJIU CONGSHU
——

中国东北振兴研究院
组织编写

推进东北地区高水平开放实现新突破

笪志刚　王佳靓　——　著

辽宁人民出版社

图书在版编目（CIP）数据

推进东北地区高水平开放实现新突破 / 笪志刚，王佳靓著. -- 沈阳：辽宁人民出版社，2025. 2.（新时代东北全面振兴研究丛书）. -- ISBN 978-7-205-11417-6

Ⅰ. F127.3

中国国家版本馆CIP数据核字第2024DF7738号

出版发行：辽宁人民出版社
　　　　　地址：沈阳市和平区十一纬路 25 号　邮编：110003
　　　　　电话：024-23284313　邮箱：ln_editor4313@126.com
　　　　　http://www.lnpph.com.cn
印　　刷：辽宁新华印务有限公司
幅面尺寸：170mm×240mm
印　　张：20.75
字　　数：348千字
出版时间：2025年2月第1版
印刷时间：2025年2月第1次印刷
策划编辑：郭　健
责任编辑：冯　莹　张婷婷　郭　健
助理编辑：龙佳琪
封面设计：丁末末
版式设计：G-Design
责任校对：刘再升
书　　号：ISBN 978-7-205-11417-6

定　　价：108.00元

《新时代东北全面振兴研究丛书》 中国东北振兴研究院 组织编写

编委会

主 任

夏德仁　郭　海　迟福林

委 员

唐立新　徐　峰　张连波　孟继民

常修泽　刘海军　蔡文祥

总　序

　　《新时代东北全面振兴研究丛书》是中国东北振兴研究院组织编写出版的第二套关于东北振兴主题的丛书。中国东北振兴研究院成立于 2016 年，是国家发展和改革委员会为支持东北地区振兴发展而批准成立的研究机构。近 10 年来，该研究院以服务东北振兴这一国家战略为己任，充分发挥高校人才和智力优势，密切与社会各界合作，根据不同时期党中央对东北振兴做出的重大决策，深入东北三省调查研究，组织年度东北振兴论坛并不定期举办具有针对性的专家座谈会，向国家有关部门和东北三省各级党委和政府提供了一系列具有决策参考价值的咨询报告。在此基础上，也形成了一批具有学术价值的研究成果。2020 年，研究院组织编写出版了《东北振兴研究丛书》(共 8 个分册)，在社会上引起良好反响。从 2023 年开始，研究院结合总结东北振兴战略实施 20 周年的经验，组织编写了《新时代东北全面振兴研究丛书》(共 9 个分册)，从更广阔的视野和新时代东北振兴面临的新问题角度，对东北振兴进行了更加深入的研究。研究院和出版社的同志邀请我为这套丛书作序，我也想借此机会，结合自己 20 年来亲身参与东北振兴全过程的经历和近几年参与研究院组织的调研的体会，就丛书涉及的一些问题谈谈个人的看法，也算是为丛书开一个头。

一、关于东北振兴的重大战略意义

　　东北振兴战略是国家启动较早的区域发展战略，启动于 2003 年。我深切体会到，20多年来，还没有哪一个区域的发展像东北地区这样牵动着历届党和国家领导人的心，被给予了这样多的关心和支持。仅党的十八大以来，习近平总书记就10多次到东北来考察调研，亲自主持召开座谈会并作重要讲话。党中央和国务院在不同时期都对支持东北振兴做出政策安排，尽最大的可能性给予东北各项支持政策。从中可以看出，东北振兴战略不仅仅是一个简单的区域发展战略，它远远超出东北地区的范围，具有十分重大的全局性意义。我从以下两方面来理解这一重大意义：

第一，东北振兴是实现中国式现代化的战略支撑。

中国式现代化最本质的特征是由中国共产党领导的社会主义现代化。回顾历史，在中国共产党领导下，中国式现代化贯穿了新中国成立至今70多年的整个历史过程，这一历史过程既包括改革开放以来的40多年，也包括从新中国成立到改革开放的近30年。在党领导的现代化建设过程中，东北地区扮演着十分独特而举足轻重的角色。东北地区是新中国最早启动工业化的地区，新中国成立之初，党的第一代领导人为开展社会主义工业化建设，在东北地区进行了大规模投资。"一五"时期，国家156个重点项目中有56个安排在东北地区，其投资额占了总投资额的44.3%。东北工业基地的建立与发展，寄托着中国共产党人对社会主义现代化的理想和追求，展现了中国共产党人独立自主建设新中国的高瞻远瞩和深谋远虑。在此过程中，东北工业基地的发展为中国社会主义工业体系的建设做出了不可磨灭的重大贡献，东北地区的能源工业、基础原材料生产和重大装备制造等支撑着国家的经济建设和国防建设。与此同时，东北三省的经济发展水平一直在全国排名前列，以辽宁为例，由于其特殊的战略地位，辽宁的经济总量（当年的衡量指标是工农业总产值）曾排名第一，被称为"辽老大"。改革开放后，东南沿海地区在改革推动下，市场机制快速发育，经济发展迅速，而东北三省则面临从传统计划经济向社会主义市场经济转型的痛苦过程。尽管东北人在转型过程中做出了大量艰苦的探索，但是由于体制机制的惰性和产业结构的老化使市场机制的发育相对缓慢，东北三省的经济总量在全国的排名逐渐落后。2003年10

月，党中央、国务院正式印发《关于实施东北地区等老工业基地振兴战略的若干意见》，以此为标志，国家正式启动了东北地区等老工业基地振兴战略。习近平总书记高度重视东北老工业基地的振兴发展，党的十八大以来，先后10多次到东北考察并发表重要讲话，多次就东北振兴问题做出重要指示批示，强调了东北振兴在国家大局中的战略地位，特别是强调了东北地区在维护国家国防安全、粮食安全、生态安全、能源安全、产业安全方面担负着重大责任。在加快强国建设、实现第二个百年奋斗目标、推进民族复兴伟业的过程中，东北振兴的战略地位是至关重要的。

综上所述，东北老工业基地由于有着区别于其他地区的历史演变过程，其建设、发展、改革和振兴凝聚着中国共产党几代领导人对社会主义道路全过程的实践探索和不懈努力，因而对实现中国式现代化来说具有特有的象征性意义。可以说，没有东北老工业基地的全面振兴，就没有中国式现代化目标的实现，而且，东北全面振兴的进度也在一定程度上决定了中国式现代化实现的进度。在迈向第二个百年奋斗目标新征程中，东北振兴能否实现新突破，标志着中国式现代化目标能否成功。所以东北全面振兴是实现中国式现代化的重要支撑。

第二，东北振兴是维护国家安全的重要保证。

东北振兴不能简单地从经济发展方面来衡量其重大意义。我在省市工作期间，经常接待党和国家领导人到东北来考察调研，我感觉到领导同志所关心的问题主要不是经济增长率是多少、地区生产总值是多少，所考察的企业或项目主要不是看其能够创造多少产值，而是看其能否为国家解决战略性重大问题。以大连的造船工业为例，20年前其每年实现的产值也就是100亿元左右，与一些超千亿元的大型企业相比，微不足道；但领导同志最关心的是，他们能造出保障国家能源安全的30万吨级大型油轮和液化天然气（LNG）运输船，能够造出保障国防安全的航空母舰和大型驱逐舰，所以在2003年党中央、国务院印发的《关于实施东北地区等老工业基地振兴战略的若干意见》中明确现代造船业为大连市的四大支柱产业之一，作为老工业基地产业振兴的重要组成部分。同样，我们看到的东北地区的飞机制造、核电装备、数控机床等装备制造业企业，规模并不大，产值并不高，但是却体现着"国之重器"特点，是我国国防安全和产业安全的重要保障。从国家的粮食安全来看，我曾几次到黑龙江和吉林粮食产区考察学习，深切感受到东北地区的粮食生产在维护国家粮食安全中的战略地位。东北是我国重要的农业生产基地，粮食产量占全国总产量1/4以上，商品粮占全国1/3，粮食调出量占全国40%，是国家粮食安全的"压舱石"。前几年在黑龙江省北大荒集团，我看到一望无际的黑土地上，全部实现了机械化耕种，其情景令人震撼；最近我又率队参观了北大荒集团的数字农业指挥中心，看到通过数字化和人工智能技术，可将上亿亩的耕地集中进行智能化管理，切身感受到了"中国人的饭碗端在我们自己手里"的安全感。

习近平总书记高度重视东北振兴，曾多次从维护国家安全的角度强调东北振兴的重要性。2018年9月，习近平总书记在沈阳主持召开深入推进东北振兴座谈会时强调，东北地区是我国重要的工业和农业基地，维护国家国防安全、粮食安全、生态安全、能源安全、产业安全的战略地位十分重要，关乎国家发展大局。习近平总书记亲自为东北地区谋定了维护国家"五大安全"的战略定位，做出统筹发展和安全的前瞻性重大部署，进一步提升了东北振兴的战略层次，凸显了东北振兴的重要支撑地位，为新时代东北全面振兴提供了根本遵循。

东北三省地处复杂多变的国际地缘政治敏感区，肩负着发展和安全的重要使命。我们应自觉从维护国家安全的战略高度推进东北振兴，既要在总体上担负起维护"五大安全"的政治责任，又要厘清国防安全、粮食安全、生态安全、能源安全、产业安全的具体责任。比如在国防安全上，要进一步完善军民融合发展政策，充分释放军工企业制造能力，通过与地方产业链、供应链的衔接，提升国防装备制造产业创新能力和效率。再比如在产业安全上，针对"卡脖子"技术，要在自主研发体系、产业链供应链的完善上，采取有效举措甚至"举国体制"予以支持。东北地区的新定位，进一步明确了东北振兴的战略重点，使东北振兴战略与维护国家"五大安全"战略紧密结合，更加有利于加强政策统筹协调，有利于实现重点突破。

维护国家"五大安全"，也是东北振兴的重要途径。东北地区要以"五大安全"战略定位为引领，准确把握国家战略需要，充分发挥东北地区比较优势和深厚潜力，突出区域资源特色，结合建设现代化产业体系，谋划一批统筹发展与安全的高质量的重大项目。把"五大安全"的战略定位和政治责任，落实到东北振兴的各方面和全过程。特别需要强调的是，在东北地区产业结构调整中，要加强"国之重器"的装备制造业升级改造，加快数字化智能化进程，增强核心部件和关键技术的自主研发能力，解决好"卡脖子"问题。

二、关于东北振兴中的体制机制改革

当前，东北地区与发达地区的最大差距是经济活力的差距，从根本上讲，还是体制机制的差距。前不久我在东南沿海地区考察过程中，见到不少东北人在那里创业发展，其中一部分是商界人士，如企业家或公司高管；还有一部分是科技人员，他们当中许多人是携带着科技成果从东北转战到南方的。我与其中几位科技企业的高管和科研人员做了深入的交谈，询问了他们为什么远离家乡到这里发展，他们的回答几乎是一致的，即东南沿海的经济充满活力，市场机制发达，生产要素市场健全，创新创业的成功率高，企业家和科技人员的聪明才智能够得到充分发挥。至于东北的情况，他们的回答也是很中肯的：东北的产业和科技教育基础都很好，他们也想在当地创业发展，但是有几个因素使得许多人最终选择了离开——一是东北地区的企业缺乏创新动力和吸纳科技成果的积极性，在科研成果和优秀人才面前，更多的是南方企业（也包括创投公司）伸出橄榄枝，很少遇到东北企业的主动欢迎；二是要素市场不健全，获得资金的资本市场、获得人才的人才市场和制造业企业的供应链市场都有许多缺陷；三是尽管政府部门推动发展的积极性高，但是由于政策多变，新官不理旧账，所以给企业和创业者带来许多不确定性。

以上问题，究其原因还是东北地区的体制机制改革不到位。东北地区是在全国各区域中进入计划经济最早的地区，从1950年开始，国家就对东北地区的煤炭、钢材等生产资料进行统一的计划分配；另一方面，东北地区又是各区域中退出计划经济最晚的地区，由于长期形成的历史包袱，计划经济管理的惯性使得市场机制在原有的计划经济基础上发育得较为缓慢。尽管东北地区在国家自始至终的支持下，在体制机制改革方面做了大量艰苦细致的工作，但是与其他区域相比，特别是与东南沿海地区相比，市场化程度仍然不高，距离市场机制在资源配置中发挥决定性作用的目标还有相当大的差距。从现象上来看，市场化程度不高主要表现在来自企业的自我发展动力活力不足。国企改革不到位，效率不高，在许多竞争性行业对其他市场主体形成"市场准入障碍"或"挤出效应"，制约了民营经济的发展；而地方政府为了弥补市场主体数量不够、企业动力不足问题，不得不亲自下场参与经济活动，再加上长期形成的计划经济的管理习惯，在一定程度上挤压了市场机制发挥作用的空间，限制了市场机制对资源配置的决定性作用。所以，今后东北地区的深化改革还是要围绕着国企改革，以加快民营经济发展和理顺政府与市场的关系为重点。

一是国企国资改革。当前东北国有经济在总体经济中占的比重比较高。以国有控股工业企业资产占规模以上工业企业资产总额的比重为例，辽宁为53.2%，吉林为61.4%，黑龙江为43.2%，均远高于全国37.7%的平均水平。东北地区国有经济比重高有其历史原因，也有东北的国有企业特别是央企为国家担负着一些特殊职能的原因。因此东北地区的国企国资改革并不能简单地提出国退民进或降低国企比重的措施，而是要按照党的二十届三中全会的要求，推进国有经济布局优化和结构调整，增强东北地区国有企业的核心功能，推动国有资本向维护国家"五大安全"领域、向关系国民经济命脉和国计民生的重要行业和关键领域集中，通过完善现代企业制度，将东北的国有企业做强做优做大，提升国际竞争力。针对当前东北地区存在的"市场准入障碍"和"挤出效应"问题，国企国资改革要按照有所为有所不为的原则，在一些竞争性行业，通过混合所有制改革，为非公有制经济创造更多市场准入的机会。这样做一方面实现了国有资本布局的战略性调整，另一方面也在公平竞争的原则下，推动了非公有制经济的发展。

二是民营经济发展。民营经济一直是东北地区经济发展中的一块短板，这一方面是由于东北地区长期实施的是以国有经济为主导的经济模式，民营经济缺乏健康发展的土壤；另外一方面，东北地区的民营企业存在一些先天不足，相当一部分民营企业不是靠企业自身的资本积累和科技创新获得可持续发展能力，而是靠政府部门政策支持和金融机构的信贷扶持发展起来的。我们可以看到，东北地区早期发展起来的民营企业大都有能力获得低价的土地资源或矿产资源的开发许可，而在其背后往往隐藏着不正常的政商关系，因此，每当一个地区出现腐败案件时总会牵扯出一些民营企业家。东北地区民营企业平均生命周期明显短于东南沿海地区，这种先天不足制约了民营经济的发展。要解决这个问题，必须认真贯彻中央"两个毫不动摇"方针，建立亲清的政商关系，遵循国家正在制定的《中华人民共和国民营经济促进法》的法律原则，在明确民营经济发展"负面清单"前提下，放心放手、公平公正地支持民营企业的发展。针对东北地区民营企业家资源不足的问题，要充分利用东北地区的资源优势和产业优势，进一步降低市场准入门槛，吸引更多的外省市企业家到东北来创新创业，结合扶持和培养本土优秀企业家，不断壮大民营企业家群体，并逐步形成东北地区敢于竞争、勇于创新的企业家精神。

在支持非公有制经济发展过程中，我还有一个体会，就是要对民营企业进行正确引导。要认识到民营企业的本质特征是追求企业利益的，但是如何把企业利益与公共利益有机结合起来，这就涉及政府如何进行政策引导。20多年前，亿达集团和东软集团在大连创办了大连软件园，本来所在位置的土地是可以搞房地产开发的，这样可以取得较高的资金回报，但是在政府政策引导下，这两个公司合作规划建设了当时国内最大的软件园，这样就将企业利益和政府的公共利益有机结合起来。尽管企业取得的效益没有像房地产那么高，但是由于政府的一系列政策，他们可以取得更长远的利益，同时又能为城市的功能布局优化、产业结构调整、新兴产业发展做出贡献。大连软件园的建设开启了大连旅顺南路软件产业带的发展，使大连的软件产值从不足1亿元发展到现在的3000多亿元，旅顺南路软件产业带聚集了20多万的软件人才。从这个角度看，通过政府的正确引导，民营企业的利益是可以与公共利益达成一致的。

三是理顺政府与市场的关系。应当看到，由于传统计划经济下的企业对政府依附关系的延续，东北地区政府与市场的关系仍带有"大政府""小市场"的特征。特别是东北地区的各级政府担负着推进体制改革和实施东北振兴战略的重要职责，所以在实践中往往存在着一种"双重悖论"，即一方面政府推进体制改革、实施振兴战略的目的是增强市场活力，放大市场机制作用；但另一方面政府在实施改革和振兴措施的过程中，又往往强化了政府职能，增加了行政干预，进一步压缩了市场机制发挥作用的空间，使市场机制在配置资源方面的决定性作用难以得到有效发挥。要解决这一问题，还是要以党的二十届三中全会精神为指导，把"充分发挥市场在资源配置中的决定性作用，更好发挥政府作用"作为目标和原则，在具体实践中、在"推动有效市场与有为政府更好结合"上下功夫。一是把塑造"有效市场"作为政府的一项"公共服务"，通过落实党的二十届三中全会关于深化改革的各项措施，切实培育起有效的市场机制，并向全社会提供。二是当一些领域"有效市场"形成，市场机制能够对资源配置产生决定性作用时，政府应当主动退出此领域，防止政府"有形的手"干预有效市场"无形的手"的作用。三是政府在制定产业规划和产业政策时，应该遵循市场经济规律，预见中长期的市场波动和周期变化，弥补市场机制在某些环节的"失效"。四是在推动东北产业结构调整过程中，要把产业结构优化升级与培育市场机制有机结合起来，合理界定国企和民企投资的优势领域，结合国有资本的优化布局，将其投资重点集中到涉及国家重大利益的关键领域，并在竞争性领域为民营企业发展留出足够空间，防止出现"挤出效应"。特别是要抢抓当前新一轮科技革命和产业变革重大机遇，充分发挥民营企业家和科技人员创新创业的积极性和创造性，最大限度地将民间资金引导到科技研发和产业创新，在推动战略性新兴产业和未来产业的同时，发展壮大东北地区的民营经济。

党的二十届三中全会提出，到2035年全面建成高水平社会主义市场经济体制。这里所提到的"全面建成"，从区域上讲，就是全国一盘棋，各区域都要通过深化改革，完成向高水平社会主义市场经济体制转型的任务，共同融入全国统一的社会主义大市场之中。这对于目前在市场化改革中仍与发达地区存在较大差距的东北地区来说，既是推进改革的难得机遇，又是不容回避的巨大责任和挑战。

三、关于东北振兴中的产业结构调整

实施东北振兴战略的重要任务是推动东北地区的产业振兴，而产业振兴的核心内容是对东北地区现有的产业结构进行调整优化。近年来，我几次带领中国东北振兴研究院的研究人员深入到东北三省的企业进行调研，对东北地区的产业发展有了一些认识。

东北地区产业结构的主要特点是"老"。东北老工业基地之所以被称为"老"，是因为新中国成立初期国家在东北地区建设的工业体系属于工业化早期水平，产业结构单一，重化工业比重过高，其中能源与基础原材料工业处于价值链前端，附加值低，受某些资源枯竭的影响，成本增加，竞争力下降。东北地区装备制造业是国家工业体系中的顶梁柱，具有不可替代的优势，但是由于体制机制问题，长期以来技术更新缓慢，设备老化，慢慢落后于时代的发展。国家实施东北地区等老工业基地振兴战略后，加大力度对东北地区的产业结构进行了调整，但由于东北老工业基地长期积累的问题较多，历史包袱较重，所以这一任务仍未最终完成。最近几年东北各省区经济总量在全国排名仍然未有明显改变，说明经济增长的动能仍不充足，产业结构的老化问题仍未得到根本解决，结构性矛盾仍然是当前振兴发展面临的主要矛盾之一。老工业基地振兴是一个世界性难题，德国鲁尔、法国洛林、美国底特律地区都走过了近50年的艰难振兴历程。东北老工业基地振兴与体制转型相伴而行，更为曲折复杂，更要爬坡过坎。要充分认识老工业基地结构调整任务的艰巨性复杂性，以更加坚定的决心和顽强的意志，通过全面深化改革，激发市场经济主体竞争活力，焕发结构调整的积极性和创造性，通过有效的产业政策，推动传统产业的转型升级和战略性新兴产业发展，使东北地区的产业浴火重生、凤凰涅槃。我们正面临新一轮科技革命和产业变革，这为东北地区产业结构调整优化提供了一个难得的历史机遇。在科技革命和产业变革面前，东北地区的产业结构调整应当调整思路和方式，从传统思路采取渐进式的产业演化方式来推进调整，转换到以创新的思路采取突变式的产业变革来推进调整。主要思路有以下三方面：

一是加快推进产业链延伸和完善，增加传统原材料工业的附加值和竞争能力。东北地区是国家重点布局的重点工业燃料和原材料生产基地，原油开采、石油化工、煤炭电力、钢铁等既是资源密集型产业又是资本密集型产业。资源型产业附加值低，只有沿产业链向中下游发展才能提高附加值，增强竞争力；而资本密集型产业要求提高集中度，以规模经济降低单位成本，提高竞争力。以东北的石化产业为例，原来是以原油开采、石油炼化为主，提供的产品主要是燃油，中下游严重缺乏。辽宁省的总炼油能力是1亿多吨，且分散在多个炼厂，大多数炼厂都不够国际标准的规模经济。所以，辽宁石化产业作为第一大支柱产业，其出路只有两条：一条是拉长产业链，让石化产业从传统的炼油为主，向中下游的化工原料、精细化工和化工制成品方向发展，逐级提高产品的附加值和经济效益；另一条是走集中化规模化的道路，充分利用辽宁沿海深水港优势，在物流上利用港口大进大出，在生产流程上采用炼油化工一体化模式，从而增加规模效益，降低单位成本。2010年，大连长兴岛石化基地引进了民营企业恒力集团，在国家发展和改革委员会支持下，总投资2000多亿元，建设2000万吨炼化一体化项目，包括中下游环节150万吨乙烯项目、450万吨对二甲苯（PX）项目、1700万吨精对苯二甲酸（PTA）项目，这些都是世界上单体最大的项目。这些项目一方面真正实现了石油炼化沿着烯烃类和芳烃类两条路线向中下游延伸，后面环节的产品附加值会越来越高；另一方面真正实现了石油化工的规模化集约化生产，依托深水良港的物流条件，使物流成本更低、生产效率更高。恒力石化的投资再加上大石化的搬迁改造等项目将使大连长兴岛建设成为世界级石化基地，彻底改变大连石化产业的格局，实现脱胎换骨的结构调整，使之成为现代产业体系的重要组成部分。

二是促进实体经济与数字经济深度融合，将传统装备制造业转化为与数字时代相适应的"智能制造业"。我们现在已经进入了数字时代，加快实体经济与数字经济深度融合已刻不容缓。东北地区具有实体经济、数字经济深度融合的基础。一方面，东北传统制造业基础雄厚，门类齐全，有数量众多的传统制造业企业，其中许多企业在我国的工业体系中地位重要、不可替代，这些都为数字化应用和数字产业发展提供了宏大的应用场景，为数字技术赋能传统产业创造了巨大的发展空间。推动东北地区传统产业的数字化转型将为东北振兴带来两大增长点：一是众多传统制造业企业转型为智能制造企业，极大提高其制造效率、创新能力和国际竞争力；二是围绕数字化工业生态的建立完善，又派生出一大批为产业数字化服务的数字产业化公司。从这个角度看，东北地区所拥有的传统产业基础将转化为数字经济发展的难得的资源和优势。另一方面，东北地区也具备以数字技术改造传统产业的能力。在发展数字经济方面，东北地区起步比较早。以辽宁为例，2003年，东北老工业基地振兴国家战略开始启动时，当时大连市所确定的四大支柱产业中，软件和信息服务业就是其中之一，而且这一产业布局被写进了《关于实施东北地区等老工业基地振兴战略的若干意见》。自此，大连的软件产业发展保持了10年之久的高速增长，旅顺南路软件产业带聚集了上百家世界五百强公司、上千家国内软件公司和20多万的软件人才，带动了应用软件的自主研发，人工智能、大数据、区块链等新技术也在软件业基础上开始起步。总体上看，东北地区的数字经济发展不是一张白纸，而是有相当的基础，只要咬定目标不放松，保持政策连续性，并且进一步加大支持力度，就一定会在数字经济与实体经济融合发展方面取得新突破。当前，东北要通过深化改革全面推进传统制造业企业的数字化改造。应当认识到数字化改造涉及复杂的生产流程和特殊的技术规定性，又需要进行必要的投资、付出相应的成本；更重要的是，要根据工业互联网的技术要求，重新构造生产流程和管理流程。因此，光凭企业自身的主动性是远远不够的，必须由政府出面，采取经济手段和行政手段相结合的方式，强力推进企业的数字化转型。一是示范引领，每个行业都要在国内外选择几个数字化转型成功的企业，组织同行进行学习借鉴，使其能够切身体会到数字化为企业带来的发展机遇和巨大利益；二是政策支持，对积极开展数字化转型的企业给予适当补贴和贷款贴息；三是通过产业链的关联企业相互促进，重点支持行业龙头企业数字化，然后遵循数字化伙伴优先原则，通过采购和销售方式的数字化引导配套企业的数字化建设。

三是大力发展新质生产力，推进战略性新兴产业和未来产业发展。要充分认识到，东北具备发展新质生产力的基础和条件。新质生产力并不是凭空产生的，它是建立在现实生产力的基础之上的。东北地区现有的代表国之重器的装备制造业解决了国外"卡脖子"问题，具有不可替代性，它所聚集的装备、技术、人才本身就是具有竞争力的先进生产力。在新的科技革命面前，只要顺应时代要求，加快数字化和人工智能应用，大力发展智能制造和绿色制造，那么传统制造业就会孕育出更多新质生产力。东北地区的教育、科技较发达，集中了一批国内优秀的大学和科研院所，每年为国家培养输送了大批优秀人才，也涌现出许多自主创新的科研成果，这些教育、科技资源是新质生产力形成的主要源头。但是由于体制机制障碍，东北地区的人才资源和科研成果并未在当地转化为新质生产力。我们经常可以看到，在东南沿海，一些自主研发的技术来源于东北的高校或科研院所。这说明，东北地区发展新质生产力是具备基础条件的。关键是如何将大学和科研院所的人才资源和科技资源就地转化为新质生产力，并通过具有竞争力的体制机制吸纳外来的新质生产力要素。加快发展新质生产力必须增强"赛道意识"，要认识到当今的科技革命已经改变了原有的产业发展逻辑，"换道超车"将变为常态。

如果固守在原有的传统赛道上，东北地区的产业发展会继续拉大和发达地区之间的差距，并且在新时代科技发展和产业创新中掉队。国家要求"十四五"期间东北振兴实现新突破，我认为主要应在"赛道转换"上取得突破。一是从"传统制造业改造赛道"转换到"智能制造新赛道"，对传统制造业进行全产业链全覆盖的数字化赋能改造和人工智能应用，搭上第四次工业革命这趟班车。二是从"资源枯竭型地区改造赛道"转换到"新能源、新材料发展赛道"，东北地区化石能源已失去优势，但是在风电、光伏、核电、氢能源、储能产业发展方面潜力巨大。三是抢占战略性新兴产业和未来产业赛道，充分利用东北地区教育、科技资源优势，积极鼓励支持自主创新，加强尖端技术和颠覆性技术研发和产业化，争取在新兴产业和未来产业发展中后来居上。

要塑造有利于新质生产力发展的体制机制。加快发展新质生产力必须形成与之相适应的新型生产关系，从东北地区来说，就是要塑造有利于新质生产力发展的体制机制和政策环境。新质生产力由于其革命性和创新性，自身的流动性很强，为了寻找更适宜的发展环境，新质生产力可以随时跨国跨地区转移。近年来，东北地区加强营商环境建设取得了很大进展，而当前加快发展新质生产力，更需要通过深化改革，为新质生产力孕育和发展创造良好环境。一是深化行政体制改革，增强政府部门推进科技创新和产业创新的责任感，提高对科技企业和科研单位的服务效率，打造一支熟悉科技和产业发展规律、具有服务意识、高效廉洁的公务员队伍；二是深化科技教育体制改革，推动科研与产业深入融合，培养更多高质量创新型人才；三是大力支持以企业为主体的创新体系建设，充分发挥央企在东北产业创新中的引领作用，同时积极支持民营科技企业投身于新兴产业和未来产业发展之中；四是打造支持新质生产力发展、推进东北地区科技发展和产业创新的投融资体制。

四、关于东北振兴中的对外开放

党的二十届三中全会通过的《中共中央关于进一步全面深化改革、推进中国式现代化的决定》（以下简称《决定》）强调："开放是中国式现代化的鲜明标识，必须坚持对外开放基本国策，坚持以开放促改革，依托我国超大规模市场优势，在扩大国际合作中提升开放能力，建设更高水平开放型经济新体制。"在新时代东北全面振兴的关键阶段，认真学习贯彻党的二十届三中全会精神，推动东北地区全方位开放，建设更高水平的开放型经济新体制，具有十分重大而深远的意义。

要充分认识东北对外开放在国家总体对外开放格局中的战略地位。改革开放40多年来，我国对外开放呈现出由南至北梯度开放的格局。20世纪70年代末80年代初，以深圳经济特区建设为标志的珠江三角洲对外开放，对应于国际资本向亚太地区流动、亚太地区劳动密集型产业向中国转移的形势；90年代，以浦东新区建立为标志的长江三角洲对外开放，对应于全球化进程加快、中国积极参与全球化的形势；10多年前，"一带一路"倡议及京津冀协同发展战略的提出是以全球金融危机之后美国的单边主义导致逆全球化倾向为背景的；最近几年，中央强调东北要成为对外开放新前沿，这是基于地缘政治新变化、中美贸易冲突加剧、俄乌冲突及俄战略向东向亚洲转移，进而东北亚成为国际合作热点地区的形势做出的重大判断；而发挥东北作为东北对外开放新前沿的作用，推动全方位对外开放，特别是加强与东北亚各国的深度合作，已成为我国应对百年变局、保障国家安全、拓宽国际合作空间，实现世界政治经济秩序向有利于我国方向转变的战略选择。

我国东北地区地处东北亚区域的中心地带，向北与俄蒙接壤，是我国的北大门；向东与朝鲜半岛相连，与日韩隔海相望；向南通过辽宁沿海连接太平洋，与亚太国家和地区沟通紧密；向内与京津冀和东部沿海省市相互依存，是畅通国内大循环、联通国内国际双循环的关键区域。东北海陆大通道是"一带一路"的重要线路，是我国沿海地区和日韩"北上西进"到欧洲的便捷通道。东北产业基础雄厚，人才科技资源丰富，生态环境良好，在经济合作方面与相关国家和地区具有难得的互补性。应当充分认识东北的开放优势，增强开放前沿意识，推进东北地区全面开放，这不仅是东北全面振兴取得新突破的需要，更是我国应对世界百年未有之大变局、开拓全方位高水平对外开放格局、突破以美国为首的西方国家对中国的遏制打压和围堵、维护国家安全、实现第二个百年奋斗目标、加快中国式现代化进程的需要。

东北地区的全面开放是一个多维度全方位开放的概念，从开放格局看，既要对外开放，也要对内开放；从开放方位看，包括了东西南北中全方位开放；从开放内容看，既包括资金技术信息的流动型开放，也包括规则规制管理标准等制度型开放。

一是进一步加强对内开放。东北地区在长期计划经济中形成的封闭性特征，首先需要通过对内开放予以打破。要通过深化改革缩小东北与先进地区在市场化和开放度方面的差距，尽快融入全国统一大市场。要加强东北振兴战略与发展京津冀、长江经济带、粤港澳大湾区等国家重大战略的对接，消除各类阻挡要素跨区域流动的障碍，积极接受先进地区资金、技术、人才、信息等资源的辐射，发挥东北地区自身优势，在畅通国内大循环、联通国内国际双循环中发挥更大作用。

二是加快实施向北开放战略。要充分认识到在世界经济政治格局深刻变化的形势下，东北地区向北开放、积极开展对俄罗斯经贸合作的重大战略意义和难得的历史机遇。要深入分析中俄经济互补性，挖掘两国经贸合作潜力和空间，积极开展与俄罗斯多领域的务实合作。要大力推进石油、天然气、核电等领域的合作，强化中俄能源交易和物流设施建设，保障我国的能源安全。要加强东北地区各边境口岸现代化建设，提供高效率通关便利服务，促进对俄贸易高质量发展，把各口岸城市打造成中俄贸易物流枢纽城市。要充分发挥东北地区的产业优势，有效利用俄罗斯远东开发战略的各项政策，参与远东地区基础设施投资、资源开发、环境保护、农业发展、制造业等领域的合作。要加强与俄罗斯人才、技术、资金等领域的交流与合作，在推进产业合作的同时，逐步建立完整的产业链和供应链，带动东北地区的产业转型与升级。

三是以 RCEP（区域全面经济伙伴关系协定）为契机深化与日韩合作。作为东北三省的主要贸易和投资伙伴，日本和韩国之前在东北做了大量投资。

当前受地缘政治形势变化，合作受到一些阻碍，日韩企业开始重构产业链和供应链并转移投资。由此，要抓住 RCEP 实施的契机，加快建设以 RCEP 为基本原则的国际化投资环境，加强与日韩企业的沟通，帮助他们解决发展中的困难，恢复日韩企业在东北投资发展的信心，稳固原有的合作关系，同时实施更加优惠的政策，吸引日韩企业通过增量投资进行产业升级，在东北地区形成新兴产业的产业链和供应链。

四是建设东北海陆大通道。要把东北海陆大通道建设纳入国家"一带一路"的重点建设项目中予以推进。加快东北亚国际航运中心建设和大通道沿线物流枢纽建设，提升辽满欧、辽蒙欧两条海铁联运班列转运效率，争取开辟辽宁沿海港口至欧洲的"北极航线"，打造连接亚欧大陆的"一带一路"新通道。东北海陆大通道沿途四个副省级城市，哈长沈大要一体化发展，提高对外开放水平，完善中心城市功能，打造东北亚地区最具活力的城市带。大连应发挥好东北亚重要的国际航运中心、国际贸易物流中心和区域性金融中心作用。

五是积极稳妥推进制度型开放。东北全面开放能否顺利推进，关键是能否创造一个具有竞争力的国际化的营商环境。要下决心推进规则、规制、管理、标准等制度型开放，用制度型开放倒逼行政体制改革，补齐东北地区国际化营商环境的短板，不断提高贸易投资的便利性，增强东北地区对国际先进生产要素的吸纳能力。

五、关于东北振兴中的营商环境建设

改善营商环境是国家实施东北振兴战略以来，对东北地区提出的一项重要而艰巨的任务。习近平总书记每次到东北考察都强调改善营商环境的重要性，特别在 2018 年 9 月主持召开的深入推进东北振兴座谈会上，对东北振兴提出六个方面要求，其中排在首位的就是"以优化营商环境为基础，全面深化改革"。近年来，东北各级党委、政府认真贯彻落实习近平总书记的重要指示，在加强营商环境建设方面做了大量卓有成效的工作，东北地区的营商环境有了明显改善，但是与先进地区相比，与企业和老百姓的期望相比，还有不小的差距。这一差距主要表现在东北地区对先进生产要素，包括资金、技术、人才的吸纳能力仍然不足，"孔雀东南飞"和"投资不过山海关"的问题仍然未从根本上得到解决。在全国各区域都在致力于打造高水平营商环境的背景下，东北地区不能再满足于原有水平的营商环境了，而必须对标先进地区的标准，提高建设营商环境水平，增强东北地区对先进生产要素的吸纳能力，推动新时代东北全面振兴实现新突破。

什么是高水平营商环境？就是党中央提出的市场化、法治化、国际化的营商环境。这一概念可以追溯到党的十八届五中全会，当时明确提出了要完善法治化、国际化、便利化的营商环境，这是中央文件中对市场化、法治化、国际化营商环境的早期表述。2019 年 10 月，国务院通过了《优化营商环境条例》，以政府规定的方式明确了市场化、法治化、国际化营商环境的定义，并提出了具体的政策措施。党的二十大报告进一步强调，市场化、法治化、国际化一流营商环境建设是当前中国推动实现高质量发展和中国式现代化的重要保证。党的二十届三中全会《决定》从"构建高水平社会主义市场经济体制""完善高水平对外开放体制机制""完善中国特色社会主义法治体系"三个角度，分别深入阐述了通过全面深化改革，构建高水平的市场化、法治化、国际化营商环境的基本原则和具体的改革措施。特别是《决定》强调"构建全国统一大市场""规范地方招商引资法规制度，严禁违法违规给予政策优惠行为"，这实际上是对以往个别地区在营商环境建设方面随意性做法的一种纠正，更加凸显了通过深化改革，建设统一的市场化、法治化、国际化营商环境的客观必要性。

东北地区如何通过深化改革，加快建设市场化、法治化、国际化营商环境？从市场化角度，就是要持续不断地推进市场化改革，培育壮大市场机制，促进市场机制在资源配置中发挥决定性作用，同时要界定好社会主义市场经济条件下政府与市场的关系，加快政府职能转变，深入推进行政管理体制改革，提高政府对市场主体的服务意识和服务效率，在鼓励市场主体充分竞争的前提下，维护市场竞争的公平性。从法治化角度，对东北地区来说，法治化建设是当前营商环境建设中一块短板。要着力解决当前东北地区营商环境缺乏法治保障的问题，克服政府在服务市场主体过程中的随意性、不稳定性、缺乏诚信，甚至忽视或侵犯市场主体合法权益的倾向，加大法治化营商环境建设力度。在立法层面，进一步完善适应社会主义市场经济体制的商事法律法规体系。在执法层面，增强政府部门依法行政意识。在司法层面，加强司法机关队伍建设，提高司法人员素质，推进各司法机关公正公平司法。在遵法层面，积极引导企业和个人遵法守法，共同维护法治化市场经济秩序。从国际化角度，打通国内循环和国际循环的体制界限，积极稳步扩大规则、规制、管理、标准等制度性开放，主动对接国际高标准经贸规则，打造面向东北亚区域对外开放新前沿，建设高水平开放型经济新体制。

在谈到营商环境建设问题时，我还想举一个具体例子。2024年9月，我率队到大连长兴岛恒力重工集团有限公司（简称恒力集团）调研，见到一位熟人，他原来在中国船舶重工集团有限公司上海总部工作，目前在恒力造船（大连）有限公司担任领导职务。我随口问他：从上海到大连长兴岛有什么感想，有什么得失？他说，把长兴岛打造成为一个世界级的造船基地不仅是政府的梦想，也是他作为造船人的梦想，为了实现这一梦想，即使不拿报酬，他也要为之奋斗。这句话既使我感动，也让我很受启发。其实在东北振兴过程中，许多事情政府自己是做不了的，比如产业结构调整，打造现代产业体系，必须靠企业来做。但是政府可以创造一个有吸引力的营商环境，采取一些政策措施，吸引企业来完成政府目标。十几年前，我们为推进产业结构调整，引进了恒力集团到长兴岛投资，恒力集团共投入资金2000亿元，目前长兴岛世界级石化基地建设已见雏形，同时恒力集团又收购了韩国STX造船，再过三五年，长兴岛又会崛起一个世界级的造船基地。在此过程中，政府做了什么？我们就是打造了一个良好的营商环境，却用企业的力量做成了大事，完成了政府的工作目标，做出了政府人员想做而做不到的事情。这个投入产出关系是显而易见的，我们何乐而不为？我想用这个例子说明，如果政府部门弯下腰来创造良好的营商环境，尽心尽力做好对企业的服务工作，企业一定会创造更多的社会财富，为地方经济发展做出更大贡献。

　　建设高水平营商环境是东北振兴实现新突破的重要保证，也是东北地区与全国各地区同步实现中国式现代化的重要保证。营商环境的好坏是一个地区核心竞争力的重要标志。营商环境只有更好，没有最好，当前全国各省市都在积极开展营商环境建设，以取得更大的竞争能力。东北地区要想迎头赶上，与全国同步实现第二个百年奋斗目标，必须在全面深化改革上下功夫，建设与其他地区同等水平甚至更高水平的市场化、法治化、国际化营商环境。

2025 年 2 月

前　言

　　伴随俄乌冲突延宕、中东局势突变等国际地缘和部分区域的热点、焦点和难点持续发酵，世界进入新的动荡期和变革期，在全球增长动能明显不足，区域经济总体弱势复苏的大背景下，中国经济顶住复杂多变的外部压力，克服一系列内部困难，在迎接各种复杂挑战中不断发展壮大，呈现了"稳中有进"的良好态势，发展增速持续恢复，经济运行回升向好，各项指标符合预期。2023年经济总量超过126万亿元、增长5.2%，增速比2022年加快2.2个百分点，显著高于全球3%左右的预计增速，在世界主要经济体中名列前茅。按照可比价计算，2023年经济增量超过6万亿元，相当于一个中等国家一年的经济总量。就业形势总体改善，全年城镇调查失业率平均值比上年下降0.4个百分点，农民工就业形势改善明显。年末外汇储备超过3.2万亿美元，实现了全年经济社会发展的主要预期目标。

　　在上述稳中有进的宏观发展和区域协调态势下，2023年，东北经济实现了国内生产总值4.7%的近年较高增长。其中辽宁省和吉林省2023年的经济增速分别为5.3%和6.3%，均跑赢全国水平，吉林省高于全国1.1个百分点，为近30年以来最好成绩，辽宁省为10年来首次超过全国增速。黑龙江省增速为2.6%，与上年基本持平。2024年，辽、吉、黑分别锚定了国内生产总值增长5.5%、6%和5.5%的预期目标。粮食总产量1453.8千克，创新中国成立以来新高，占全国总产量的21%。创新能力显著增强，研发经费投入增长8.8%，达1115.9亿元。冰雪旅游带动文旅消费新热潮，东北合计接待国内游客 10.4 亿人次，同比增长 135.2%，占全国游客总量比重达 21.3%。

上述东北地区高质量发展和高水平开放的双轮驱动取得的成效，也日益印证当前东北地区高水平开放实现新突破迎来的现实机遇：

第一，党中央对东北高水平开放寄予新期待，东北高水平开放迎来新机遇。党的十八大以来，习近平总书记十余次莅临东北考察，对东北地区高质量发展、高水平开放多次做出重要指示，中央也对东北地区深化高水平开放出台了系列的支持意见和措施。2023 年 9 月 7 日，习近平总书记主持召开新时代推动东北全面振兴座谈会时强调：要加快建设现代化基础设施体系，提升对内对外开放合作水平。指出：东北是我国向北开放的重要门户，在我国加强东北亚区域合作、联通国内国际双循环中的战略地位和作用日益凸显。习近平总书记重要论述为东北亚高水平开放带来难得的战略契机。

第二，党的十八大以来，东北振兴积淀良好基础，呼唤新时代的高水平开放的机遇。东北地区位于我国深化东北亚合作的腹地，沿边开放等高水平开放的区位优势明显，改革开放 40 年来，依托国家区域战略和东北振兴政策等的支持，取得了开放发展和对外经贸合作的长足进步。尤其是党的十八大以来的发展积淀和开放实践奠定了高水平开放的新优势，形成了支撑高水平开放不断实现新突破的体制、机制、平台和载体等现实基础，深化与东北亚的俄、日、韩等合作的有利条件，在构筑我国向北开放新高地的新机遇下，东北地区高水平开放将进入优势叠加、潜力绽放、成效显著的新时期。

第三，党的二十届三中全会为东北发展描绘新蓝图，东北地区高水平开放面临实现新突破的机遇。党的二十届三中全会的胜利召开及通过的《中共中央关于进一步全面深化改革、推进中国式现代化的决定》，对"完善高水平对外开放体制机制"作出战略部署，强调必须坚持对外开放基本国策，坚持以开放促改革，释放了进一步扩大高水平对外开放的明确信号。党的二十届三中全会关于开放的战略擘画，为东北亚地区进一步融入国内国际双循环格局，深化与东北亚等多元化国际市场的联系和合作，依托老工业基地的现代化基础，打造中国式现代化的鲜明标识带来突破性机遇，推动自贸区、边合区等制度型、竞争型等高水平开放迎来发展新态势。

在上述高水平开放服务高质量发展、全国区域布局与东北开放有机嵌入的走势中,《推进东北地区高水平开放实现新突破》与各位见面了。本书是旨在向包括东北地区的各界提供可以系统了解东北地区开放发展现状与走势的研究报告,并为有关商务部门和外向型企业开放决策提供参考借鉴的智库产品。同时,也希望能为东北地区开放交流与合作提供理论支撑和实践引领,为相关研究和合作单位提供交流思考。

本书由前言、七个章节和后记组成。第一章聚焦东北地区高水平开放的理论意蕴与实践摸索,以高水平开放的理论借鉴模式为引线,切入高水平开放的实践摸索走势,阐述了东北高水平开放战略意义下的东北高水平开放的实践支撑,旨在诠释东北高水平开放实现新突破的理论价值、战略意义及实践经验;第二章立足东北地区高水平开放历史回顾与展望,在回顾改革开放40年斐然成绩的同时,更侧重党的十八大引领开放型经济、党的十九大构筑开放新格局、党的二十大推动高水平开放的发展轨迹和开放脉络,旨在阐释东北亚高水平开放并非空中楼阁,既是改革开放40年的积淀,也是党的十八大以来高质量催生的结果;第三章锁定东北地区高水平开放的现实基础与优势,既总结资源禀赋的基础依然突出,也放大地缘和区位优势越发重要,既肯定振兴积淀的开放潜力凸显,也强调东北一体化开放趋势显著,旨在强调东北的现实基础与开放优势是东北的福音,也是中国开放布局的重要组成部分;第四章瞄准东北地区高水平开放迎来新机遇,剖析了中央对东北开放寄予新期待、高水平开放成为振兴风向标、RCEP催生制度型合作新要求、东北三省特色开放形成新支撑的四大机遇,旨在呼唤要把握机不可失、失不再来的战略契机,实现新一轮的涅槃重生;第五章审视东北地区高水平开放面临的新挑战,分析了全球地缘和经济出现新变化、东北亚合作关系日益复杂化、全国区域开放布局竞争加剧、东北开放内生动力面临激活的四大挑战,旨在警示周边外交和地缘局势的复杂及严峻,需要东北在开放与安全、内因和外因之间做出理性的判断和选择;第六章锚定东北地区高水平开放的方向选择，以推进对东北亚国家深度开放、撬动对东盟国家制度型开放、摸索对上合国家资源型合作、拓展对其他国家多元化合作作为优选方向，聚焦特色，兼顾多元，旨在传递东北高水平开放的特色与全球布局的有机组合的必要性和长远性；第七章紧盯东北地区高水平开放的路径突破，从制度型开放的渐次突破、服务贸易的二次开放突破、地方合作的新型开放突破、人文合作的友好纽带突破切入，旨在揭示可持续、前瞻性、开拓性和突破性的路径选择。

本书由黑龙江省社会科学院东北亚研究所二级研究员、东北亚战略研究院首席专家笪志刚，东北亚研究所朝韩研究室助理研究员、科研和战略研究院秘书王佳靓，研究生学院2022级应用经济学研三硕士在读生都心怡，研究生学院2023级应用经济学研二硕士在读生钟智、陈亚洁具体承编。本书的撰写有如下三个特点。

一是由科研人员和在读硕士生联合撰写。撰写者均来自黑龙江省社会科学院，主要作者有着多年的研究积淀、参与东北振兴课题的经历、国内外交流的阅历、撰写相关智库产品的经验，年轻学子求知欲强烈，探究精神值得肯定。具体分工如下：全书框架设计、前言由笪志刚撰写，第一章由都心怡撰写，第二章、第三章、第四章和第五章由王佳靓撰写，第六章由陈亚洁撰写，第七章由钟智撰写。

二是东北地区高水平开放是东北区域经济发展进程中最具特色、最具活力、最具规模和最具潜力的领域，能够参与该选题的撰写，对于本书的各位作者来说，既是一次学深悟透和领会贯彻习近平总书记对新时代东北全面振兴，尤其是东北高水平开放系列重要讲话、重要指示、重要批示，认真解读党中央关于东北振兴战略部署的难得机遇，也是一次认真学习并总结东北地区高水平开放历程与经验的写作锻炼的机会。对于我们来说，既是一次聚焦东北开放现实与东北开放发展的严肃课题而又需要付出一定艰辛的使命，也是对深入推进东北高水平开放、促进高质量发展的一次倾情奉献。我们无怨无悔，唯有对学识和水平的惶恐。

　　三是本书得到第十四届全国政协经济委员会委员、辽宁省政协原主席夏德仁，中国东北振兴研究院、黑龙江省社会科学院领导的直接关怀，经过作者和出版社的共同努力，才有了聚焦东北开放最新视野、学术内容较为丰富、符合出版相关规范、在质量上有保证的智库产品。

　　最后，本书还得到了中国（海南）改革发展研究院、黑龙江省社会科学院智库办公室及科研办公室等部门的鼎力支持，得到了黑龙江省统计局《黑龙江统计年鉴》、黑龙江省商务经济研究中心及《黑龙江商务年鉴》编辑部、黑龙江省社会科学院文献信息数据中心等部门的数据信息的支持，在此一并致谢。

　　对本书作者来说，这既是一次履行东北地区社会科学工作者责任和智库专家使命、践行学术和弘扬观点的机会，也是一次学者和莘莘学子优势互补、共襄东北地区高水平开放等聚焦东北选题的社会科学研究盛举的新尝试。由于时间仓促和能力有限，本书还存在一些内容上的不足和资料未能及时收入的遗憾，希望阅读此书的领导、同人及社会各界朋友们能够谅解并赐教，我们将在其他研究成果中尽量弥补，欢迎各位学术同人及读者批评指正。

黑龙江省社会科学院东北亚研究所二级研究员
黑龙江省高端智库东北亚战略研究院首席专家　笪志刚

2024 年 12 月

目　录

第一章
东北地区高水平开放的理论意蕴与实践摸索

中国的经济发展已经进入新阶段，各项产业在数十年的高速发展之下已经深度融入世界产业链与价值链，建设更高水平开放型经济新体制，是在未来加快形成新发展格局的重要路径。改革开放以来，我国在实践当中不断摸索对外开放道路，在总结国内实践经验与借鉴国外先进开放经验当中总结完善出一套适应我国国情的开放理论体系。作为中国向北开放重要门户，东北地区积极参与到对外开放的发展进程当中，已经取得了不菲的成绩，未来东北地区高水平对外开放的推进对于东北地区经济发展乃至全国与整个东北亚地区的协同发展都具有重要的理论意义与实践意义。

第一节　高水平开放的理论借鉴模式

中国的高水平开放是党基于中国当前发展阶段与发展背景提出的新的开放理论，这既是对过往开放理论的继承发展，也是在总结了中外先进发展经验后的理论创新。

一、相关背景

中国共产党自新中国成立以来一直重视国家经济发展，对外开放是国家繁荣发展的必由之路，是我国的基本国策。自改革开放以来，党中央深刻分析不同历史背景下的中国所面临的国际形势、发展机遇与挑战，持续推进着对外开放战略制定的与时俱进与实施的深切落实，我国也在世界经济体系当中扮演着越来越重要的角色。当今世界，逆全球化浪潮不断冲击原有的经济体系，国际局势日新月异，中国对外开放环境正在发生着深刻的变化，党的十八大之后我国先后出台了《关于加快实施自由贸易区战略的若干意见》《关于构建开放型经济新体制的若干意见》等相关文件，继续扩大着我国对外开放的大门。随着中国经济发展迈入新发展阶段，党的十九届五中全会上习近平总书记提出要实行高水平对外开放，开拓合作共赢新局面，并指出中国的高水平对外开放是在开放的范围、领域和层次上的全面扩大开放，中国要在世界新局势下努力建设成共同发展互利共赢的新局面，就需要依靠国内近年来形成的新优势，尤其是国内的超大规模市场。[①] 在党的二十大报告中，习近平总书记进一步表明了我国高水平对外开放的决心，在促进国内外合作的基础上，细化提出要利用国内大市场优势吸引全世界资源，增强国内外市场联动，不仅提升国际贸易投资水平，更要提升贸易投资质量，同时还提出我国各地区开放程度不同，应当优化区域开放布局，巩固东部沿海地区开放先导地位，提高中西部和东北地区开放水平。[②] 指出东北地区接下来应当着力推进地区对外开放水平，为全国高水平对外开放添砖加瓦。

为响应习近平总书记推进高水平开放、提高东北地区开放水平的重要指示，东北三省陆续出台了相关政策文件。

2022年11月11日，黑龙江省在省委常委会会议上审议了《黑龙江省关于新时代促进高水平开放发展的意见》，并同时在会上研究高水平开放相关部署工作。同年12月21日，黑龙江省开放发展大会在哈尔滨召开，再次强

[①]《中国共产党第十九届中央委员会第五次全体会议公报》，http://www.xinhuanet.com/politics/2020-10/29/c_1126674147.htm。

[②]《高举中国特色社会主义伟大旗帜　为全面建设社会主义现代化国家而团结奋斗——在中国共产党第二十次全国代表大会上的报告》，https://www.gov.cn/xinwen/2022-10/25/content_5721685.htm。

调了高水平开放的战略部署，指出黑龙江的高水平开放应当服务中俄新时代全面战略协作伙伴关系，并全力参与到"一带一路"与"中蒙俄经济走廊"等多边关系的建设当中，具体提出要打造跨境产业集群，加强基础设施尤其是交通设施建设，提高口岸效率，打造开放合作平台等提高省内对外开放水平的措施，对于整体发展提出要"以更高站位服务国家对外开放战略，在国内国际双循环中找准位置、发挥作用"①。2024 年，政府工作报告中指出黑龙江省进出口水平增长较快，对外开放各项战略实施效果显著，并再次强调要"扩大高水平开放合作。增强前沿意识、开放意识"②。在重申过往战略部署的同时，针对不同的贸易合作伙伴提出了不同的领域的合作发展方向，并提出要积极开发拉美、非洲等新兴市场。

　　吉林省先后印发多个文件，整体构成推进高水平开放"1+5"支持政策和行动方案，其具体从保税区、开放平台、开放通道、人文交流合作等多角度全方位的视角为省内高水平对外开放制定了战略规划。③④2023 年 4 月 6 日，吉林省政府新闻办召开吉林省推进高水平开放发展政策解读新闻发布会，会上总结了上一年吉林省对外开放工作成果，并具体提出吉林省将采取增强基础建设、升级开放平台、构建多元合作体系、优化营商环境、深化文化交流等具体措施，并着重提出了作为吉林省开放重点的文旅产业对标"万亿级"产业目标，下阶段要继续推动航线发展、文化与产业交流、开发 G331 沿线旅游业。⑤

① 许勤：《加快建设高水平开放龙江　打造我国向北开放新高地》，https：//www.hlj.gov.cn/hlj/c107856/202212/c00_31506432.shtml。

② 《2024 年政府工作报告》，https：//www.hlj.gov.cn/hlj/c108465/202401/c00_31706519.shtml。

③ 《吉林省人民政府关于印发吉林省促进综合保税区高水平开放高质量发展实施方案的通知》，https：//xxgk.jl.gov.cn/szf/gkml/202112/t20211228_8359820.html。

④ 《吉林省人民政府办公厅关于印发吉林省推进高水平开放通道畅通、平台升级、投资贸易促进、多元合作拓展、人文交流深化 5 个行动方案的通知》，https：//xxgk.jl.gov.cn/szf/gkml/202304/t20230403_8688702.html。

⑤ 《吉林省推进高水平开放发展系列新闻发布会（首场）》，https：//www.jl.gov.cn/szfzt/xwfb/xwfbh/2023/jlsdzyjglbf_68854/index.html。

2022 年 1 月 26 日，辽宁省印发《辽宁省"十四五"对外开放规划》，在货物贸易、服务贸易、引入投资等方面提出了增长目标，在对外合作机制、对外开放通道与开放平台上也提出了更高要求，针对每项目标分别提出了详细的发展路径，同时指出对外开放工作要求省内行政工作的畅通高效以及各部门的协同配合，提出要"充分发挥辽宁的区位和产业优势，以加快推进东北亚经贸深度合作为重点，优化对内对外开放布局……把辽宁打造成为对外开放新前沿"[①]。2023 年 06 月 29 日，辽宁省印发《辽宁省人民政府办公厅关于在辽宁全面振兴新突破三年行动中进一步提升对外开放水平的实施意见》，提出要"到 2025 年，辽宁对外开放新前沿基本形成"[②]。在文件中具体提出要稳固日韩欧美等传统贸易伙伴合作，同时提升与俄蒙、西亚、东南亚等新兴市场的经贸关系，在省内推进"一圈一带两区"开放发展，从区域方面针对不同地区的优势资源禀赋作出不同战略部署，同时又从产业角度针对不同产业指出了各自的对外开放方向，在开放平台建设方面，提出优化对外开放平台的同时，要加强东北区域内合作，高水平建设东北海陆大通道，提高整体对外开放水平。

二、开放发展的中外理论

"天下熙熙，皆为利来；天下攘攘，皆为利往。"自人类产生分工以来，对美好生活的向往天然地驱使着每一个人同外界交易，获取更能满足需求的物品，而一国之内的交易往往限于技术、资源禀赋等不能满足国民的各方面需求，由此促使中外各国对外贸易并形成了各自的对外开放理论。

外国经济理论当中，欧美国家的经济贸易理论影响最大、传播最广。其早先兴起的"重商主义"就推崇对外贸易，主张"多卖少买"，以商业

---

① 《辽宁省人民政府办公厅关于印发辽宁省"十四五"对外开放规划的通知》，https：//www.ln.gov.cn/web/zwgkx/zfwj/szfbgtwj/2022n/BC6C4C0C4ED644E68130E2FCD034F668/index.shtml。
② 《辽宁省人民政府办公厅关于在辽宁全面振兴新突破三年行动中进一步提升对外开放水平的实施意见》，https：//www.ln.gov.cn/web/zwgkx/zfwj/szfbgtwj/2023n/20230629141349283288/index.shtml。

004

富强国家。亚当·斯密在《国富论》中也讨论了一国繁荣发展的逻辑，提出"绝对优势理论"。斯密认为，人类的交换行为会促进社会产生分工，因为分工能够提高劳动生产率，分工的原则是成本的绝对优势或绝对利益；国际分工是各种形式分工中的最高阶段，国际分工的基础是有利的自然禀赋或后天的有利条件，即各国都应基于本国的优势特化自身国际分工，从而获得最高的利益，同时也能够促进全世界经济发展。随后大卫·李嘉图在对斯密的绝对成本说继承和发展的基础上提出了比较成本学说，比较成本学说的出现进一步完善了古典学派的国际贸易理论。比较成本学说相较于斯密的理论进步点在于认为生产技术的绝对差别不是国际贸易产生的唯一源泉，技术上的相对差别同样能够使得各国产生生产成本和价格的相对差别，某国只要与他国间存在这种相对技术差别，就能够通过生产绝对劣势相对较小的产品，在与他国进行贸易的过程中受益，通过此种分工可实现贸易双方的福利改进。赫克歇尔与俄林继续研究并提出了要素禀赋论，该理论认为国际贸易产生的原因在于生产要素禀赋的不同，认为各国生产成本的不同主要是由于要素禀赋差异与生产中使用的要素密度差异。接下来，随着社会生产与研究方式的变迁，以保罗·克鲁格曼为代表的经济学家又提出了一系列新的关于国际贸易的经济理论，被统称作新贸易理论，主要思想是从新方向分析了国际贸易的源泉与基础，如供给、需求、技术等方面的综合考量，并且同时还认为在不完全竞争市场当中，参加贸易并不总能得到利益。其后的新新贸易理论将研究对象由产业细化到企业，通过建立模型进行实证研究来解释企业的贸易行为。马克思与恩格斯的研究也包含有国际贸易理论，他们指出经济全球化是资本在大幅度提高生产力水平后必然地向全球扩张的产物，世界任何国家都必将参与其中，不可避免，这也是新历史阶段提出的新要求。

国内的开放理论研究最早可追溯到《史记·货殖列传》中的"以所多易所鲜""以所工易所拙""故待农而食之，虞而出之，工而成之，商而通之"，通过简朴的理论说明经济发展在于社会分工与相互贸易。对于与外国的贸易，古代统治者与思想家很早就认识到政治因素与市场的封闭阻碍了地区间贸易，也多有尝试建立区域性的贸易盟约。汉唐至宋都有设边市，方便与边境游牧民族交易，同时又能缓和边境局势；魏晋南北朝时期在洛阳设有四通市，专门供西方商人与国内开展贸易；唐朝进一步完善驿站制度，设立长兴坊，为方便通商，广州发展出了中国最早的"自由贸易港"，同时国家还通过建立蕃坊、蕃市、蕃学、蕃长等方式优待外商，加强贸易；宋朝时主动遣使往东南亚招徕外商，立法保护外商在华财产，增设开放口岸。[①] 新中国成立之后，起初，我国采取"自力更生为主、争取外援为辅"的开放原则，随着改革开放的到来，邓小平做出了"中国的发展离不开世界"的著名论断，我国开始采取"渐进式开放"的对外开放策略，随后又在开放的实践当中形成了"全方位、多层次、宽领域"的对外开放新思路。在 20 世纪初期，林毅夫通过改进传统计算方法，综合考虑出口对经济发展的直接影响与间接影响，以及多个经济变量之间的相互作用关系，同时依照改进后的方法综合考量各个变量间相互作用重新测算了出口贡献率和外贸贡献率，得出出口是我国经济发展强劲动力的重要结论。[②] 到最近几年，我国对外开放面临着新的外部环境，有学者对于新环境提出了新的开放发展理论。江小涓提出，中国近十年来的发展使得国内要素禀赋发生了一定改变，主要体现在劳动力与投资能力的此消彼长，劳动力出现下降，而投资水平快速提高，目前资本取代劳动力成为最富裕的要素，外循环在我国经济中的地位较改革开放后的前 30 年相比有较为明显的下降，中国贸易依存度在大国中排名由低至高再到中等水平，符合大国的一般规律，提出应更多地依靠内循环带动国内国际双循环驱动发展。[③]

---

① 刘斌、朱晓梅：《中国古代文明开放型经济思想的逻辑演进与现实借鉴》，《山东社会科学》2024 年第 3 期。

② 林毅夫、李永军：《必要的修正——对外贸易与经济增长关系的再考察》，《国际贸易》2001 年第 9 期。

③ 江小涓、孟丽君：《内循环为主、外循环赋能与更高水平双循环——国际经验与中国实践》，《管理世界》2021 年第 37 期。

不论中外，在发展的过程当中都认识到封闭保守不利于发展，坚持对外开放才是促进经济发展、实现国家富强的有效途径。

三、开放发展的国内借鉴

改革开放以来，全国[①]31 个省（区、市）都在积极通过实践探索开放之路，根据 2023 年世界贸易组织发布的《全球贸易展望和统计》报告，我国 2023 年进出口规模达 5.94 万亿美元，连续 7 年保持全球货物贸易第一大国地位。[②]在数十年的开放进程当中，部分省市抓住机遇，冲在开放第一线，探索出了很多值得其他地区借鉴的宝贵经验。表 1-1 是 2023 年全国排名前列省市的贸易依存度，按照贸易依存度来衡量地区开放水平，上海、北京、广东和浙江等地区对外开放走在最前沿。

表 1-1　2023 年全国排名前列省市的贸易依存度

地区	地区生产总值 （亿元）	进出口额（亿元）	贸易依存度
上海市	47218	42135	89.20%
北京市	43760	36448	83.20%
广东省	135673	83017	61.10%
浙江省	82553	48997	59.40%
天津市	16737	8008	47.80%
江苏省	128222	52495	40.90%

数据来源：根据统计年鉴及中国海关数据计算。

---

① 若无特别说明，本书中使用的统计数据均未包括中国香港特别行政区、澳门特别行政区和中国台湾省数据。

② 粟裕：《世界贸易组织报告：我国连续 7 年保持全球货物贸易第一大国地位》，http：//chinawto. mofcom.gov.cn/article/ap/p/202404/20240403503649.shtml。

　　这些地区在对外开放进程当中迅速发展的经验主要总结为以下几点：第一，加强交通与物流体系建设是开放的基础，开放发展前列的地区大多为东部沿海城市，拥有优良的港口及发达的交通基础设施，并仍在不断推动其继续发展，如浙江推进构建义甬舟双向开放物流主轴、广东构建立体交通网等；第二，构建完善制度型开放是持续扩大开放的保障，在熟悉国际高标准经贸规则的前提下，稳步扩大产权保护、劳动保护、金融等方面的规则标准与国外相通相容，降低国内外合作门槛，如上海就在与国际对接和制度创新方面走在全国前列；第三，产业的高质量发展是高水平对外开放的要求，低附加值产品难以达成高水平的对外开放，必须要推进产业创新，加快高新产业发展，如广东的广州高新技术产业开发区即依托大规模工业形成"前沿技术赋能模式"。各个地区各自针对其特殊的资源禀赋探索出不同的发展方式。

　　上海是中国改革开放浪潮当中的先锋，一直走在创新的前沿，是开放发展当中许多新制度的创造者和实践者。上海市在对外开放上一贯成绩显赫，上海市 2023 年整年的进出口总额达到 4.2 万亿元的高水平，跨国公司地区总部、外资研发中心数量近年来持续增加累计，分别达到 956 家和 561 家，但上海的对外开放更多体现在投资方向，其 2023 年实际使用外资 240.9 亿美元，创历史新高，金融市场交易总额达到 3373.6 万亿元，增长 15%。[1]上海之所以能够不断提高对外开放水平主要在于其能从多个维度共同发力，第一，在于上海对标国际高标准经贸规则，首份外资准入负面清单就是在上海向世界发布的；第二，在于坚定依靠市场调控作用优化资源配置，使得国内外的资源要素能够在更大区域内高效畅通流动；第三，坚持推进贸易高质量发展，不仅着力持续提高区域内商品进出口水平，更全力打造自身贸易枢纽功能，使得上海跃升为全球最大的贸易口岸城市；第四，坚持"引进来"和"走出去"并重，不局限于向国内招商引

---

[1]《2024 年上海市政府工作报告》，http：//sh.people.com.cn/n2/2024/0130/c409996-40732132.html。

资，更是积极对外投资，发挥自身资本资源优势，通过双向投资拉动自身发展；第五，提高了治理能力和治理水平。[1][2] 同时，作为制度创新"试验田"的临港区，也积极对接国际经贸规则，逐步成长为中国对外开放的新标杆。

广东省作为沿海省份，依托其优越的地理位置与资源禀赋，自古以来是我国对外开放的前沿阵地，并正在不断地通过技术创新打开贸易新局面。2023 年，广东六大进口基地首批 32 个项目建设全面启动，"新三样"产品即电动汽车、锂电池、太阳能电池出口分别增长 229%、15.9%、22.6%，同时，广东还通过举办高交会、加博会、中博会和"粤贸全球"系列展会来持续加强与世界的合作。[3] 广东能够成为对外开放大省除了其本身资源禀赋优势之外，也与其发展策略息息相关，第一是广东全面加强对内对外联系，在更宽领域拓展经济纵深，在加强对外进出口的同时也加强对内贸易联系，将自身开放大门通过交通网络与全国相连；第二是高质量加强经济联系，在更深层次拓展经济纵深，推进粤港澳融合发展，不断提升市场一体化水平，增强全球配置资源能力，稳步深入推进科技产业合作；第三是全方位高水平开放发展，在更大范围拓展经济纵深，广东统筹扩大内外开放，加强对内开放和推进高水平对外开放，向海图强拓展发展新空间。[4]

---

① 《"奋进新征程 建功新时代" 党委专题系列新闻发布会第七场介绍党的十八大以来上海国际贸易中心建设情况》，https：//www.shanghai.gov.cn/nw12344/20221009/a9868541106a4580876585985b4b2c65.html。

② 周頔：《自贸区十周年｜专访周汉民：上海是中国自贸区的"头雁"，为国家试制度、闯新路》，https：//www.thepaper.cn/newsDetail_forward_24705660。

③ 《2024 年广东省政府工作报告》，http：//gd.people.com.cn/n2/2024/0129/c123932-40731198.html。

④ 《中共广东省委十三届三次全会在广州召开 深入学习贯彻习近平总书记重要讲话重要指示精神 锚定"走在前列"总目标 激活"三大动力" 奋力实现"十大新突破" 扎实推进中国式现代化的广东实践 黄坤明代表省委常委会作报告》，https：//www.gd.gov.cn/xxts/content/post_4205041.html。

四、开放发展的国外借鉴

受世界经济及政治局势影响，近年来世界经济开放收紧，世界各国的开放程度在较低位徘徊，根据中国社会科学院世界经济与政治研究所、虹桥国际经济论坛研究中心发布的《世界开放报告2023》，2022年，世界开放指数为0.7542，比2008年的0.7975低5.4%，其中，新加坡开放指数高居129个经济体之首，是2022年最开放的经济体，仍然保持着高水平的对外开放，是我们借鉴学习的目标之一。[①]

改革开放前夕，邓小平就访问新加坡，向新加坡"取经"。新加坡于1965年独立建国，其国家资源匮乏、土地狭小，但毗邻连接太平洋与印度洋的国际水道——马六甲海峡，其开放发展主要依赖于依靠地缘优势的自由贸易以及在经济发展过程形成的新加坡模式。所谓的新加坡模式是指在政治强人的领导下，组建发展型政府、推行出口替代型市场经济、在经济快速发展的同时防止贫富差距扩大以维持社会稳定、强化核心价值观塑造，成为经济跨越式发展、民众生活水平明显提高、社会保持稳定的小型开放经济体。[②]而其自由贸易的发展得益于1965年颁布的《自由贸易区法》与1969年出台的《自由贸易区条例》，其中对自贸区的建设运营进行了较为完善的制度安排，并且除此之外不再对区内市场主体经营活动进行过度行政干预。除此之外，新加坡还积极创新运营模式，从1969年设立第一个自由贸易区至今，新加坡已建立了7个自由贸易区，并在港区奉行"境内关外"的原则，税制结构简明，税种少，政策透明度高，并遵循"收入来源地管辖权"，对内外资企业实行无差别的国民待遇，新加坡港的年吞吐量已从2010年的2843.1万标准箱（TEU）增长至2022年的3729.0万标准箱，始终位列全世界集装箱港吞吐量的前三位，是全球化

---

① 《世界开放报告2023》，http://iwep.cssn.cn/cbw/cbw_ndfxbg/ndfxbg_sjkfbg/sjkfbg_cbyfb/202401/t20240124_5730574.shtml。

② 《新加坡模式与中国道路：借鉴与创新》，http://iwep.cssn.cn/xscg/xscg_sp/201610/t20161009_3226996.shtml。

进程的重要支柱之一。[①]同样位列世界三大自由贸易港的中国香港与迪拜也有其发展优势，香港是目前各个自贸港中免税较为彻底的一个，其促进贸易战略还体现在通关手续的简化上，如香港自贸港不要求一定要事先报关，可以放宽时间到输入或输出的 14 天，相较于事先报关为贸易方提供了更多便利和选择；相较于迪拜自贸港，阿联酋本国是存在关税的，但是自贸区内的所得税与关税可以免除，且迪拜港务局自身的独立机构特性，使得其拥有独立的核算系统，大大提高了行政事务的办理效率，减少了不必要的程序。[②]

虽然根据《世界开放报告 2023》，美国整体开放水平近年来有所下滑，但美国部分城市仍然保持着很高的对外开放水平。根据上海社会科学院绿色数字化发展研究中心、上海数据交易所研究院、德勤企业咨询（上海）有限公司联合出品的《2022 全球重要城市开放数据指数》，纽约市的综合开放指数仍高居第一位。[③]纽约市的纽约湾区是公认的全球发展水平最高、最具影响力的湾区之一，纽约湾区也是美国最先实现开放发展的地区之一，其发展过程当中形成了纽约港、新泽西港等一些重要港口。纽约湾区能够在 200 余年当中持续发展，主要得益于以下几个方面：首先在于地理位置的优越，凭借地理优势构建了发达的立体交通网络；其次是其科学高效的区域规划，其区域规划由非政府组织完成，提升了土地利用率的同时还通过顶层设计加强了区域基础设施融合，加强了各地区间合作；最后是通过市场机制与行政手段相互配合，使得各要素能够自由流动，推动整个区域持续发展。[④][⑤]

---

① https://unctadstat.unctad.org/datacentre/dataviewer/US.ContPortThroughput。

② 崔凡：《全球三大自由贸易港的发展经验及其启示》，《人民论坛·学术前沿》2019 年第 22 期。

③《2022 全球重要城市开放数据指数》，https://gddc.sass.org.cn/2023/0322/c5956a536213/page.htm。

④ 蔡达：《纽约湾区开放发展对我国长三角一体化发展的启示与借鉴》，《中国经贸导刊》2023 年第 3 期。

⑤ 林勇、沈玲娣：《纽约湾区对粤港澳大湾区发展的启示》，https://www.thepaper.cn/newsDetail_forward_5502180。

第二节 高水平开放的实践摸索走势

党的十一届三中全会以来，我国一直在不断探索对外开放之路，从沿海到内陆，从经济特区、沿海开发区到沿海开放城市、沿江城市和内地城市，国内生产总值由 1978 年的 3645 亿元达到 2023 年的 126 万亿元，进出口总额由 1978 年的 355 亿元提高到 2023 年的 41.7 万亿元，我国的对外开放之门不断扩大，与世界经济的联系也逐渐紧密。[①②] 在对外开放的发展历程中，我国正是依据不断的实践，结合中国的现实国情，摸索出来一条开放发展的康庄大道。

一、改革开放 40 年的摸索

在改革开放之初，我国尝试逐步从计划经济体制转变为市场经济体制，实行"以市场调节为主、宏观调控为辅"的政策方针，并通过设立经济特区来探索对外开放道路，党中央、国务院首先选择在广东与福建试验开放，1979 年对两省的对外经济活动实行特殊政策和优惠措施，1980 年在试验基础上进一步开放，设立了深圳、珠海、汕头、厦门 4 个经济特区。[③]1984 年后，对外开放的范围不断扩大，先是在 1984 年开放了 14 个沿海港口城市，随后将城市扩大为区域，1985 年开放长江三角洲、珠江三角洲、闽南厦漳泉三角地区，1988 年开放了辽东半岛和山东半岛，并建立了我国最大的经济特区——海南经济特区。1990 年，开放上海浦东。

到了 20 世纪 90 年代，世界局势动荡，社会主义陷入低潮，但世界经济却在加速融合发展。1989 年党的十三届四中全会召开后，结合过往经验、

---

① 《中华人民共和国 2023 年国民经济和社会发展统计公报》，https://www.stats.gov.cn/xxgk/sjfb/tjgb2020/202402/t20240229_1947923.html。

② 《中华人民共和国国家统计局关于一九七八年国民经济计划执行结果的公报》，https://www.stats.gov.cn/sj/tjgb/ndtjgb/qgndtjgb/202302/t20230206_1901921.html。

③ 《广东省人大常委会关于施行〈广东省经济特区条例〉的通知》，https://www.gd.gov.cn/zwgk/gongbao/1982/1/content/post_3353883.html。

把握世界发展局势，坚持改革开放的基本国策，并进一步推进中国对外开放。党的十四大报告中提到"积极开拓国际市场，促进对外贸易多元化，发展外向型经济"，且该阶段中国对外开放主要还依赖于国外经验与国外资源，报告提出应更多更高效地运用国外技术、资本、管理经验等快速建设国内市场，各开放城市与开放区的工作也集中在引入国外资源经验建设本国上。[①] 接下来，继续构建完善了"全方位，多层次，宽领域"的对外开放新格局，并进一步提出并建立了"引进来"与"走出去"相结合的对外开放战略，这一时期，对外开放区域不局限于沿海而开始向内陆推进，首先发展到沿江城市，又进一步以沿江城市为基点推进到内陆。2000 年，又进一步扩大到西部城市，并加入世贸组织，从区域性的对外开放扩大为全面的全方位的对外开放。

进入 21 世纪之后，世界的全球化浪潮加速发展，世界各国之间的联系变得更为紧密，党的十六大报告当中再次强调了要坚持"引进来"和"走出去"相结合，全面提高对外开放水平，并且在学习国际经验的基础上提出了要更广泛更深入地参与到国际竞争当中，无论是经济层面还是科学技术层面。[②] 但随着经济全球化的发展、世界政治格局的改变以及中国自身的发展，我国的对外开放也面临着新机遇与新挑战。2003 年，党的十六届三中全会提出了科学发展观，并在报告中提出，我国应"深化涉外经济体制改革，全面提高对外开放水平"。其中经济体制改革体现在要进一步完善制度保障，确保贸易的透明与公平的同时维护国家安全。[③] 在过往的开放进程中，由于国力水平等诸多方面的限制，中国更多依靠外国资金、技术和经验解决国内对外开放问题，但经过几十年的发展历程，提出了"加快转变对外贸易增长方式，继

---

① 《加快改革开放和现代化建设步伐　夺取有中国特色社会主义事业的更大胜利》，https://www.gov.cn/test/2008-07/04/content_1035850.htm。

② 《全面建设小康社会，开创中国特色社会主义事业新局面》，https://www.gov.cn/test/2008-08/01/content_1061490.htm。

③ 《中共中央关于完善社会主义市场经济体制若干问题的决定》，https://www.gov.cn/gongbao/content/2003/content_62494.htm。

续积极有效利用外资，支持有条件的企业'走出去'，实施互利共赢的开放战略"。[1] 即在对外开放进程当中，不仅要注重对自身的发展，更要将双方的互利共赢纳入到战略考量当中来。

二、高水平开放的新内涵

习近平主席在第四届进博会开幕式上指出，（加入世贸组织）20年来，中国全面履行入世承诺，不断扩大开放，激活了中国发展的澎湃春潮，也激活了世界经济的一池春水。[2] 这是对中国对外开放工作最凝练的概括。改革开放以来，中国推动的对外开放是处于特定的国内发展阶段与国际经济政治局势下的，由于认识到了经济全球化的大趋势，抓住关键发展机遇，我国的对外开放得到了快速的发展。现今阶段，中国的经济发展已经进入新阶段，世界的经济开放势头却在放缓，保护主义与单边主义抬头，原先的发展方式已经表现出明显的局限性，故而，要在原先的发展理论上加入新理论、新内涵，使其能够适用于新的发展环境。

党的十九届五中全会指出："实行高水平对外开放，开拓合作共赢新局面。"[3] 表示中国在持续高水平开放的同时，也应当依托国内市场与禀赋优势，促进国内外的共同发展。即高水平对外开放的新内涵一方面在于开放的范围、领域、层次将会进一步加深；另一方面在于依托国内大市场，与国际合作，互利共赢。

第二次世界大战结束以来的世界经济全球化发展方式一直以来是发达国家牵头，发展中国家参与到发达国家的合作项目当中，主要体现在发展中国家开放国门接受发达国家外迁的生产网络与技术、制度等。中国此前的对外

① 《中共中央第十六届五中全会公报》，https：//www.gov.cn/test/2008-08/20/content_1075344.htm。
② 《让开放的春风温暖世界》，https：//www.gov.cn/xinwen/2021-11/04/content_5648891.htm。
③ 《中国共产党第十九届中央委员会第五次全体会议公报》，http：//www.xinhuanet.com/politics/2020-10/29/c_1126674147.htm。

开放也是这样融入发达国家所推行的全球化进程，所以开放的范围也大多是围绕发达国家。但是少数的发达国家不能代表整个世界经济，中国要继续深化对外开放，势必要扩大开放范围，不仅要继续对发达国家开放，更要加大对发展中国家开放。中国此前开放的领域主要集中在制造业，但是制造业内部的先进制造业同样开放不足，开放领域主要集中在劳动密集型产业，这一方面与中国的发展阶段有关，一方面也与发达国家优先转移国内产业的类型有关。① 但随着国内制造业水平的迅速提升，制造业的继续发展要求更广阔领域的开放，不仅是对于先进制造业，更是对与制造业发展相关的金融、保险、咨询服务等第三产业的需求，要求中国能够在更宽的领域上对外开放。这样不仅能更好地满足国内需求，也能够进一步促进国内第三产业发展并走向世界。以往，中国在对外开放的程度上也有所不足。贸易自由化程度不高的情况下，一个微小的关税成本，也会因为全球产业链当中的中间产品在不同国家反复流转而积累成巨大的成本，从而阻碍国际分工的进一步发展。② 所以，在对外开放进程当中，以关税和非关税壁垒不断削减为代表形式的贸易自由化程度上升就尤为重要。中国应当要加强制度创新，不断在更深层次上推动对外开放，让开放不局限于边境、港口，而是全国范围全方位层次的对外开放。

改革开放以来，中国国内经济稳步提升，2023 年，国内生产总值增加到 121 万亿元，全国居民人均可支配收入 39218 元，社会消费品零售总额达471495 亿元，我国已经拥有一个庞大而有活力的消费市场。③④ 相较于继续依赖国外市场，依托国内大市场培育我国新型比较优势成为更优解。国内大市场除了提供规模效应之外，还能有效促进国内企业开拓创新，加强对全世界范围内的优质生产要素，尤其是人才的吸引，还能加强中国在国际社会的影

---

① 金碚：《中国工业变革振兴 60 年》，《中国工业经济》2009 年第 6 期。

② 倪红福：《全球价值链中的累积关税成本率及结构：理论与实证》，《经济研究》2020 年第 55 期。

③ https://www.stats.gov.cn/sj/zxfb/202401/t20240116_1946622.html。

④ https://www.stats.gov.cn/sj/zxfb/202401/t20240116_1946619.html。

响力，提升中国在全球经济体系当中的话语权。习近平总书记指出："20 年前甚至 15 年前，经济全球化的主要推手是美国等西方国家，今天反而是我们被认为是世界上推动贸易和投资自由化便利化的最大旗手，积极主动同西方国家形形色色的保护主义作斗争。"① 中国在自身发展壮大过程当中也越来越深入地影响着世界，高水平开放也意味着与全世界共享中国的发展机遇，在发展当中达成与各国的互利共赢。

三、党的十八大以来的经验总结

党的十八大以来，我国对外开放得到了快速的发展，开放型经济体制更加完善，对外开放格局更加全面，对外开放的范围、层次与领域都在逐步地扩大和加深，中国在全球经济体系当中扮演着越来越重要的角色，从融入顺应经济全球化的边缘角色逐渐转变为建设引领经济全球化的重要角色。

2013 年，习近平主席外出访问期间提出共同建设"丝绸之路经济带"与"21 世纪海上丝绸之路"两大倡议，二者合称"一带一路"倡议，"一带一路"一经提出就得到了周边多个国家的响应，同年 11 月 12 日，党的十八届三中全会通过了《中共中央关于全面深化改革若干重大问题的决定》，明确指出，推进丝绸之路经济带、海上丝绸之路建设的重要性。2015 年，国家发展改革委、外交部、商务部联合发布了《推动共建丝绸之路经济带和 21 世纪海上丝绸之路的愿景与行动》，其中具体阐释了"一带一路"的共建原则、框架思路、合作重点与合作机制等各国关注的问题，展现了中国对外开放，合作共赢的决心。② 截至 2024 年，中国已经陆续与 150 多个国家、30 多个国际组织签署了共建"一带一路"合作文件，并在"一带一路"建设过程当中谈成

---

① 《习近平在省部级主要领导干部学习贯彻党的十八届五中全会精神专题研讨班上的讲话》，http : // www.xinhuanet.com//politics/2016-05/10/c_128972667_2.htm。

② 《推动共建丝绸之路经济带和 21 世纪海上丝绸之路的愿景与行动》，http : //www.xinhuanet.com/ world/2015-03/28/c_1114793986.htm。

3000 多个合作项目，为中国与相关合作国家经济发展注入了鲜活动力。第三届"一带一路"国际合作高峰论坛开幕式上，习近平主席宣布了中国支持高质量共建"一带一路"的八项行动，并指出"共建'一带一路'源自中国，成果和机遇属于世界"①。

除了通过"一带一路"倡议加深与各国合作之外，我国还在积极探索开放合作的新平台。从 2013 年上海成为自由贸易试验区开始，截至 2023 年底，我国自由贸易区的数量已经增加到 22 个；一些如"证照分离"的制度创新，又进一步推进开放和新自由贸易区的建立。② 同时，我国还推动成立丝路基金、亚洲基础设施投资银行等金融机构，解决发展前期缺乏资本要素的问题。举办进出口商品交易会、中国国际进口博览会，与各国共享中国的发展机遇，举办金砖峰会、G20 峰会等世界性盛会，加强交流，促进各国间的合作，参与构建新自由贸易网络，率先批准《区域全面经济伙伴关系协定》（RCEP）等。

党的十八届三中全会提出要"构建开放型经济新体制……以开放促改革"，使得体制改革与开放发展相互促进，形成良性循环，培育中国在国际市场上的竞争优势。③ 为改善国内营商环境，我国 2015 年提出准入前国民待遇与负面清单制度，前者可以使外国投资者获得与本国相同的待遇，后者能够有效减少外资审批步骤，二者同时作用，促使投资环境更开放、更宽松、更透明，使国内能够更有效地吸引外资。而且，我国的负面清单还在逐年缩减，其中全国外商投资准入负面清单项目从 2017 年的 63 项减少到 2021 年的 31 项，自由贸易试验区范围内的外商投资准入特别管理项目从 2017 年的

---

① 《习近平出席第三届"一带一路"国际合作高峰论坛开幕式并发表主旨演讲》，https：//www.gov.cn/yaowen/liebiao/202310/content_6909921.htm。

② 《国务院关于在自由贸易试验区开展"证照分离"改革全覆盖试点的通知》，https：//www.gov.cn/zhengce/content/2019-11/15/content_5451900.htm。

③ 《中共中央关于全面深化改革若干重大问题的决定》，https：//www.gov.cn/jrzg/2013-11/15/content_2528179.htm。

95 项减少到 27 项。[①②] 为促进创新，吸引国际先进产业入驻，中国还加强了知识产权的保护，具体措施包括加强知识产权的司法保护、完善相关法律政策体系、形成多领域协同保护等。[③] 经过多年努力，在世界知识产权组织的全球创新指数排名当中，中国从 2012 年的第 34 位快速上升到了 2023 年的第 12 位。[④]

四、党的二十大以来的战略部署

党的二十大以来，我国在对外开放上作出了许多新的战略部署，党的二十大报告依然坚定推进高水平对外开放：第一，要依托国内大市场优势，吸引全球优秀资源加入国内大循环，并以此增强国内外市场循环联动；第二，稳步推进制度型开放，优化营商环境，合理施行外资准入负面清单制度，并通过制度创新争取进一步缩减清单，有效吸引外资；第三，在于各区域间协同发展，通过各地区设立的自由贸易试验区，全力扩大全国范围的对外开放网络，促进区域发展的同时优化全国的开放布局；第四，着眼于贸易的重要媒介——货币，推进人民币国际化，在为中国开放奠定更加稳固基础的同时也为世界各国带来机遇；第五，中国的对外开放应当注重维护多元稳定的世界格局，为此应当深度参与到国际合作当中。[⑤] 党的二十大报告重申了我国对外开放的决心，将继续推动"一带一路"以及自由贸易区的发展，将中国开放的大门打开得更大；要优化开放布局，但不局限于某一区域的发展，而是依据不同区域的开放发展阶段提出下阶段发

---

① 《外商投资准入特别管理措施（负面清单）（2021 年版）》，https：//www.gov.cn/gongbao/content/2022/content_5679693.htm。

② 《自由贸易试验区外商投资准入特别管理措施（负面清单）（2021 年版）》，https：//www.gov.cn/gongbao/content/2022/content_5679694.htm。

③ 《"十四五"国家知识产权保护和运用规划》，https：//www.gov.cn/zhengce/content/2021-10/28/content_5647274.htm。

④ https：//www.wipo.int/global_innovation_index/en/2023/。

⑤ 《高举中国特色社会主义伟大旗帜　为全面建设社会主义现代化国家而团结奋斗——在中国共产党第二十次全国代表大会上的报告》，https：//www.gov.cn/gongbao/content/2022/content_5722378.htm。

展的不同要求；更加注重对外贸易当中的制度创新，提出中国要稳步扩大制度型开放，同时注重新技术的使用，推动发展数字贸易。相较于过往的战略部署，中国在国内外都面临着全新的发展环境，为了顺应发展趋势，党的二十大报告提出，对内要依托国内超大市场来提高整体对外开放能力，一改过往依靠国外市场的局面，这既是国内外贸易环境变化的要求，也是国内人民群众对美好生活盼望的要求；对外要进一步推进人民币国际化，维护稳定的国际贸易格局，这是基于对我国在国际分工与贸易当中的地位发生变化的认识上作出的战略选择。

党的二十大以来，全国上下积极响应党的二十大精神，同时也依据实际情况对各个地区进行更加精细的战略部署。如财政部在党的二十大之后率先提出会"保障内外资企业公平参与政府采购竞争"[①]。广东应"在推进中国式现代化建设中走在前列"，加强建设粤港澳大湾区，发挥其科技水平与地缘优势拉动周边地区开放发展，要"使粤港澳大湾区成为新发展格局的战略支点、高质量发展的示范地、中国式现代化的引领地"[②]。

第三节　东北高水平开放的战略意义

东北地区作为老工业基地，地处东北亚，具有天然的对外开放优势，是我国对北开放的重要门户。改革开放以来，东北地区的开放与发展经验，为全国提供了示范与引领作用，对于我国对外开放的理论发展提供了重要参考，同时也在实践层面推动着我国开放步伐的加大。由于身处东北亚这一特殊地理位置，东北地区的高水平对外开放不仅加深了国内区域协调发展，同

[①] 申铖、邹多为：《财政部：中国将积极推进政府采购领域高水平对外开放》，http://www.news.cn/politics/2022-11/07/c_1129109353.htm。

[②] 陈伟光、贺林平、罗艾桦、姜晓丹：《全面深化改革扩大高水平对外开放在推进中国式现代化建设中走在前列——习近平总书记广东考察重要讲话引发热烈反响》，http://www.qstheory.cn/qshyjx/2023-04/15/c_1129525355.htm。

时还加强了东北亚各国与我国之间的联系，对于维系东北亚地区和平稳定，推动东北亚地区经济发展具有重要意义。

一、开放引领的理论意义

自改革开放以来，国务院及各省政府出台了一系列促进东北地区对外开放的政策文件，东北地区在国家对外开放的进程当中扮演的角色越来越重要，如今，东北地区更是成为对北开放的重要门户，其对外开放地位的改变既是由于我国整体对外战略的调整也是东北地区整体高质量发展的需要。

首先，东北地区高水平对外开放是国家对外开放总体布局当中的重要一环，是国家对外开放持续推进的关键一步。"十四五"规划纲要提出，在巩固东部沿海地区对外开放先导地位的同时，应当加快中西部和东北地区的开放步伐。[①] 这意味着，未来中国区域开放布局将会进一步优化，不再是过去东部沿海地区独占鳌头，而要形成沿海与内陆相互呼应的全面开放格局。我国开放格局的调整是基于对国际局势的改变和国内发展阶段的变化所作出的。

其次，高水平对外开放是东北地区振兴老工业基地，实现高质量发展的重要抓手。东北地区工业发展起步早基础牢，有优良的工业设施基础及人才基础，但在发展过程当中存在一系列问题。对外开放首先要求更加稳定透明的营商环境，东北地区持续推进高水平对外开放的进程当中，势必要引入更优秀的法律制度和更高效率的行政管理体系，构建形成新型的贸易友好型政商关系，达成双方互利共赢，共同发展，持续推动形成制度型开放。另外，东北具有深厚的工业底蕴及科研基础，在对外开放当中，有能力把握全球新一轮产业发展机遇，提升前沿研究成果转化率，加强知识产权保护，着力发展新兴产业，从数字技术、生物医药、新能源等高附加值产业当中寻找东北

---

① 《中华人民共和国国民经济和社会发展第十四个五年规划和 2035 年远景目标纲要》，https：//www.gov.cn/xinwen/2021-03/13/content_5592681.htm。

产业转型方向，同时高效利用国内外市场资源，助力新产业快速发展。

第三，东北地区是中国自由贸易区建设的重点之一，主要建设有辽宁和黑龙江两个自由贸易试验区。两个自由贸易区发展方向各有侧重，其中辽宁自由贸易区发展重点在于港航物流、先进装备制造以及金融商贸等服务行业，着力推进东北亚地区物流体系建设，黑龙江自由贸易区重点发展新一代信息技术、高端装备、生物医药等行业。两个自由贸易试验区都作为全国自由贸易区发展的一环，为区域内城市以及全国的对外开放探索道路，与其他自由贸易试验区一同为中国的进一步开放贡献力量。

最后，东北处于东北亚地区，东北的对外开放能够有效与东北亚国家共享发展机遇。东北地区区位优势明显，自然资源丰富，且能够有效与东北亚国家形成互补，同时与日、韩等国家有着良好的合作基础。2022 年 1 月 1 日，随着 RCEP 框架的正式生效实施，中、日、韩三国在 RCEP 框架下首次建立了自由贸易联系。

二、开放推动的实践意义

东北开放工作近年来所取得的成果不容忽视。2023 年，我国进出口总值 41.76 万亿元人民币，同比增长 0.2%，在保持进出口值的高水平的同时，增长势头明显放缓，其中，全国出口值仅增长 0.6%，但同时东北地区的出口增长了 6.5%，是增长最快的区域，说明东北地区是中国未来对外开放的重要增长点之一。[①]东北地区的黑龙江省货物贸易进出口 2023 年规模再创历史新高，总值达到 2978.3 亿元人民币，比上年增长 12.3%，进出口增速居全国第 6 位，且增速已经连续三年保持在两位数，为我国进出口提供稳定增长。[②]吉林省进出口也正在稳步增长，进出口总额 2023 年达到 1679.1 亿元，增长 7.7%，并

---

① 《国务院新闻办就 2023 年全年进出口情况举行发布会》，https://www.gov.cn/zhengce/202401/content_6925703.htm。

② 《2023 年黑龙江省进出口总值 2978.3 亿元　规模再创历史新高》，https://www.hlj.gov.cn/hlj/c107856/202401/c00_31703995.shtml。

且值得注意的是,吉林出口增长达到惊人的 24.9%。^① 辽宁进出口略有下降,但仍保持着 7659.6 亿元的高水平外贸总额。^②2024 年,东北全面振兴在对外开放方面取得新突破,上半年东北地区外贸进出口总值 6138.6 亿元,创历史同期新高,东北地区正在通过高速推进区域内的高水平开放来推动高质量发展。^③

东北地区的开放不仅带动了本地区进出口的发展,同时也使得全国都能加强与周边各国的交流与合作。东北地区积极举办如哈尔滨国际经济洽谈会、中俄(沈阳)经贸合作洽谈会、中俄(铁岭)投资贸易对接会等大型活动,为国内外的大中小型企业提供了展示平台,在展现本地区发展潜能的同时也为省外企业提供了对外贸易的机会。东北地区黑吉辽三省分别与广东、浙江、江苏形成对口合作区,三省也通过东北地区更通畅地与东北亚国家进行外贸合作,如哈尔滨新区暨自由贸易试验区对俄合作推介会即在广州举行,携手为推动中俄贸易添砖加瓦;齐齐哈尔市协同对口合作城市广州市,携手俄罗斯四座重要友好城市,共同组建中俄"两国六城"友城交往新矩阵。^④

东北自由贸易试验区自建成以来也取得了不菲的成绩。辽宁省自由贸易示范区共有沈阳、营口和大连三个片区。其中沈阳片区依靠区域内的沈阳高新技术产业开发区、沈大国家自主创新示范区核心区、国家全面创新改革试验区等,着力提高东北地区科技创新水平,并且在发展先进制造业和与其配套的服务业的同时,建设发展具有国际竞争力的先进装备制造业,助力

① 《2023 年吉林省外贸数据解读》,http://dltb.mofcom.gov.cn/article/dbswyx/dymy/202402/20240203471540.shtml。
② 《2023 年全省外贸进出口情况》,https://tjj.ln.gov.cn/tjj/tjsj/sjfb/sqzx/20240119175733552130/index.shtml。
③ 姚秋蕙:《高水平对外开放亮出新成绩单》,http://www1.xinhuanet.com/fortune/20240801/66da86873f40432f80338db870416cbb/c.html。
④ 《哈尔滨新区暨自贸试验区对俄合作推介会在穗举行》,https://ftz.hlj.gov.cn/dynamic/3282.html。

区域内制造业发展；大连片区与营口片区主要优势在于其优良港口，其分别依靠港口和与其相连的发达交通网络发展物流航运，并拉动金融等服务业发展，推动东北亚国际航运中心、国际物流中心建设进程。黑龙江自由贸易试验区已经设立有哈尔滨、黑河、绥芬河三个片区，其中哈尔滨片区地理位置优越，是连接中蒙俄经济走廊和亚欧国际货物运输大通道的重要节点，拥有215个科研院所、23所高校和200家高技术企业，其功能定位在于发展战略性新兴产业、现代服务业和寒地冰雪经济，建设对俄罗斯及东北亚全面合作的承载高地和联通国内、辐射欧亚的国家物流枢纽，打造东北全面振兴全方位振兴的增长极和示范区[1]；黑河片区拥有边境口岸的地理区位优势，发展重点在于依托其优势建设跨境产业聚集区，为其他边境城市探索产业合作道路，并同时作为口岸促进中俄两国各方面的交流合作；绥芬河片区重点探索面向东北亚开放的制度创新，积极构建与俄罗斯远东大开发战略。两个自由贸易试验区不同片区各有偏重，共同奋力推进着对外开放的扩大，东北地区的自由贸易试验区在未来也将为全省乃至全国的对外开放发展源源不断地注入力量。

三、开放塑造的区域意义

东北地区的开放除加速自身发展之外，还积极与周边区域共享发展机遇。其主要合作对象在东北亚地区，东北亚地区包括中国、日本、韩国、朝鲜、俄罗斯、蒙古国等国，地域广大，人口众多，地区生产总值和外贸总量分别占全球的1/4和1/5左右，在世界经济当中占有重要地位。[2]其中东北地区与日韩有着密切的经贸联系和深厚的合作基础，如表1-2所示，2023年东北地区对日韩进出口总量分别达到993.9亿元与736.1亿元，总额占比较高，达到14.46%，总体水平与2022年持平。同时，中日韩之间产业各有

---

[1]《哈尔滨片区简介》，https://ftz.hlj.gov.cn/haerbin.html。
[2] 迟福林：《构建以RCEP为重点的区域开放布局》，https://www.gov.cn/xinwen/2022-11/14/content_5726849.htm。

表1-2　2023年东北三省对日韩进出口额

（单位：亿元人民币）

	日本		韩国	
	贸易额	占比	贸易额	占比
辽宁	900.9	11.74%	633.9	8.26%
吉林	57.58	3.42%	59.9	3.56%
黑龙江	35.6	1.19%	42.3	1.42%
总额	993.9	8.49%	736.1	5.97%

数据来源：中华人民共和国海关总署。

优势，给贸易与产业合作带来了极大的发展空间。韩国江南大学国际经济与贸易博士生导师、特聘教授李学成认为，中日韩三国经济融合的发展潜力巨大，如果三国深化合作融合，将优化产业配置，减少内耗，提高生产效率和竞争力。[1]RCEP的签署给东北对外开放带来重大机遇的同时，也为中日韩的合作交流提供了一条崭新的道路。迟福林指出，要在 RCEP 多边框架下努力解决三边与双边合作问题，而日韩具有服务业优势，推动三国在 RCEP 框架下联合开发新市场将有效促进各国间的合作共赢。近年来，由于国际局势的变化，东北地区与俄罗斯的贸易关系也在迅速升温，黑吉辽 2023 年对俄进出口总额相比 2022 年分别增长了 13.6%、71.5%、53.1%，总体增长了 23.7%。[2]王志民等认为中俄产能合作将进一步推动中国和欧亚经济联盟互利共赢，影响力将覆盖欧亚大陆，推进产能合作有利于中国经济国际循环，进一步优化中国国内循环，对东北亚地区格局乃至世界格局产生深远影响。[3]

---

[1] 李姝徵：《东西问｜李学成：东北亚区域经济深化合作将为全球发展带来什么？》，https://www.chinanews.com.cn/gn/2024/05-27/10224230.shtml。

[2] 数据来源：中华人民共和国海关总署。

[3] 王志民、陈远航、陈宗华：《"一带一盟"背景下的中俄产能合作分析》，《人文杂志》2020 年第 10 期。

　　东北地区对"一带一路"倡议的战略融合进一步加深在提高其本身的对外开放水平的同时，也加强了与周边各国乃至更广大区域内国家的合作交流。东北地区是"丝绸之路经济带"和"海上丝绸之路"北延伸线上的连接点，在"一带一路"布局中占据重要地位，东北地区也在着力加深融入"一带一路"，如2023年，黑龙江省对共建"一带一路"国家进出口总额达到2525亿元，增长了12.9%。崔岩提出，应尽快建设东北海陆大通道，可以实现中国同日韩、蒙俄的对外开放新格局，积极推进中日韩自贸区建设，重点建设中蒙俄经济走廊，加深与不仅东北亚还与东南亚及欧洲国家的经贸联系。[①] 东北的扩大开放，不仅能够加深中国与周边及"一带一路"合作伙伴国家的交流合作，更能提供优秀的公共产品，如便利的交通运输、开放的贸易洽谈会等，促进整个区域内国家间的交流与贸易往来，这对整个区域的融合发展与和平稳定具有重要意义。

　　东北的对外开放同时也对保障国家安全具有重要意义。东北地区与俄罗斯这个能源大国接壤，利用地缘优势加强与俄罗斯的能源合作可以有效维护我国能源安全。2023年，俄罗斯对华原油出口额达到606亿美元，同比增长3.5%。俄罗斯已经成为中国最大原油供应国，同时俄罗斯2023年向中国出口800万吨液化天然气，同比增长23%，是中国第三大液化天然气供应国。[②] 我国四大战略通道的重要组成部分之一的中俄东线天然气管道工程起点就位于黑龙江省黑河市中俄边境，2024年5月3日，中俄东线天然气管道关键控制性工程——长江盾构穿越工程在江苏南通完成管道敷设，标志着该主体工程全面完工，并且预计将在2024年底全线贯通，进一步保障我国能源安全。[③]

---

① 崔岩、钟雪、梁友君：《东北地区打造对外开放新前沿的重要意义与主要举措》，《日本研究》2023年第2期。

② 《2023年俄罗斯对华原油、天然气出口分别增长24%和23%》，https：//sputniknews.cn/20240120/1056519860.html。

③ 《中俄东线天然气管道工程获新突破　我国油气管网基础设施加速建设》，https：//news.cctv.com/2024/05/03/ARTIrstDGlEJ0zsRSVEi0NMm240503.shtml。

四、东北一体化的战略意义

习近平总书记在东北三省考察时强调，东北振兴要科学统筹精准施策，构建协调发展新格局[①]，指出东北地区应当加强区域内协同合作，共同培育现代化都市圈，并且在重点领域加强合作。当前，我国区域融合、协调发展已成发展大势所趋，如京津冀、长三角、粤港澳大湾区等区域都是在发展当中打破原有行政壁垒，协同发展打造区域一体化格局，已成为我国经济发展的重要战略支点。东北三省地理位置毗邻，产业基础雄厚，国家功能布局接近，交通干线、产业带和中心城市区相互重合交织，在推进区域一体化上具有优良基础。但迟福林指出，东北地区作为老工业基地，工业基础雄厚，在制造业各个方面上均有优势，且在教育领域发展完善，培养出高素质人才的同时，区域内整体科研水平也较高，但却没有很好地加以利用到发展当中。[②]2024年7月，党的二十届三中全会审议通过的《中共中央关于进一步全面深化改革、推进中国式现代化的决定》又一次强调了应当推进建成西部大开发、东北全面振兴、中部地区崛起、东部地区开拓现代化制度的全新格局。[③]东北地区一体化的推动对国家整体发展、东北地区振兴以及东北亚地区整体发展都有重要推动作用。

中国区域经济学会副会长兼秘书长陈耀认为，推动东北区域经济一体化，不仅有利于各自比较优势的充分发挥，更有利于推动落实习近平总书记对东北担负的维护国家"五大安全"的战略定位，更好地服务和融入国家新发展格局的构建，围绕基础设施互联互通、生态环境共保共治、产业分工与协同创新、公共服务一体化、统一大市场建设以及边境区域开放治理等重点

[①]《解放思想锐意进取深化改革破解矛盾　以新气象新担当新作为推进东北振兴》，https：//www.rmzxb.com.cn/c/2018-09-28/2180285.shtml。

[②]《新形势下如何推动东北振兴破局》，http：//www.jjckb.cn/2022-02/22/c_1310483866.htm。

[③]《中国共产党第二十届中央委员会第三次全体会议公报》，https：//www.gov.cn/yaowen/liebiao/202407/content_6963409.htm。

领域。^①东北一体化意义首先在于更好维护"五大安全"。东北地区作为我国重要粮食、能源与矿物产地，2023 年东北地区粮食产量占全国总产量的 20.9%，推进东北地区农业与能源、矿物产业一体化，能够有效加强区域内相关产业安全，并能够加快促进产业创新发展，对于维护我国粮食安全、能源安全与产业安全具有重要意义。^②

东北一体化还能够有效助力东北振兴。赵球指出，长期以来，东北存在一定程度"条块分割"的现象，成为若干空间狭小、资源受限的行政板块结构调整的机械汇总，以致东北全局的经济转型升级长期不见根本性起色。^③推动东北地区一体化有助于从外部打破原本的行政壁垒，使得有利于发展的政策能够通畅施行、及时反馈，能够有力促进东北地区政策创新，快速融入高质量发展。产业方面东北三省各有侧重但也有内部竞争，在产业规模越来越大、越来越趋于融合的当下，靠一省之力很难保持较强的竞争力。迟福林提出，东北地区的经济一体化，关键在于建立安全稳定的区域产业链，从整体水平上提高东北地区产业竞争力，同时政府层面协力共同规划形成空间布局、基础设施、区域市场以及生态环境保护等方面全面一体化的新局面。^④

东北地区作为我国向北开放的重要门户，不仅为东北地区带来独特发展优势，也为东北地区提出更高的开放要求，推进东北一体化有助于提高东北地区对外开放能力，提升开放水平。吉林大学东北与东北亚研究院副院长李北伟认为，黑龙江、辽宁的自由贸易试验区以及吉林的长吉图开发开放先导

---

① 《专家观点："深化东北三省一区交流合作，推动东北区域经济一体化"》，https://www.chinathinktanks. org.cn/content/detail?id=dhxc7543。

② 数据来源：《国家统计局关于 2023 年粮食产量数据的公告》，https://www.stats.gov.cn/sj/ zxfb/202312/t20231211_1945417.html。

③ 赵球、张文烨、朱学莉等：《加快推进东北经济一体化进程的对策研究》，《辽宁经济》2022 年第 1 期。

④ 迟福林：《推动东北全面振兴的重大任务》，http://www.chinareform.org.cn/2023/1208/38785. shtml。

区三者应当进行适当整合，并作为一个整体融入 RCEP 合作框架形成东北对外开放的大平台，同时结合东北地区农业与制造业发展，依托地缘优势，将东北地区主要城市圈融合形成哈长沈大城市带，并进一步成为整个远东区域的产业枢纽地区。① 通过一体化的推进，既能通过推进政策减少外资进入壁垒，也能共享资源，使资源达成区域内的最佳分配，促进东北地区整体发展。

第四节　东北高水平开放的实践支撑

与全国其他地区相比，东北地区具有许多对外开放的独特优势，尤其是对东北亚地区的开放。在过往的对外开放实践当中，东北地区具有明显的地缘与区位优势、雄厚的历史基础以及显著的开放发展成绩，其综合作用之下，决定了东北地区将会拥有更高的高水平对外开放潜力。

一、地缘和区位优势明显

东北地区的对外开放能够迅速发展，首先得益于优越的地理位置。首先，东北地区身处东北亚地区的几何中心位置，东面连接朝鲜半岛，与日本韩国隔海相望，向北与俄罗斯、蒙古国接壤，向南通过辽宁连接太平洋，与亚太国家和地区沟通紧密，国内又与京津冀和东部沿海城市联系密切。夏德仁认为东北地区是畅通国内大循环、联通国内国际双循环的关键区域。② 东北亚地区地域辽阔，人口众多，其中包括 2023 年国内生产总值总量排名第 3 的日本、第 11 的俄罗斯与第 13 的韩国，总体在世界经济当中占据重要地位，

---

① 李北伟、孙婉君：《提升区域经济一体化水平　推动东北全面振兴》，https : //epaper.gmw.cn/gmrb/html/2023-10/25/nw.D110000gmrb_20231025_2-06.htm。

② 夏德仁：《我国对外开放格局变化与东北地区的全面对外开放》，https : //world.chinadaily.com.cn/a/202310/29/WS653dc072a310d5acd876c4d1.html。

2023 年中国对东北亚五国进出口总值高达 3.2 万亿元人民币。[①]

东北三省当中的黑龙江省位于东北地区的北端，也是中国最北方，是中国纬度最高的省，与俄罗斯相隔黑龙江，边境线长达 2981.26 公里，是中国以至于整个亚洲和太平洋地区通过陆路通往俄罗斯的重要通道。截至 2024 年，黑龙江省共有国家一类口岸 27 个，其中水运口岸 13 个，航空口岸 4 个，公路口岸 6 个，铁路口岸 3 个，而其中包含有 19 个中俄边境口岸，黑龙江省与俄罗斯的贸易来往最为密切，其自由贸易示范区三个片区当中有黑河片区与绥芬河片区两个区域位于俄罗斯边境，在提升边民生活水平的同时也加强了全国对俄贸易。吉林省位于东北地区中部，其东方与俄罗斯接壤，与朝鲜隔图们江、鸭绿江相望，边境线长度 1438.7 公里，其中中俄边境线 232.7 公里、中朝边境线 1206 公里，边境上的珲春距离日本海最近处只相距 15 公里，周边有朝鲜与俄罗斯的 10 个港口，从珲春到朝鲜罗津港只有 53.5 公里，到清津港 127 公里，是从中国进入日本海的最近点。吉林省现建有各类型口岸 21 个，其中，中朝边境线上共有口岸 14 个，中俄边境线上共有口岸 2 个。[②] 辽宁省位于东北地区的最南端，东南部通过丹东市与朝鲜接壤，边境线长 1334 公里，另有海岸线长 2292 公里，约占全国海岸线长的八分之一，也是东北地区唯一沿海的省份，拥有大连港、营口港、丹东港等多个港口。其中大连港更是整个东北地区进出口货物的重要港口，虽然地处北方，但冬季大连港大连湾和大窑湾岸边冰层不厚，不至影响船舶航行及靠泊，拥有万吨级以上泊位 70 多个，加之大连港与诸多公路网、铁路网相连，使得其能够满足周边地区的进出口需求，2024 年上半年大连港吞吐量达到 1.5 亿吨，其中外贸货物达到 0.65 亿吨。[③]

"一带一路"在东北地区的战略部署又为东北带来了新的地缘优势。

---

① 数据来源：中华人民共和国海关总署。

②《对外交流》，https：//www.jl.gov.cn/shengqing/tzfz/dwjl/。

③《2024 年 1—6 月港口货物、集装箱吞吐量》，https://xxgk.mot.gov.cn/2020/jigou/zhghs/202407/
t20240726_4145339.html。

2018 年 9 月 28 日，习近平在东北考察后在推进东北振兴座谈会上指出，东北地区要振兴就要深度融入共建"一带一路"，加入共建"一带一路"的同时扩大东北地区对外开放水平，并能实现国内外的多边合作，多方共赢。[①] 东北地区是"丝绸之路经济带"和"海上丝绸之路"北延伸线上的连接点，在"一带一路"布局中占据重要地位，向东能够加强与日韩之间联系，打造中日韩自由贸易区，向西连接中蒙俄经济走廊打通陆上通往欧洲开放道路，向北能够参与"冰上丝绸之路"建设，向南联系京津冀与环渤海经济圈，打通东北海路大通道，东北地区能够为全国北上，联通日韩与欧洲地区的关键节点。

二、历史基础和条件雄厚

东北地区能够在改革开放之后迅速跟进对外开放，并在与"一带一路"倡议的融合发展当中快速取得成绩，除了天然的地缘优势之外，还由于东北地区拥有雄厚的历史基础。新中国成立初始，东北地区就成为中国工业发展的重要地区，得益于丰富的煤、铁、石油等发展重工业所必需的矿产资源，东北地区的工业飞速发展起来，新中国的第一辆汽车、第一架喷气飞机、第一台电子显微镜等都诞生在东北的黑土地上。快速发展的工业涵盖了多个领域，使得东北地区拥有较为完善的工业基础设施与配套的服务体系，培养出了高素质的工人队伍，黑龙江省具备丰富的能源、森工和石化产业，吉林省拥有成规模的汽车制造和化工产业，辽宁省具有坚实的工业基础和优良的港口资源，同时也拥有走在前列的科研体系，东北地区科研院所林立，高校众多，在每年培养出高素质人才的同时，也为创新型产业的发展注入动力。

早期的工业发展使得东北地区具备了发达的交通网络。辽宁省铁路、公路、港口以及航空运输交通都非常发达，铁路上建设有高速铁路 2108 公里，

---

① 《习近平在东北三省考察并主持召开深入推进东北振兴座谈会》，https://www.gov.cn/xinwen/2018-09/28/content_5326563.htm。

且铁路营运总里程数达 6627 公里；公路通车里程达到 13 万公里，其中高速公路 4331 公里；港口建设有生产性泊位 432 个；通用航空机场数量达到 13 个，货邮年吞吐量可达到 36.8 万吨。[①]吉林省交通主要在铁路、公路及航空运输，全省建设高速铁路 1255 公里，全省铁路营业里程达到 5152 公里，累计开通民航航线 223 条，公路发达使得省内 92% 县（市）通高速，高速通车总里程数有 4395 公里，同时又与世界联系紧密，如"长满欧"班列与 11 个国家 30 多个站点连接。[②]黑龙江省全省高速公路里程达到 4512 公里，全省内河航道通航里程 5495 公里，四级及以上航道 3104 公里，高等级航道达标里程达到 2457 公里，全省港口数量 17 个，码头泊位 154 个、码头泊位总长约 1.18 万米、年货物综合通过能力约 1447 万吨。[③]

自改革开放以来，国家不断给予的政策支持也是东北地区对外开放的重要历史基础。1984 年，大连被列入国家开放的沿海城市；1992 年，黑河、绥芬河、珲春、满洲里、丹东等城市成为国家开放的沿边城市；2009 年 7 月，国家出台了《辽宁沿海经济带发展规划》，提出通过辽宁港口城市发展航运来带动区域整体对外开放。2009 年 12 月出台的《中国图们江区域合作开发规划纲要——以长吉图为开发开放先导区》，又通过开放区进一步加强了中蒙俄中间的联系，2016 年 8 月，党中央、国务院决定设立辽宁省自由贸易试验区，2019 年 8 月又在黑龙江设立自由贸易试验区，加强了东北地区对外开放能力，东北地区还积极参与到"一带一路"的建设当中，并通过加强对"一带一路"融合持续推动着东北地区扩大对外开放之门。

在对外开放发展的进程当中，东北地区也与周边地区建立了深厚的合作基础，其中日韩俄是东北地区长期以来主要贸易对象。新中国成立初

---

① 《〈辽宁省"十四五"综合交通运输发展规划〉政策解读》，https://www.ln.gov.cn/web/zwgkx/zcjd/zcjd/69F570C81E3A4C90B1141DF30B8880DF/。

② 《吉林省综合立体交通网规划纲要》，https://jl.gov.cn/szfzt/zcfg/swygwj/202401/t20240124_3029186.html。

③ 《黑龙江省"十四五"公路水路交通运输发展规划》，https://jt.hlj.gov.cn/jt/c105170/202112/c00_30225311.shtml。

期，东北地区就成为我国与苏联和朝鲜、蒙古国贸易的前沿地区，输出农产品换回国家急需的钢铁、机电类产品等，民间也与日本之间进行贸易。①随着改革开放的推进，东北地区雄厚的工业基础也吸引着外国企业纷纷来到这里建设工厂，如宝马集团与华晨中国汽车控股有限公司共同合资成立的华晨宝马，日本知名企业三菱在沈阳与中国、马来西亚合资成立沈阳航天三菱汽车发动机制造有限公司等。东北地区每年都积极举办各种交流会、博览会，同周边经贸合作国家已经建立了深厚的相互了解，有利于进一步开放合作的开展。

三、开放发展的成就显著

坐拥独特的开放发展地缘优势及深厚的工业基础和发展历史，东北地区交出了一份成绩显著的对外开放答卷。近年来，中国做出了许多加大对外开放的新政策、新举措，使得国内对外开放工作得以迅速推进，东北地区也抓紧机遇扩大对外开放水平，依靠高水平对外开放促进区域内的高质量发展。2024 年前 5 个月，东北地区外贸进出口总值 5160.6 亿元，首次突破 5000 亿元，规模创历史同期新高，同比增长 4.5%，其中高新技术产品出口 292.7 亿元，增长 20.8%，东北不仅持续扩大着进出口规模，而且也在迅速地拥抱高新产业，积极进行产业转型；东北地区对欧盟、东盟进出口 914.3 亿元、492.2 亿元，分别增长 14%、55.4%，对非洲、中亚五国等新兴市场进出口 93.1 亿元、20.4 亿元，分别增长 16.6%、61.3%，东北地区正在积极开拓着新市场。②

黑龙江对外开放进展最为迅速。2023 年，黑龙江省进出口增速达到 12.3%，并积极参与到共建"一带一路"与 RCEP 框架当中，具体体现在对相关国家进出口分别增长 12.9% 和 8.5%。

---

① 王汉义：《建国初期东北地区与东北亚各国的经贸关系》，《求是学刊》1993 年第 3 期。

② 《今年前 5 个月　东北地区进出口规模首次突破 5000 亿元》，https://news.cctv.com/2024/06/23/ARTIh9cOw3JkW4QZiWbtVPEn240623.shtml。

提升量的同时出口产品结构也有所优化，相较以往机电产品比重大幅提升，总体增长 65.9%，其中，汽车出口总值达 56.6 亿元，增长 67%。此外，"新三样"产品即电动汽车、锂电池和太阳能电池出口表现亮眼，价值 12.2 亿元，增长 68.8%。[①] 黑龙江自由贸易试验区已经设立有哈尔滨、黑河和绥芬河三个片区，为促进自贸区发展，28 个中省直部门围绕贸易最需要的基础设施、科技创新及法律支持等多个方面提出了 460 多项支持政策；三个片区也积极根据自身发展特点及优势出台如"黄金三十条""新驱二十五条""促进经济发展扶持办法 16 条"等政策加快自身发展，自贸区一经建立就显现出其对外开放优势，以全省万分之三的面积，贡献了全省约五分之一的实际使用外资和七分之一的外贸进出口。[②]

2023 年，吉林省年出口增长 24.9%，连续三年实现 20% 以上的高增长，对外贸易多元化，贸易国别地区由 2020 年的 181 个发展至 197 个，贸易产品结构持续优化，机电产品出口增长 79.6%，高新技术产品出口增长 122.1%，其汽车零部件、有机化学品等正在逐步发展成为出口的主导产业，在贸易形势上也快速发展，跨境电商进出口增长 88.9%，保税物流进出口增长 104.2%。[③] 设有长春兴隆综合保税区、珲春国际合作示范区、中朝罗先经济贸易区等多个旨在服务对外开放的开发区，2020 年 6 月 29 日，又有中韩（长春）国际合作示范区正式揭牌。在对外交通物流方面主要以铁路运输为主，继"长满欧""长珲欧"等中欧班列通道之后，2023 年又开通了"长同欧"新班线。洪庆代表表示，2024 年，延边州将加快推动通道畅达，积极参与斯拉夫扬卡等港口开发，推动口岸基础设施建设；常态化运营内贸外运航线，扩大"长珲欧"班列、"海洋班列"运输规模；拓展延吉至符拉迪沃斯托克（海

① 《2023 年黑龙江省进出口总值 2978.3 亿元　规模再创历史新高》，https：//www.hlj.gov.cn/hlj/c107856/202401/c00_31703995.shtml。

② 付宇：《最北自贸区"试"出新活力》，https://www.hlj.gov.cn/hlj/c107856/202311/c00_31684023.shtml。

③ 《2023 年吉林省外贸数据解读》，http://dltb.mofcom.gov.cn/article/dbswyx/dymy/202402/20240203471540.shtml。

参崴）、大阪、平壤等国际航线，加密延吉至国内重点城市航线，冲刺旅客年吞吐量 200 万人次目标；争取对俄通关时间对等、海关查验互认、签证互免。①

辽宁 2023 年进出口略有下降，但依然处于 7659.6 亿元的高水平，仍在积极开拓新市场，对俄罗斯和非洲等新兴市场分别进出口 549.0 亿元和 153.2 亿元，同比分别增长 53.0% 和 4.1%，辽宁省机电产品出口 1839.0 亿元，同比增长 4.6%，占同期出口总值的 52%，其中，集成电路出口 229.3 亿元，增长 2.8%；包含锂离子蓄电池、太阳能电池和电动载人汽车在内的"新三样"产品出口 188.2 亿元，增长 48.8%，在高新技术行业上处于东北地区前列。② 辽宁省自由贸易试验区，也为区域内与全国作出了杰出贡献，建设运营 7 年来，辽宁自由贸易试验区着力推动制度型开放，强力推进制度创新，累计推出了 207 项制度改革创新成果，并在全省推广，其中 16 项更是得到国务院批准得以在全国推广，有效地加快了全省乃至全国的制度型开放步伐。辽宁省自由贸易试验区的体量仍在持续扩大，截至 2024 年，其企业注册总资本已经突破 2 万亿元，累计引进使用的外资达到 49.9 亿美元，区域内企业发展潜力足，已经实现税收年均增长 10.5%，固定资产投资年均增长 12.9% 的好成绩。③

依托"一带一路"倡议和区域全面经济伙伴关系协定，东北地区近年来也持续推进着与周边国家的交流合作。一直以来，三省都分别通过在国内外开展贸易交流会、贸易投资洽谈会，带领贸易交流团赶赴国外考察交流，缔结友好城市，开展国际比赛等方式加强与国外企业和人民之间的相互了解，并持续推动了同国外的投资贸易。

① 陶连飞：《率先突破，吉林如何打开高水平开放大门》，https://www.jl.gov.cn/szfzt/jlyhyshjjxs/dxzf/202403/t20240309_3050712.html。
② 刘大毅：《2023 年辽宁省外贸进出口总值 7659.6 亿元》，http://www.ln.xinhuanet.com/20240118/65141924f27942af865511c0b15542f0/c.html。
③ 姚秋蕙：《高水平对外开放亮出新成绩单》，http://www1.xinhuanet.com/fortune/20240801/66da86873f40432f80338db870416cbb/c.html。

四、高水平发展潜力巨大

东北地区优越的自然地理区位，深厚的历史基础与一直以来显著的对外开放成绩，共同构成了其巨大的发展潜力。

首先，由于世界局势的变化，随着中美摩擦加剧，俄罗斯发展战略开始向东部转移，日韩通过加入区域全面经济伙伴关系协定等进一步加强对中国的贸易合作往来。在这种局势之下，东北地区身处东北亚中心，作为中国对北开放的重要门户必将成为未来各方合作的首要对象。在 2024 年辽宁—日本经济贸易合作说明会上，中国日本商会会长、松下控股全球副总裁本间哲朗透露，通过对会员企业的问卷调查结果获悉，超半数的在华日企在 2023 年追加了新的投资，并把中国视作重要市场；日中经济协会理事长佐佐木伸彦认为，辽宁省具有无可替代的投资优势。[①] 国内对于东北地区的投资热情也在迅速升温。2024 年 6 月 25 日，东北三省及内蒙古自治区首次联合举办与国内大型企业座谈会，并举行项目签约仪式，预计签订投资总额超过 5000 亿元。[②]

其次，东北地区天然的地缘优势与交通运输网络建设将吸引多方共同合作建设。东北地区除设有两个自由贸易试验区之外，还有长吉图开放先导区、中韩（长春）国际合作示范区等先锋试验区为对外开放探索道路，在未来，将有越来越多自由贸易试验区的理论创新、制度创新从试验区内辐射到整个区域乃至全国，更进一步加强东北地区对外开放友好度，优化营商环境，为国外投资者进入东北地区创造更加透明、便利的环境，迅速提高东北地区对外开放能力。东北地区与俄罗斯、朝鲜接壤，与日韩隔海相望，对外边境口岸众多，且将来有望与周边各国探索更多合作新路径，进一步缩短东北地区对外进出口贸易运输路程，加深与各国间的合作。其

---

① 张桐：《辽宁—日本经济贸易合作说明会在东京隆重举行 日本经企界高度关注》，http：//wap.
jnocnews.co.jp/nshow.aspx?id=111666。
② 刘洁：《签约项目超百个 投资预计超 5000 亿元 东北地区国资国企改革向纵深推进》，https：//
news.cctv.com/2023/06/25/ARTInfwrV0uAmasnvtTm2681230625.shtml。

中，大连兼有优良港口和高水平的金融服务体系，在高水平对外开放上的潜力最为巨大，首先大连在东北亚交通网络当中就占有重要战略地位，同时国家在战略当中又给予其在物流、航运以及区域性金融中心上的独特地位，这都将给大连带来区别于其他相似城市的独特发展方向。[①] 口岸的发展不仅能够加深一座城市的对外开放程度，还能同时通过东北地区发达的交通网络带动整个地区的对外开放，并吸引南部地区加入到东北地区的对外进程的推动当中。迟福林建议，以服务东北亚合作为导向，在港口、铁路、航空领域形成东北区域内统一规划、统一布局，打造交通"大枢纽"；统筹推进东北区域基础设施网络提质升级，构建外联内畅的现代化综合交通枢纽体系等。[②]

最后，东北地区深厚的工业基础与庞大的科研力量将为未来高水平对外开放提供强有力的保障。东北地区自然资源丰富，同时拥有深厚的工业底蕴与高素质的工人队伍，但在过去的一段时间内，其工业发展潜能并没有被完全发挥。在新一轮的工业布局当中，东北有能力承接发达地区先进产业，同时依托国内大市场与区域内高水平科研能力，迅速扩大先进产业对外开放能力，并面向世界扩大进出口能力，积极引进国外高新技术，成为打通国内国际双循环的新节点；对外开放又会反作用于国内产业，并改善中国与相关贸易国家之间的关系。

---

① 迟福林：《实现 RCEP 框架下东北高水平开放的新突破》，http：//chinawto.mofcom.gov.cn/article/e/s/202305/20230503413335.shtml。

② 迟福林：《评论丨以高水平开放形成东北全面振兴的良好预期》，https：//www.thepaper.cn/newsDetail_forward_24667920。

第二章

东北地区高水平开放的历史回顾与展望

改革开放是党和人民大踏步赶上时代的重要法宝。[①]在过去 40 余年的发展历程中，中国共产党带领全国人民，共同开创了中国特色社会主义发展道路、理论体系、制度框架、文化理念。在这一伟大实践中，党的基本理论、基本路线、基本方略的正确性得到了充分的验证。自党的十八大引领我国踏上"外向型开放新体系"的征程，到党的十九大构建"全面开放新格局"，再到党的二十大进一步提出"高水平开放新指引"，东北地区作为中国重要的工业和农业基地，始终紧跟国家开放发展战略步伐，在改革开放 40 余年中取得了斐然成绩，为国家的经济发展与区域振兴作出了重要贡献。未来，东北地区作为我国向北开放的重要门户和东北亚地区合作中心枢纽，在党的二十大"推动东北全面振兴取得新突破""提高东北地区开放水平"的战略指引下，东北地区高水平开放将迎来门户定位的新机遇。

第一节　改革开放四十年的成绩斐然

改革开放 40 多年，中国取得了举世瞩目的伟大成就。通过一系列战略性

[①]《庆祝改革开放 40 周年大会在京隆重举行 习近平发表重要讲话》，https：//www.rmzxb.com.cn/c/2018-12-18/2244888.shtml。

举措与变革性实践，党和国家事业取得了一系列具有里程碑意义的突破性进展与标志性成果。中国特色社会主义步入了新的发展阶段，完成脱贫攻坚和全面建成小康社会的历史任务，实现了第一个百年奋斗目标。[①] 不断形成和完善的重大理论成果，指导东北地区改革开放在经济、社会、教育、科技等多领域的实践不断向前推进。在高水平开放推动高质量发展的进程中，东北地区的综合实力大幅提升，对外开放对拉动区域经济社会发展的牵引作用不断增强，取得了良好成效。

一、开放综合成效显著

中国的改革开放创造了前所未有的发展奇迹，取得了丰硕的实践成果，为中国全面建成社会主义现代化强国奠定了雄厚的发展基础。[②] 中国的对外开放历经了从以商品和要素流动型为主的开放走向规则等制度型开放，从以制造业领域为主的开放转向为以服务贸易为重点的开放，从经济全球化的参与者转变为经济全球化的积极推动者。[③] 特别是自党的十八大以来，我国持续扩大对外开放的实践作用，构建了面向世界的高标准自由贸易区网络，打造了共建"一带一路"国际合作平台，积极参与并推动区域经济合作、对外经济贸易额得到持续增长。2023 年，进出口贸易总值达到 41.76 万亿元。中国国内生产总值从 1978 年的 3679 亿元增加到 2023 年的 126 万亿元，稳居世界第二大经济体，增速居世界主要经济体前列，占世界经济比重保持在 18% 左右。粮食产量 0.695 万亿千克，再创历史新高，连续 9 年站稳 0.65 万亿千克台阶。稳固确立了制造业第一大国、货物贸易第一大国、商品消费第二大国的重要地位。

---

① 《2023 年中华人民共和国中央人民政府工作报告》，https://www.gov.cn/yaowen/liebiao/202403/content_6939153.htm?menuid=104。

② 《改革开放的伟大成就与深刻启示》，https://www.gov.cn/yaowen/liebiao/202312/content_6920814.htm。

③ 参见夏德仁、迟福林、唐立新：《打造对外开放新前沿》，中国工人出版社，2022 年版。

改革开放以来，尤其是 2003 年提出东北振兴战略以来，在党的领导下，东北地区实现全面振兴呈现广阔前景，振兴发展已取得显著进展与积极成效。东北地区对外开放的综合成效主要体现在以下几个方面：

一是经济社会发展水平跃上新台阶。自改革开放和东北振兴战略实施以来，东北地区的经济发展迈出坚实步伐。2023 年，东北地区地区生产总值 59624.49 亿元，同比增长 4.8%，是 1978 年 474.38 亿元的 125.7 倍（见表 2-1）。2024 年一季度，东北地区地区生产总值 13043 亿元。其中，辽宁省 6961.2 亿元，同比增长 5.4%，黑龙江省 3145.6 亿元，同比增长 2.2%，吉林省 2936.19 亿元，同比增长 6.5%。东北地区生产总值保持稳步提升。

表 2-1 1978—2023 年东北地区生产总值状况表

（单位：亿元人民币）

地区	年份	
	1978 年	2023 年
辽宁省	223.20	30209.40
黑龙江省	169.20	15883.90
吉林省	81.98	13531.20
东北地区生产总值	474.38	59624.50

数据来源：根据国家统计局官方网站及辽宁省、黑龙江省、吉林省统计局官方网站相关数据整理。

二是对外贸易发展水平实现新突破。从经济外向度来看，2023 年，辽宁省进出口总额 7659.6 亿元，同比下降 3%，外贸依存度 25.3%；黑龙江省进出口总额 2978.3 亿元，同比增长 12.3%，外贸依存度 18.7%；吉林省进出口总额 1679 亿元，同比增长 7.7%，外贸依存度 12.4%。东北地区通过加大对外开放力度，积极融入国内外市场，促进了进出口贸易的增长。在双循环开放背景下，外循环对内循环的作用显著。2024 年前 5 个月，东北地区的进出口规模持续攀升，外贸进出口总值达 5161 亿元，同比增长 4.5%，首次突破5000 亿元，规模创历史同期新高，东北地区在外贸领域不断取得新突破，体现了对外开放对区域经济的积极拉动作用。

三是对外开放政策体系呈现新局面。东北地区紧扣国家战略部署，充分发挥区位优势、产业优势，始终把高水平对外开放作为东北振兴发展的必由之路。先后出台了一系列政策措施响应国家战略决策。2022—2024 年，辽宁省、黑龙江省、吉林省先后出台了《辽宁省"十四五"对外开放规划》《关于在辽宁全面振兴新突破三年行动中进一步提升对外开放水平的实施意见》《辽宁省推动外贸优结构稳增长的实施意见》《黑龙江省关于加快构筑我国向北开放新高地的若干措施》《吉林省推进高水平开放通道畅通行动方案》《黑龙江省关于新时代促进高水平开放发展的意见》等一系列政策措施，构建了对外开放的政策基础与制度体系。

二、对外经贸拉动明显

改革开放以来，东北地区的对外贸易实现了显著增长。总体呈现波动性上升的走势（见图 2–1、表 2–2）。东北地区的进出口总额从 1978 年的28.9 亿元（辽宁省 27.5 亿元、黑龙江省 0.8 亿元、吉林省 0.64 亿元）增长至 2023 年的 12316.9 亿元，增长了 425.2 倍。尽管与全国平均水平相比，东北三省的货物贸易进出口贸易增速波动较大，在 1998 年、2009 年、2015—2016 年、2019 年受"新东北现象"、国际环境或公共卫生事件等影响出现过负增长[①]，但东北三省的进出口总额总体呈现上升趋势（见图2–2、图 2–3、图 2–4）。

[①] 参见刘长溥、韩蕾：《对外开放与东北地区经济增长》，经济科学出版社，2017 年版。

单位：亿美元

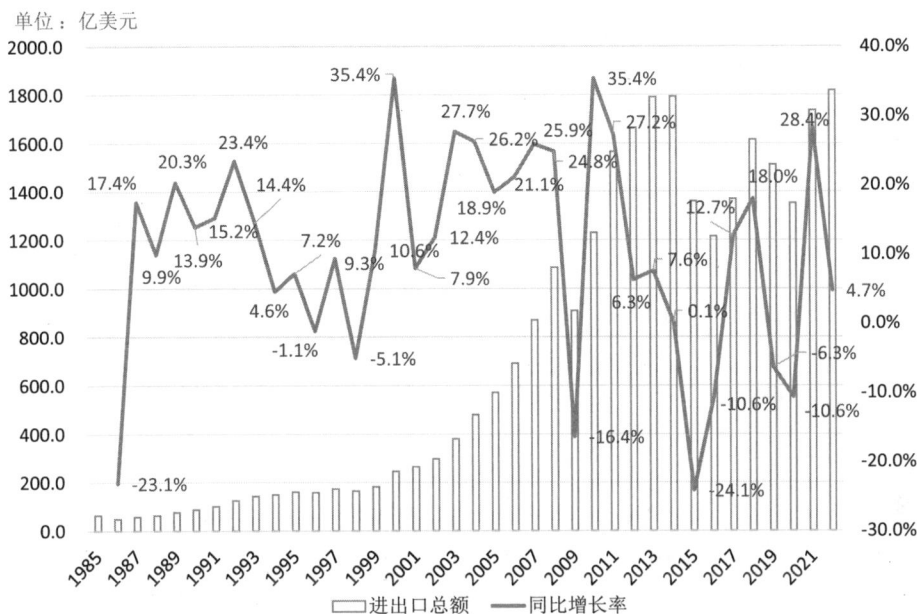

图 2-1 1985—2022 年东北三省外贸进出口总额及增长趋势

数据来源：根据辽宁省、黑龙江省、吉林省统计年鉴历年数据整理制作。

表 2-2 1985—2022 年东北三省对外贸易情况

（单位：亿美元）

年份	进出口总额	同比增长率	出口总额	同比增长率	进口总额	同比增长率	差额（±）
1985	64.51	—	58.80	—	5.71	—	53.09
1986	49.58	−23.14%	42.21	−28.22%	7.37	29.21%	34.83
1987	58.22	17.43%	50.70	20.12%	7.52	2.00%	43.18
1988	63.98	9.89%	53.39	5.32%	10.58	40.67%	42.81
1989	76.97	20.32%	61.62	15.40%	15.36	45.12%	46.26
1990	87.65	13.87%	74.48	20.88%	13.17	−14.24%	61.31

续表

年份	进出口总额	同比增长率	出口总额	同比增长率	进口总额	同比增长率	差额（±）
1991	100.97	15.20%	81.75	9.75%	19.23	46.01%	62.52
1992	124.64	23.43%	93.18	13.99%	31.46	63.60%	61.72
1993	142.65	14.45%	91.01	−2.32%	51.63	64.14%	39.38
1994	149.16	4.57%	94.77	4.13%	54.39	5.34%	40.38
1995	159.83	7.15%	105.23	11.04%	54.60	0.39%	50.63
1996	158.03	−1.13%	103.94	−1.23%	54.09	−0.94%	49.85
1997	172.77	9.33%	111.30	7.08%	61.47	13.65%	49.83
1998	164.02	−5.06%	97.04	−12.81%	66.98	8.97%	30.06
1999	181.34	10.55%	101.69	4.79%	79.65	18.91%	22.04
2000	245.51	35.39%	135.45	33.20%	110.05	38.18%	25.40
2001	265.02	7.95%	141.84	4.71%	123.17	11.92%	18.66
2002	297.92	12.42%	161.28	13.71%	136.64	10.93%	24.65
2003	380.38	27.68%	196.82	22.03%	183.56	34.34%	13.26
2004	480.20	26.24%	243.15	23.54%	237.06	29.14%	6.09
2005	571.08	18.92%	319.76	31.51%	251.32	6.02%	68.44
2006	691.66	21.11%	397.59	24.34%	294.07	17.01%	103.51

年份	进出口总额	同比增长率	出口总额	同比增长率	进口总额	同比增长率	差额（±）
2007	870.66	25.88%	514.55	29.42%	356.21	21.13%	158.35
2008	1086.72	24.82%	633.92	23.20%	452.61	27.06%	181.31
2009	908.82	−16.37%	466.45	−26.42%	442.37	−2.26%	24.07
2010	1230.15	35.36%	638.76	36.94%	591.39	33.69%	47.37
2011	1565.31	27.25%	737.08	15.39%	828.23	40.05%	−91.15
2012	1663.73	6.29%	783.73	6.33%	880.10	6.26%	−96.38
2013	1789.92	7.58%	875.09	11.66%	914.83	3.95%	−39.74
2014	1792.41	0.14%	818.78	−6.44%	973.63	6.43%	−154.86
2015	1359.57	−24.15%	634.84	−22.47%	724.74	−25.56%	−89.90
2016	1215.13	−10.62%	523.12	−17.60%	692.01	−4.52%	−168.89
2017	1369.03	12.67%	545.59	4.30%	823.54	19.01%	−277.94
2018	1615.19	17.98%	581.94	6.66%	1033.25	25.46%	−451.30
2019	1512.64	−6.35%	552.14	−5.12%	960.50	−7.04%	−408.36
2020	1351.85	−10.63%	477.41	−13.53%	874.44	−8.96%	−397.03
2021	1736.02	28.42%	636.44	33.31%	1099.58	25.75%	−463.13
2022	1818.33	4.74%	694.62	9.14%	1123.72	2.20%	−429.10

数据来源：辽宁省、黑龙江省、吉林省统计年鉴数据。

单位：亿元人民币

图 2-2 2017—2023 年东北三省外贸进出口总额及增长趋势
数据来源：沈阳、哈尔滨、长春海关官方网站相关数据。

单位：亿元人民币

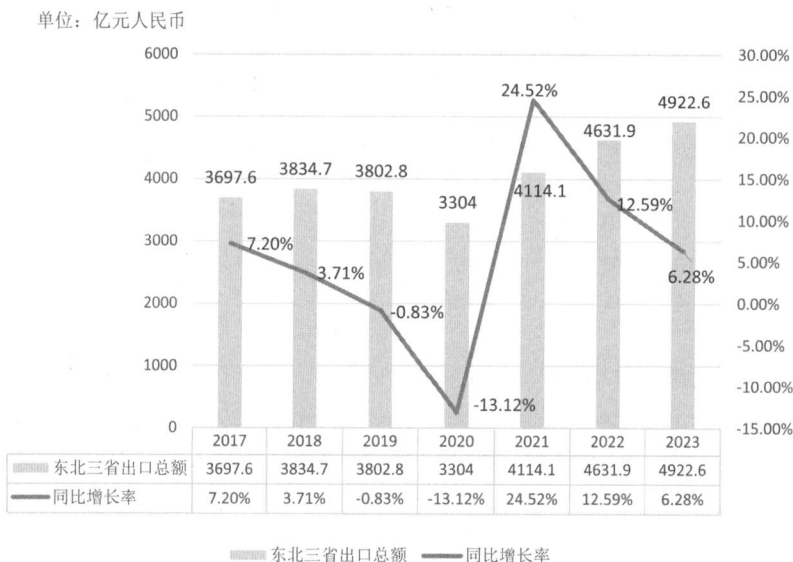

图 2-3 2017—2023 年东北三省外贸出口总额及增长趋势
数据来源：沈阳、哈尔滨、长春海关官方网站相关数据。

单位：亿元人民币

图 2-4　2017—2023 年东北三省外贸进口总额及增长趋势
数据来源：沈阳、哈尔滨、长春海关官方网站相关数据。

从进出口总额看，根据海关统计数据，2023 年，东北地区货物进出口总额 12316.9 亿元，同比增长 1.64%，高于全国水平 1.4 个百分点，2021 年至 2023 年年平均增速为 4.75%，辽宁省进出口总值位居全国第 12 位。其中，出口额 4922.6 亿元，增长 6.28%，高于全国同期增速 5.7 个百分点，成为增长较快的区域，一定程度得益于对俄贸易增加的推动力，黑龙江省进出口增速位居全国第 6，且连续三年的进出口增长率保持在两位数；进口额 7394.1 亿元，同比下降 1.22%，低于全国 0.9 个百分点。2024 年 1—5 月，东北地区货物进出口总额 5160.7 亿元，同比增长 4.2%，其中，出口额 2047.4 亿元，增长 4.9%；进口额 3113.17 亿元，增速 3.8%。吉林省外贸进出口总额达到 744.5 亿元，同比增长 24%，其增速超过了全国平均水平 17.7 个百分点，在全国排名第三，见表 2-3、表 2-4。虽然当今世界经济正处于大调整、大发展、大变革的阶段，国际经济合作和竞争格局的深刻变化不可避免地对东北地区对外贸易带来一定的影响，但东北地区进出口总额依然保持增长、稳固外贸向好势头。

表2-3　2023年东北三省外贸运行情况

（单位：亿元人民币，%）

	进出口额	同比	出口额	同比	进口额	同比
辽宁	7659.6	−3.06	3535.6	−1.13	4124.0	−4.65
黑龙江	2978.0	12.30	760.0	39.40	2218.0	5.30
吉林	1679.1	7.70	627.0	24.90	1052.1	−0.50

数据来源：辽宁省、黑龙江省、吉林省海关官方网站相关数据。

表2-4　2024年1—5月东北三省外贸运行情况

（单位：亿元人民币，%）

	进出口额	同比	出口额	同比	进口额	同比
辽宁	3109.20	−1.24	1445.60	0.26	1663.60	−2.50
黑龙江	1306.95	9.90	343.42	37.40	963.53	4.80
吉林	744.46	24.00	258.42	13.40	486.04	30.40

数据来源：辽宁省、黑龙江省、吉林省海关官方网站相关数据。

从贸易结构看，东北地区进出口主要产品为机电产品、高新技术产品、农产品、钢材、食品、基本有机化学品、服装及衣着附件、电动载人汽车、木及其制品。2023年，东北地区机电产品出口呈现爆发式增长，出口总额2540.3亿元（见表2-5）。辽宁省机电产品出口额达到1839.0亿元，较上年增长4.61%，占全省同期出口总额的一半以上。其中，电动载人汽车、太阳能电池与锂离子蓄电池"新三样"产品出口额为188.2亿元，同比增长48.8%，拉动出口增长1.7个百分点。[①] 黑龙江省出口机电产品315.4亿元，同比增长65.9%，占全省出口总值的41.5%，比重大幅提升，较上年提升6.6个百分点，

---

① 《2023年度全省商务运行分析》，https://swt.ln.gov.cn/swt/ywxx/tjsj/2024032916383083315/index.shtml。

其中，出口汽车 56.6 亿元，增长 67%。黑龙江省"新三样"产品出口 12.2 亿元，增长 68.8%。[①] 吉林省出口机电产品 385.9 亿元，同比增长 79.6%。其中，汽车（包含底盘）197.75 亿元，增长迅速，同比增长率达 170.1%，占比 31.2%。2024 年 1—5 月，东北三省机电产品出口拉动作用继续凸显，出口总额 1068 亿元。其中，辽宁省出口 759 亿元，同比 4.1%，占比 52.4%；吉林省出口 162.5 亿元，同比增长 25%，占比 62.8%，其中，出口汽车 58.7 亿元，同比增长 17.2%，占比 33.1%；黑龙江省出口 146.5 亿元，同比增长 47%，在全省出口总额的占比达 42.6%，拉动出口总值增长 17.4 个百分点，其中，出口乘用车同比增长 105.4%、汽车零配件增长 38.5%、计量检测分析自控仪器及器具增长了 51.6%。

表 2-5　2023 年东北三省出口重点商品情况

（单位：亿元人民币）

省份	出口重点商品	出口额	同比	占比
辽宁	1. 机电产品	1839.0	4.61%	52%
	2. 高新技术产品	499.2	0.74%	14.1%
	3. 钢材	327.9	3.0%	9.2%
	4. 农产品	316.6	5.71%	8.9%
黑龙江	1. 机电产品	315.4	65.9%	41.5%
	2. 劳动密集型产品	145.4	57%	19.1%
	3. 高新技术产品	81.1	40.6	10.6%
	4 农产品	79.8	6.4%	10.5%

---

① 《2023 年黑龙江省进出口总值 2978.3 亿元 规模再创历史新高》，https：//www.hlj.gov.cn/hlj/c107856/202401/c00_31703995.shtml。

省份	出口重点商品	出口额	同比	占比
吉林	1. 机电产品	385.9	79.6%	61.5%
	2. 高新技术产品	94.2	122.1%	15%
	3. 农产品	70.4	2.3%	11.2%
	4. 食品	52.6	5.1%	8.3%

数据来源：根据沈阳海关、长春海关、辽宁省商务厅、黑龙江省商务厅、黑龙江省统计局、黑龙江省人民政府官方网站数据整理计算。

三、吸引外资稳步增加

改革开放以来，尤其是随着振兴东北战略的深入推进，东北三省在吸引外资方面取得了一定的进展和成效。相比于东北三省对外贸易在全国的占比，东北三省引进外商直接投资（FDI）占全国的比重相对较高。东北三省在FDI领域起步较早，辽宁省作为东北三省之中实际利用外资的绝对主力，是我国在外资领域起步较早的省份之一，早在 1979 年，辽宁省利用外资规模就达到 113 万美元。

从外商投资总量看，1985 年，东北地区实际利用外资 0.67 亿美元；1994 年开始呈逐步增长态势，2004 年达 74.22 亿美元；从 2006 年开始规模迅速增大，2013 年达到 404.46 亿美元。[1] 截至 2014 年，东北地区振兴战略实施作用下实际利用外商投资额总体呈上涨趋势。2015 年，受到全球经济环境、国内外有效需求不足以及国内产业结构调整等多重因素叠加影响，辽宁省利用外资大幅下跌，导致东北地区实际利用外资总额开始呈现大幅下滑态势。[2]2013—2022 年十年间，东北地区吸引外资保持稳定的增长态势，

---

① 参见王成金：《东北地区全面振兴的重大问题研究》，科学出版社，2021 年版。

② 参见赵晋平：《东北振兴中的对外开放新前沿建设》，辽宁人民出版社，2020 版。

累计约 1381 亿美元。①2021 年以后，随着重大利用外商投资项目的推动，东北地区实际利用外资增速开始明显回升，呈现平稳波动趋势（见图 2-5、表 2-6）。

单位：亿美元

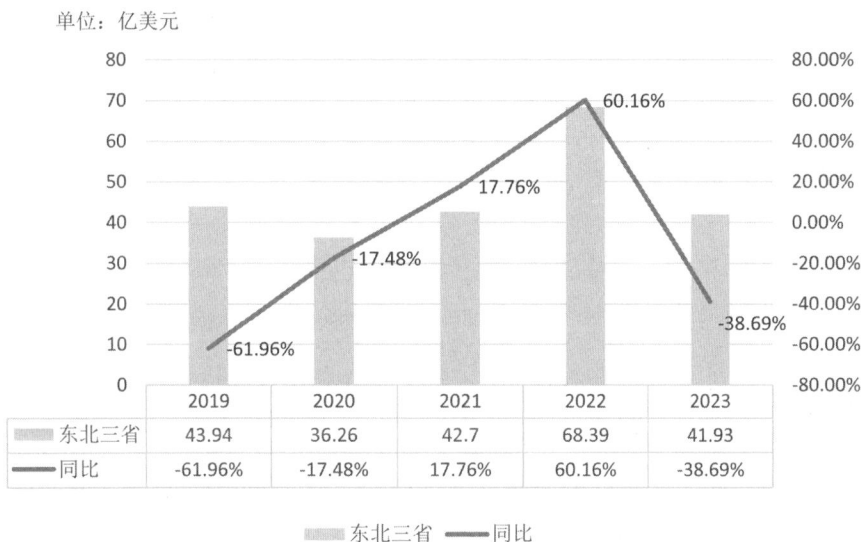

	2019	2020	2021	2022	2023
东北三省	43.94	36.26	42.7	68.39	41.93
同比	-61.96%	-17.48%	17.76%	60.16%	-38.69%

东北三省　　同比

图 2-5　2019—2023 年东北三省实际利用外资总量及增长趋势

数据来源：沈阳、哈尔滨、长春海关官方网站相关数据。

表 2-6　2019—2023 年东北三省实际利用外资总量情况

（单位：亿美元）

年份	辽宁省	同比	黑龙江省	同比	吉林省	同比	东北三省	同比
2019	33.20	−32.2%	5.40	−90.9%	5.34	21.2%	43.94	−62.0%
2020	25.20	−24.1%	5.40	0.0%	5.66	5.9%	36.26	−17.5%
2021	32.00	27.0%	3.90	−27.8%	6.80	20.0%	42.70	17.8%

---

① 乔军：《以高水平对外开放推动新时代东北全面振兴取得新突破》，调研报告，2023 年。

年份	辽宁省	同比	黑龙江省	同比	吉林省	同比	东北三省	同比
2022	61.60	92.5%	2.30	−41.0%	4.49	−33.9%	68.39	60.2%
2023	33.80	−45.1%	2.60	11.8%	5.53	23.2%	41.93	−38.7%

数据来源：辽宁省、黑龙江省、吉林省统计年鉴及各省商务厅官方网站相关数据。

2022 年，东北三省的投资规模和领域也不断扩大，使用外资增速达 66.8%，高于全国平均水平 57.8 个百分点，呈现出积极的增长趋势。其中，辽宁省新设立的外商投资企业数量 644 家，实际利用外商投资额 61.6 亿美元，同比增长 92.5%，增速高于全国平均水平。2023 年，辽宁省招商引资到位资金同比增长了 16%，这一增速超过省政府工作报告中设定的目标值 6 个百分点。全省共有 118 个投资额超过 10 亿元的重大项目，其到位资金同比增长了 20.9%。外资主要集中在第二产业，实际使用外资 28.8 亿美元，占全省总额的 85.2%。荷兰、韩国位居进资额前列。[①]黑龙江省全年实际使用外资 2.6 亿美元，增长 11.8%，增速高于全国平均水平 25.4 个百分点。使用外资新设立企业 241 个，比上年增长 68.5%。新签约的千万元及以上利用内资项目共计 1357 个，同比增长 13.8%。吉林在 2023 年的实际利用外资额达到 5.53 亿美元，较上年增长 23.2%。非金融类对外直接投资 0.96 亿美元，增长率达 60.5%。[②]

从重大项目引进看，近十年来，东北地区的外商企业投资保持稳定增长。东北地区成功吸引了包括辽宁盘锦华锦阿美精细化工、长春奥迪一汽新能源汽车、沈阳华晨宝马第六代动力电池、大连 SK 海力士、沈阳德国贺利氏特种光源、大连英特尔芯片、美国嘉吉 200 万吨玉米深加工等重大外资项目相继落地

---

① 《辽宁省 2023 年度全省商务运行分析》，https://swt.ln.gov.cn/swt/ywxx/tjsj/20240329163 83083315/index.shtml。

② 《吉林省 2023 年国民经济和社会发展统计公报》，http：//tjj.jl.gov.cn/tjsj/tjgb/ndgb/202403/t20240326_3128572.html。

开工。其中，华锦阿美炼化一体化项目总投资额达 837 亿元，奥迪一汽新能源汽车项目的总投资额超 350 亿元，华晨宝马第六代动力电池项目总投资 100 亿元。外商投资在东北地区的投资领域正在不断扩大和深化，投资的方向也发生了转变。由传统制造业转向高端装备制造、新能源汽车、新材料工业等战略性新兴产业。显示出外国投资者顺应我国加快发展推进新型工业化、新质生产力之大势，也在积极调整相关领域投资布局。东北地区在基础设施、新能源、新材料等领域也取得了实质性进展。从 2023 年举办的"投资中国年"系列活动，到 2024 年的"投资中国"品牌的持续打造，随着中央和地方对外商投资促进力度不断加大，在区域经济一体化进程的推动下，东北地区会继续吸引更多外国投资者前来投资，延续新设外资企业快速增长的趋势。

四、相关合作不断突破

改革开放 40 余年，东北地区的对外开放和区域经济合作经历了从初步探索到深入发展的过程，取得了显著的进展和突破。作为我国向北开放的重要门户，通过积极融入"一带一路"建设、全面加强与俄罗斯、东北亚等周边国家的经贸合作、务实参与中蒙俄经济走廊建设、与 RCEP 深度对接，东北地区拓展了国际合作空间，提升了区域的国际影响力，对外开放合作战略在科技、经济、文化等多个方面得到了进一步的深化与拓展。

一是东北地区的国际合作水平不断提升。东北三省已启动并实施了国际科技合作计划，涵盖了从项目申报到实际合作的多个方面，且涉及广泛的国际合作领域及区域。重点支持与俄罗斯、德国、白俄罗斯等国家在装备制造、新能源汽车、新材料、现代农业、精细化工等重点发展领域开展技术合作与交流。其中，吉林长春中俄科技园依托国际科技合作项目建设了 8 个中外联合实验室及工程中心，与俄等独联体国家签署科技合作协议 90 余项，组织互访 100 余批次，引进外方专家 400 余人次[1]，已成为全新的国际科技合作

---

[1]《长春中俄科技园：探索平台服务新路径 构建国际合作新模式》，http://jl.people.com.cn/n2/2022/0214/c349771-35132996.html。

与科技成果转化平台。黑龙江省也以科技创新引领产业全面振兴，聚力打造数字经济发展的动力源和牵引极，历届"中俄数字经济高峰论坛"，为中俄睦邻友好合作和科技交流发挥桥梁纽带作用。2023 年末举办的论坛中，实现了六大项目合作签约，并且集中签订了 25 个重点项目合作协议。①

二是东北地区对外投资、引资成效显著。对外投资方面，2022 年，东北三省对外非金融类直接投资流量为 7.7 亿美元，占全国非金融类投资流量的 0.9%，增速同比下降 44.1%。东北三省的企业在对外非金融类直接投资方面的存量已达到 192.5 亿美元，占全国该类投资存量的 2.1%。截至 2022 年底，中国投资者在境外设立的非金融类企业接近 4.6 万家。其中，辽宁省在境外设立的非金融类企业数量最多，共计 812 家，位居全国第 9 位。②2023 年，辽宁省的对外承包工程企业在辽宁"一带一路"沿线重点国家共计签订了价值 6.1 亿美元的承包工程项目合同，并实现了 8.0 亿美元的营业额，同比增长 17.5%。对外投资合作相对集中于制造业、有色金属冶炼和压延加工业、水上运输业等行业。③利用外资方面，以辽宁省为例，截至 2022 年底，辽宁省现存日资企业 1851 家、韩资企业 1250 家。对辽投资主要指向第二产业。2023 年，第二产业实际使用外资 28.8 亿美元，占全省总额的 85.2%。其中，制造业 21 亿美元，占全省总额的 62.2%；采矿业 6.3 亿美元，占全省总额的 18.5%。第三产业实际使用外资达到 4.9 亿美元，占全省实际使用外资总额的 14.5%。

三是东北地区的对外开放平台作用增强。首先是自由贸易试验区成效明显。辽宁自由贸易试验区（沈阳、辽宁、营口三大片区）自 2017 年 4 月挂牌七年来，截至 2024 年 4 月，新注册企业数量超过 10 万户，注册资本超过 2

---

① 《第十届中俄工程技术论坛暨二〇二三中俄数字经济高峰论坛举行》，https：//www.yidaiyilu.gov.cn/p/02GR539B.html。

② 乔军：《以高水平对外开放推动新时代东北全面振兴取得新突破》，调研报告，2023 年。

③ 《辽宁省 2023 年度全省商务运行分析》，https://swt.ln.gov.cn/swt/ywxx/tjsj/2024032916383083315/index.shtml。

万亿元，累计使用外资达到 49.9 亿美元，税收年均增长达到 10.5%，固定资产投资年均增长率为 12.9%。① 黑龙江自由贸易试验区（哈尔滨、黑河、绥芬河三大片区）自 2019 年挂牌成立 5 年来，截至 2024 年 8 月，已累计产出 300 余项超制度创新成果，分八批次发布了 166 项省级创新实践案例，其中"企业许可无感续证""创新中俄跨境集群建设""南北共建飞地产业园区"等案例入选国家级创新成果；总体方案中的 89 项改革试点任务已全部实施；截至 2023 年 8 月，累计实际使用外资 3.75 亿美元，外贸进出口达 1238 亿美元，累计新设企业 3 万余家。仅占全省总面积的万分之三，却累计为全省贡献了六分之一的外贸进出口和约五分之一的实际使用外资，充分显现了改革开放综合试验平台的重要作用。② 同时，中德（沈阳）高端装备制造产业园、中韩（长春）国际合作示范区、中日（大连）地方发展合作示范区均已先后获批设立，大连金普、哈尔滨、长春等国家级新区正在加速建设，跨境电商综合试验区的快速发展，众多开放平台都是推动东北区域振兴的重要力量。

四是东北地区国际人文交流不断深化。首先是交流规模持续扩大。自 1979 年 5 月辽宁省大连市与日本北九州市缔结首对东北地区友好城市以来，国际友城事业不断取得新发展。截至 2024 年 7 月，东北三省已建立了 249 对友好城市（省、州）关系，占中国友好城市（省、州）关系总数的 8.2%。其次是交流领域积极扩展。合作历程从早期的高层领导互访，拓展到了经贸投资、科技创新、文化旅游、教育培训、医疗卫生、体育运动、环境保护等多个领域。此外，东北地区的高校已经在全球建立了 51 所海外孔子学院和 46 所孔子课堂。在 2023 年，东北地区的"三省一区"建立了跨省区合作机制，孔子学院联盟协作体正式揭牌成立，在人文交流、人才培养、文明互鉴、科学研究等多个领域，建立了多元且有效的合作机制，为服务国家外交大局贡

① 《辽宁自贸试验区新增注册企业超 10 万户》，http://dltb.mofcom.gov.cn/article/dbswyx/zmq/202404/20240403505883.shtml。

② 《黑龙江省六方面发力建设更高水平自贸试验区》，https://www.hlj.gov.cn/hlj/c107857/202312/c00_31695753.shtml。

献力量。①

第二节　党的十八大引领开放型经济

党的十八大报告提出，要全面提高开放型经济水平。面对经济全球化新形势，我们必须实行更加积极主动的开放战略，完善互利共赢、多元平衡、安全高效的开放型经济体系。②东北地区积极响应国家的对外开放政策，在构建外向型开放新体系的实践中，采取了一系列战略措施和政策调整，推动东北地区对外开放朝着结构优化、深度拓展和效益提升的方向发展。东北地区迎来新的开放周期，开放特色日益凸显，形成东北亚开放型体系。

一、构建外向型开放新体系

"开放型经济"最早出现于1993年党的十四届三中全会，全会所提出的主要内容包括强调区域上的全方位开放、深化外贸体制改革，并积极引入外资、技术、人才以及管理经验。③在1997年的党的十五大上，党中央进一步明确了对外开放的发展方向，提出要"完善全方位、多层次、宽领域的对外开放格局，推动开放型经济发展"④；在2002年党的十六大上，总结了对外开放的成就，并强调坚持"引进来"和"走出去"相结合的战略是未来开放型

---

① 《东北"三省一区"孔子学院联盟协作体在连揭牌助力国际中文教育事业迈上新台阶》，https：//dalian.runsky.com/2023-06/16/content_6225423.html。

② 《中国共产党第十八次全国代表大会》，http://www.beijingreview.com.cn/18da/txt/2012-11/19/content_502297.htm。

③ 中国共产党第十四届中央委员会第三次全体会议《中共中央关于建立社会主义市场经济体制若干问题的决定》，1993年11月14日。

④ 中国共产党第十五次全国代表大会《高举邓小平理论伟大旗帜　把建设有中国特色社会主义事业全面推向二十一世纪》，1997年9月12日。

经济发展的重点。[①]

2007 年，党的十七大首次提出了"开放型经济体系"这一概念，这标志着我国开放型经济迈入了新的发展阶段。未来的任务是提升开放型经济水平，总体要求包括扩大开放领域、优化开放结构与提高开放质量，以及完善内外联动、互利共赢、安全高效的开放型经济体系，以此形成在经济全球化背景下参与国际经济合作和竞争新优势。[②] 在 2012 年召开的党的十八大上，对"开放型经济"进行了更为全面的阐述，报告明确指出"要全面提高开放型经济水平。面对经济全球化新形势，必须实行更为积极主动的开放战略"，并完善互利共赢、多元平衡、安全高效的开放型经济体系。[③]2013 年，党的十八届三中全会在服务业开放和外资准入进一步扩大、中国（上海）自由贸易试验区启动运作、自由贸易区建设和"一带一路"建设加快推进等重大背景下，明确指出了"构建开放型经济新体制"的重要任务。[④][⑤]

党的十八大引领的开放型经济战略为东北地区全面振兴提供了重要支撑。开放型经济的理论框架，对东北地区得以更好地融入全球经济体系，实现全面振兴和高质量发展具有重要战略意义。

首先，推进东北老工业基地全面振兴的经济结构战略性调整，是有效提升东北地区经济实力与提高产业国际竞争力的重要举措。通过加速产业结构调整升级、积极发展现代农业、实施创新驱动发展等战略，有力推动了东北地区的经济进步，对于促进区域协调发展与新经济支撑带建设也具有重要意义。

其次，"全面提高开放型经济水平，实行更加积极主动的开放战略，完

[①] 中国共产党第十六次全国代表大会《全面建设小康社会　开创中国特色社会主义事业新局面》，2002 年 11 月 8 日。

[②] 中国共产党第十七次全国代表大会《高举中国特色社会主义伟大旗帜　为夺取全面建设小康社会新胜利而奋斗》，2007 年 10 月 15 日。

[③] 中国共产党第十八次全国代表大会《坚定不移沿着中国特色社会主义道路前进　为全面建成小康社会而奋斗》，2012 年 11 月 8 日。

[④] 中国共产党第十八届中央委员会第三次全体会议《中共中央关于全面深化改革若干重大问题的决定》，2013 年 11 月 12 日。

[⑤] 裴长洪：《中国特色开放型经济理论研究纲要》，《经济研究》2016 年第 4 期。

善互利共赢、多元平衡、安全高效的开放型经济体系"这一战略指导思想为东北地区发展开放型经济奠定了坚实的基础。通过加快转变对外经济的发展模式，推动开放向结构优化、深度拓展、效益提高的方向发展，为东北地区的经济发展注入了新的活力，更好地融入全球经济体系，提升国际竞争力。

再次，"创新开放模式，推动沿海、内陆和沿边地区的开放优势互补，构建引领国际经济合作与竞争的开放区域，打造带动区域发展的开放高地"的战略指导，使东北地区能发挥地理位置和资源禀赋在对俄、东北亚区域乃至更广泛地区经济合作中的独特优势。自由贸易区的建设，可以引入更多的外资和技术，促进东北地区的产业结构调整和升级，也提供了更加开放和国际化的营商环境。

最后，"加快推进自由贸易区战略的实施，促进与周边国家的互联互通"的战略安排，并将参与"一带一路"建设与东北振兴、沿边开发开放等战略紧密融合，意味着东北地区将持续注入发展新动能，与更多国家形成更加紧密的贸易合作伙伴关系，优化国家对外开放格局与空间布局，在融入国家"一带一路"战略中寻找更多的机遇。

二、东北迎来新的开放周期

2003 年 10 月，中共中央和国务院正式发布了《关于实施东北地区等老工业基地振兴战略的若干意见》，这标志着东北振兴战略的正式启动。在过去的 20 年，东北地区的振兴发展取得了显著成就与积极效果，制定并实施了一系列旨在支持、帮助和促进东北地区振兴发展以及对外开放的政策和措施。地区生产总值和人民生活水平显著提升，产业结构调整成效显著，农业农村现代化与对外开放水平不断提高，各项经济社会指标取得进展明显。特别是党的十八大召开之后，东北地区的开放发展取得了丰硕成果。

　　在东北振兴第一阶段，东北地区经历了振兴发展的"黄金十年"[①]，取得阶段性成果。国家分别于 2005 年、2009 年、2012 年发布了《国务院办公厅关于促进东北老工业基地进一步扩大对外开放的实施意见》《国务院关于进一步实施东北地区老工业基地振兴战略的若干意见》《东北振兴"十二五"规划》等政策文件，旨在支持东北地区进一步扩大对外开放，进一步提高东北地区对外开放水平和层次。正值"非典"后我国进入经济全面恢复时期的重工业再发展阶段，工业化加速时期消费结构的升级带动了建材、钢铁、能源产业迅猛发展，加之我国加入世界贸易组织后获得更广阔的对外空间的外需增长，为具有重工业发展优势的东北地区提供了巨大机遇。[②]2003—2013 年，东北地区经济总量实现了跨越式增长，地区生产总值从 1.17 万亿元增至 4.05 万亿元，年均增速达到 10.3%。[③]辽黑吉三省年均经济增长与全国同期基本持平，均在 10% 上下浮动，个别年份甚至超过全国平均水平；居民收入稳定增加，前 10 年，辽宁省、黑龙江省、吉林省人均地区生产总值分别增加了 4.8 万元、2.6 万元、3.8 万元；体制机制改革初见成效，产业结构不断升级改善，装备制造和高新技术企业的盈利能力实现了快速增长。

　　在东北振兴的第二阶段，随着党的十八大召开，中国特色社会主义步入了新时代。以习近平同志为核心的党中央高瞻远瞩、精准把握时代脉搏，指导和实施了新一轮的东北振兴战略，东北地区迎来新的开放周期。新一轮东北振兴的特点和特征体现在强调全面深化改革和扩大开放作为核心策略。东北地区已成为我国向北开放的重要门户，并成为推进中蒙俄经济走廊建设的主力军。2013 年，习近平总书记相继提出了构建"丝绸之路经济带"和"21 世纪海上丝绸之路"的合作倡议。这一倡议旨在推动亚欧非大陆及其周边海域的互联互通，建立并加强沿线各国的伙伴关系，构建

---

① 参见王成金：《东北地区全面振兴的重大问题研究》，科学出版社，2021 年版。

② 乔榛：《新时代推动东北振兴笔谈》，《经济纵横》2024 年第 1 期。

③《党领导东北地区振兴发展的历史经验与启示》，https://www.ndrc.gov.cn/fggz/fgzy/xmtjd/202107/t20210721_1291202.html。

一个全方位、多层次、复合型的互联互通网络，以实现多元、平衡、自主和可持续的发展。我国充分发挥国内各地区比较优势，加强东部、中部、西部的互动合作，推进"一带一路"建设，以更为积极主动的开放策略全面提高开放型经济的水平。2015 年，国家相关部门联合发布了《推动共建丝绸之路经济带和 21 世纪海上丝绸之路的愿景与行动》，明确了各省份在"一带一路"倡议中的角色定位和对外合作重点领域。东北三省被明确指定为我国向北开放的重要窗口，并着重提出了完善黑龙江省对俄铁路通道和区域铁路网络，以及东北三省与俄远东地区陆海联运合作的任务。2016 年，相关部门陆续发布了《中共中央 国务院关于全面振兴东北地区等老工业基地的若干意见》等政策文件。多次强调东北地区应积极融入并参与"一带一路"建设，并提出将东北地区打造成为我国向北开放的重要窗口和东北亚地区合作的中心枢纽等具体规划。① 东北三省依据各自不同区位特点积极展开行动，分别对参与"一带一路"建设提出了规划，加快推进中蒙俄经济走廊建设。辽宁省着力于积极推动"辽满欧""辽蒙欧""辽海欧"等国际综合交通运输大通道建设；吉林省致力于深入推进长吉图开发开放先导区的战略实施；黑龙江省则侧重推进"东部陆海丝绸之路经济带建设""中蒙俄经济走廊龙江陆海丝绸之路经济带"与"五大规划"形成叠加效应②，扛起对俄全方位交流合作的排头兵领军大旗。

三、东北开放特色日益凸显

党的十八大召开后的 5 年时间里，东北三省持续拓展与东北亚地区及发达国家的开放合作，强化了东北振兴与俄罗斯远东开发的对接，充分利用地理和人文优势，积极推进与韩国、蒙古国、日本、朝鲜的合作，建立了一系

---

① 《中共中央 国务院关于全面振兴东北地区等老工业基地的若干意见》，《人民日报》，2016 年 4 月 26 日。

② 黑龙江省"五大规划"：《黑龙江省"两大平原"现代农业综合配套改革试验总体方案》《黑龙江和内蒙古东北部地区沿边开发开放规划》《大小兴安岭林区生态保护与经济转型规划》《全国老工业基地调整改造规划》《全国资源型城市可持续发展规划》。

列重要的开放合作平台，使得东北地区的对外开放的特色愈发突出。

（一）辽宁省

辽宁省不断拓展对外开放的广度和深度。积极开拓国际市场，扩大向东北亚区域及发达国家开放合作，走出去战略呈现新局面，全省对外贸易国家（地区）217 个。2013 年，对外开放取得新成果，进出口总额达 5 年内的最高值 1142.8 亿美元，对外投资增长 13%。东盟、日本、欧盟、美国、韩国、俄罗斯是辽宁省的重要经济合作伙伴与对外开放对象。出口类别主要是机电产品、钢材、农产品、高新技术产品、船舶。[①]

在平台建设方面，辽宁自由贸易试验区、沈阳全面创新改革试验区、大连金普新区、沈大国家自主创新示范区、沈抚新区等一批重要战略平台已获批实施；营口中韩自贸示范区建设全面启动并逐渐完善；沈阳全面创新改革试验和中德（沈阳）高端装备制造产业园等改革创新试点稳步推进；培育了大连跨境电商综合试验区等跨境电子商务平台 30 个；盘锦、铁岭保税物流中心获批；盘锦辽滨沿海经济开发区、大连旅顺经济开发区、沈阳辉山经济开发区、铁岭经济技术开发区和晋升为国家级经济开发区。在 2017 年，辽宁自由贸易试验区的建设取得良好开局，成功复制推广了 99 项经验做法，创造性地推出了 13 个全国首创的案例，并出台了 199 条支持政策。一年中，新登记注册的企业数量达到 2.2 万户。

在通道建设方面，一是积极参与融入"一带一路"建设，开通中欧班列 14 个。二是持续发挥沿海港口优势，支持沿海港口实施港区联动，全面推进沿海经济圈开发开放；致力于构建多式联运体系，涵盖了"三互"大通关、大连港和营口港的集装箱多式联运等项目，这些项目已被评为全国首批示范工程。2017 年，营口港的海铁联运量达到 72 万标箱。三是构建国际综合交通运输大通道。大连港的中韩俄国际大通道建设取得了显著进展，丹东东北东部经济带出海新通道建设也在加速进行中。充分发挥了出口的优势与支撑作

---

① 整理自辽宁省 2014—2018 年政府工作报告。

用，积极扩大了外贸出口。

（二）吉林省

吉林省全面深化改革开放，在东北亚区域的影响力和竞争力进一步提高。五年进出口总额累计达到 6869 亿元。出口对象国（地区）以欧盟、德国、日本、韩国、东盟为主。吉林省与朝鲜半岛相邻，有着得天独厚的特色区位优势。吉林省在对朝韩贸易方面不仅拥有地理和历史上的优势，而且通过政策支持和多领域的合作，不断深化与朝韩的经贸联系。还成功举办了三届中国—东北亚博览会、两届全球吉商大会、第十一届汽博会、第十三届农博会等活动，大力开拓了国际市场。

在平台建设方面。长吉图开发开放先导区战略正深入实施，旨在推动该地区成为开放型经济新高地；长春兴隆综合保税区已如期封关运营，成为区域经济发展的新引擎；珲春国际合作示范区、中朝罗先经贸区、长春兴隆综合保税区、中新吉林食品区、长吉产业创新发展示范区等平台的建设也在积极推进中，这些平台将成为促进区域经济合作和创新的重要载体；通化医药高新区晋升为国家级高新区；长春新区获批实施、延龙图新区正式成立，增强了创新平台载体支撑作用；通化国际内陆港务区通关运营；电子口岸和跨境电子商务综合服务平台建成；创建长春—吉林国家电子商务示范城市。

在通道建设方面，一是积极融入"一带一路"倡议，提出并实施了长吉图向东开放和面向环渤海向南开放的双翼共进开放战略；启动了"长满欧"国际货运班列，物流网络的覆盖范围显著扩大。二是加快"丝路吉林"大通道的建设，通化国际内陆港的货物吞吐量达到 560 万吨，鸭绿江开发开放经济带正式启动实施，为区域经济发展注入了新的活力。三是"借港出海"战略取得重大突破。扎鲁比诺万能海港项目合作提升至国家层面，为吉林省的海洋经济提供了有力支撑。此外，珲马铁路恢复常态化运营，长春至海参崴陆运通道已顺利开通。圈河口岸的跨境桥也建成通车，珲春经扎鲁比诺至釜山的航线等正式开通并稳定运营。一系列举措推动吉林省对外影响力和知名

度不断提升。^①

（三）黑龙江省

黑龙江省积极扩大开放，全方位发挥对俄合作的重要优势。2013—2017年间，黑龙江省对俄进出口贸易在全省对外贸易总额的占比始终维持在50%以上，占全国对俄进出口总额的比重在20%以上。2014年，黑龙江省与俄罗斯的进出口总额达到232.8亿美元，占全省进出口总额的60%。充分展现了黑龙江省对俄贸易的重要地位。哈尔滨市被国家确立为对俄合作中心城市，其综合保税区已顺利建成并投入正常运营。不仅解决了黑龙江省资源类产品的补充供给问题，还充分利用了俄罗斯推动远东地区开发开放的机遇。吸引了国内外各种要素通过黑龙江省参与俄罗斯远东地区的开发开放，进而推动了黑龙江省与日本、韩国等其他国家和地区间的开放合作。

在通道建设方面，一是积极对接国家"一带一路"倡议，着力构建"中蒙俄经济走廊"黑龙江陆海丝绸之路经济带。推进对俄合作由经贸合作向全方位合作转变，由与毗邻地区合作延伸至与俄中部和欧洲部分合作。经过长期的积累和发展，黑龙江省与俄罗斯边境贸易合作已拓展到农业、林业、矿产资源、能源、科技、旅游等多个领域。二是致力于推动基础设施的互联互通。同江跨境铁路大桥和黑河跨境公路大桥双方的建设工作均已启动，以及东宁公路大桥的前期准备工作正在积极推动，标志着中俄边境地区交通基础设施的进一步升级。同时，中俄原油管道二线工程已顺利建成，中俄东线天然气管道正在加快建设。此外，截至2017年，哈尔滨机场已开通对俄罗斯航线达到13条，哈俄、哈欧等班列已正式开通并实现常态化运营。这些通道基础设施建设大大便利了贸易往来，促进了区域经济的互联互通。

在友好交流方面，黑龙江省与俄罗斯的哈巴罗夫斯克边区和滨海边区建立了友好关系，并成功举办了规模宏大的全方位交流活动，是20年以来

---

① 整理自吉林省2014—2018年政府工作报告。

的最大规模。在文化交流方面，黑龙江省连续举办了中俄文化大集和中俄文化艺术交流周，促进了两国文化的互鉴交流。在教育领域合作方面，中俄工科、医科、东北和远东及西伯利亚等3所大学联盟开展了机制化的交流活动，促进了学术和教育领域的深入合作。此外，黑龙江省与圣彼得堡大学共建了5个联合研究中心，共同开展科学研究。并与圣彼得堡音乐学院合办建成了哈尔滨音乐学院，提升了教育合作水平。此外，举办了4届中俄博览会。黑龙江省不仅限于对俄，还举办了黑龙江—日本（北京）经贸合作交流会。在中国港澳台、欧美、日韩、澳新等地区，黑龙江省连续举办了88场大型经贸交流活动，显现了黑龙江省对俄及东北亚区域的对外合作优势。

四、东北亚开放型体系形成

党的十八大召开后，东北地区在第二轮"东北振兴"与融入"一带一路"建设的重大历史机遇中，积极推进丝绸之路经济带建设，并与欧亚经济联盟和蒙古国草原之路倡议实现有效对接，共同推进中蒙俄经济走廊的建设。一系列措施不仅加强了东北振兴与俄罗斯远东地区开发战略衔接，也加深了与毗邻地区的多领域合作。充分发挥口岸作为对外开放的直接平台作用，通过进一步加大对重点口岸基础设施建设支持力度，充分利用地缘优势，积极推进与日本、韩国、蒙古国、朝鲜的合作，同时扩大与发达国家的合作范围，全面提升了对外开放的水平和层次。东北地区的边境口岸建设经过5年的迅速发展，截至2017年，东北三省正式开放的国家口岸达到55个（见表2-7），占全国国家级开放口岸总量的18%。其中，黑龙江省建成国家一类对外开放口岸25个，吉林省17个，辽宁省13个，构建了海陆空协同发展的立体化口岸开放格局，以及确立了作为我国向北开放的重要窗口和面向东北亚地区合作中心枢纽的开放型体系。东北三省主要公路、铁路口岸及通过量见表2-8、表2-9。

表2-7 东北三省国家级开放口岸

省区	辽宁省 （13个）	吉林省 （17个）	黑龙江省 （25个）
航空口岸 （共8个）	沈阳、大连	长春、延吉	哈尔滨、齐齐哈尔、牡丹江、佳木斯
铁路口岸 （共6个）	丹东	集安、图们、珲春	哈尔滨、绥芬河
公路口岸 （共16个）	丹东	珲春、集安、图们、圈河、南坪、长白、古城里、三合、临江、开山屯、沙坨子	密山、绥芬河、东宁、虎林
港口口岸 （共25个）	营口、锦州、大连、丹东、葫芦岛、盘锦、旅顺、庄河、长兴岛	大安	哈尔滨、佳木斯、饶河、桦川、富锦、同江、抚远、绥滨、萝北、嘉荫、黑河、逊克、孙吴、呼玛、漠河

资料来源：整理自《中国口岸年鉴2018》。

表2-8 2017年东北三省主要公路口岸通过量

公路口岸	进出口运量 （万吨）	出入境人次 （万）	公路口岸	进出口运量 （万吨）	出入境人次 （万）
辽宁丹东	166.6	25.2	吉林古城里	6.1	0.8
吉林南坪	108.2	1.4	吉林临江	4.5	1.0
黑龙江绥芬河	63.5	81.4	黑龙江虎林	3.6	22.5
吉林珲春	41.7	39.1	吉林开山屯	3.3	0.7
黑龙江东宁	27.8	23.6	吉林沙坨子	3.0	0.3
吉林长白	17.9	3.0	黑龙江密山	1.6	15.0
吉林三合	7.3	0.9	——		

资料来源：整理自《中国口岸年鉴2018》。

表2-9 2017年东北三省主要铁路口岸通过量

铁路口岸	进出口货运量（万吨）	出入境人员（万人次）
黑龙江绥芬河	887.5	18.5
吉林珲春	195.7	0.4
吉林图们	16.1	0.1
辽宁丹东	13.4	14.5
黑龙江哈尔滨	8.7	—
吉林集安	3.1	2.5

资料来源：整理自《中国口岸年鉴2018》。

表2-10 2013—2017年黑龙江省对俄罗斯货物进出口情况

（单位：亿美元）

年份	对俄进出口额	同比（%）	全省进出口额	占比	对俄出口额	同比（%）	对俄进口额	同比（%）
2013	223.64	5.82	388.78	57.5	69.09	34.00	154.55	-3.27
2014	232.83	4.11	389.00	59.8	90.03	30.32	142.80	-7.61
2015	108.49	-53.41	210.12	51.6	23.53	-73.87	84.96	-40.50
2016	91.95	-15.24	165.38	55.5	17.01	-27.72	74.94	-11.79
2017	109.43	19.01	189.51	57.7	15.59	-8.34	93.84	25.22

数据来源：《黑龙江商务年鉴2018》。

黑龙江省聚焦形成对俄开放为主的沿边开放格局，对俄经贸合作第一大省的地位不断巩固。双方的贸易额年均增长率接近30%，黑龙江省与俄罗斯的进出口贸易额占据了该省对外贸易总额的一半以上，约占全国对俄贸易总额的 20%（见表 2-10）。截至 2017 年，黑龙江省拥有 25 个获准对外开放的国家一类口岸，占全国一类口岸数量的 10%。[1] 其数量仅次于广东省，位居全国第二。其中，水运口岸 15 个（黑河、逊克、嘉荫、萝北、饶河、同江 6 个口岸实现四季通关）、公路口岸 4 个、铁路口岸 2 个、航空口岸 4 个。其中，绥芬河、黑河、同江、东宁货运量规模相对较大，尤其是绥芬河口岸在对外开放中起到积极引领作用。黑龙江省共有 15 个对俄边境口岸，约占全国对俄边境口岸总数的 2/3，对俄货运量占全省比重达 98% 左右，客运量占全省比重达 65% 左右。共包括 10 个沿边水运口岸（漠河、黑河、呼玛、孙吴、嘉荫、逊克、萝北、同江、抚远、饶河），4 个公路口岸（绥芬河、东宁、虎林、密山）和 1 个铁路口岸（绥芬河）。上述获准开放口岸现已有 22 个开通使用。漠河县洛古河季节性临时冰上过货通道已开通，中俄石油漠河口岸管道运输已启动。此外，黑龙江省电子口岸平台的建设稳步推进。黑龙江省边境口岸设计总过货能力 5695 多万吨。其中，铁路口岸 3300 万吨，设计过客能力 1492 万人次。口岸类型齐全，运输方式独特。25 个口岸可谓水陆空兼有、客货运俱全，特别是边境水运口岸还开展了特色运输及江海联运模式，如冰封期冰上汽车运输、浮箱固冰通道运输、明水期轮渡汽车运输等。在 2017 年，黑龙江省口岸进出口货物量完成 3019.3 万吨，同比增长 11.32%。其中，进口完成 2920.5 万吨，同比增长 10.49%，出口完成 98.7 万吨，同比增长 42.9%。去除原油进口，进出口货运量完成 1376.69 万吨，同比增长 25.6%。客运量完成 347.04 万人次，增长 2.7%。其中，入境 173 万人次，增长 2.8%；出境 174.1 万人次，同比增长 2.6%。绥芬河铁路口岸货运量首次突破千万吨大关，创历史新高。

辽宁省作为东北三省唯一的沿海省份，拥有良好的港口资源和丰富的海岸线。自 2009 年辽宁沿海经济带开发开放战略提升为国家战略以来，辽宁省一直着力于打造沿海经济强省，并提出了"五点一线"沿海经济带的建设理

---

[1] 参见黑龙江商务年鉴编纂委员会：《黑龙江商务年鉴 2018》，黑龙江人民出版社，2018 年版。

念，致力于构建沿海与内陆腹地之间互动发展的新型现代化产业基地。[①] 全省
开放口岸数量显著增加，从 1978 年的 3 个发展到 2017 年的 13 个。同时，国
际空中航线增加至 132 条，国际集装箱航线增加至 110 条，生产性码头泊位增
加至 421 个。其中，5 万吨级以上泊位达到 230 个。辽宁成功建设了许多大型
专业化的深水泊位，这些泊位在煤炭、石油、矿产和粮食等大宗货物的装卸能
力和效率处于全国领先地位，其油品吞吐量更是居国内沿海省份之首。特别是
大连港，2013 年实现了集装箱吞吐量突破 1000 万标准箱的里程碑，2017 年其
混矿国际中转业务也成功突破了 1000 万吨量级。2017 年，辽宁省通过铁路、
公路、水运和民航等多种运输方式，共完成了 21.61 亿吨的货物运输量。具体
来看，铁路货运量为 1.77 亿吨，公路货运量为 18.43 亿吨，水路货运量为 1.41
亿吨，民航货运量为 14 万吨。2017 年，辽宁省港口货物吞吐量达 11.26 亿吨。
其中，大连港实现货物吞吐量 4.51 亿吨（见表 2-11）。全省港口集装箱吞吐量
1950 万标准箱。[②] 丹东是辽宁省主要的公路、铁路口岸，作为连接朝鲜半岛与
亚欧大陆最便捷的通道，在辽宁对外开放中发挥了重要作用。2017 年丹东公
路口岸货运量达到 166.6 万吨，丹东铁路口岸货运量达 13.4 万吨。

表 2-11　2013—2017 年辽宁省主要沿海港口吞吐量

指标	2013 年	2014 年	2015 年	2016 年	2017 年
货物吞吐量（万吨）	98354	103675	104859	109081	112558
#大连港	40746	42337	41482	43660	45517
营口港	32013	33073	33849	35217	36267
进港	50339	51995	53311	54201	55369
#外贸	14046	15465	17117	17642	18978
内贸	36294	36530	36194	36560	36391

① 参见赵晋平：《东北振兴中的对外开放新前沿建设》，辽宁人民出版社，2020 年版。
② 《2017 年辽宁省国民经济和社会发展情况公报》，https://www.ln.gov.cn/web/zwgkx/tjgb2/ln/2
　BEF78C0190E42F2B1ED5EAEE2140695/index.shtml。

续表

指标	2013 年	2014 年	2015 年	2016 年	2017 年
出港	48014	51680	51548	54880	57189
#外贸	5736	6692	6817	6791	7569
内贸	42279	44988	44731	48089	49620
旅客进出港量（万人）	631.3	608.2	571.4	542.1	587.2
进港	311.6	310.7	283.7	259.9	286.8
出港	319.7	297.5	287.7	282.2	300.3

注：整理自《辽宁省统计年鉴2018》。"#"表示其中的主要项。

自党的十八大以来，吉林省积极发挥辐射俄、朝、日、韩、蒙的东北亚区域中心的区位优势，积极融入"一带一路"建设，"长满欧"国际班列实现常态化运营，已辐射欧洲境内 6 个国家 18 个铁路中心站。2017 年，吉林省全年进出口标箱 26538 个，同比增长 18 倍；货运量 21 万吨，同比增长 20 倍；货值 65 亿元人民币，同比增长达到 15 倍。[①] 全年货物进出口总额为 1254.15 亿元，同比增长 3.0%。长春、延边、吉林三个地区进出口实现增长，为全省外贸保持增长起到了拉动作用。三个地区占全省比重分别达到 75.9%、11.5%、5.2%，合计占比达到 92.6%。吉林省全年全省接待入境游客 148.43 万人次。其中，接待外国游客 128.34 万人次。全年旅游外汇收入 7.66 亿美元。[②] 吉林一汽集团依然是吉林省外贸发展的重要因素，进出口额占全省的比重达到 55.1%，全年进出口净增加 17.5 亿元，占全省净增加额的 47%。随着《中国图们江区域合作开发规划纲要》的获批和实施，延边州作为长吉图开发开放先导区的重要组成部分，延边州口岸集群在建设战略布局中发挥了更加关

---

① 《长春海关 2017 年工作总结》，http://hangzhou.customs.gov.cn/changchun_customs/zfxxgk4846/
3010576/3010712/465852/2020406/index.html。

② 吉林省商务厅：《2017 年全省外贸运行情况》，2018 年。

键的窗口作用与前沿作用，其在建设畅通对外通道中的地位也日益突出。[①]
其中，珲春口岸地处于中、朝、俄三国交界地带，距俄罗斯符拉迪沃斯托克
（海参崴）仅 180 多公里，是吉林省对外开放的前沿城市。2017 年，俄罗斯联
邦政府签署通过了支持珲马铁路至俄罗斯扎鲁比诺港运输的政府法令，极大
缩减了俄罗斯的通关验放时间，以发展"滨海 2 号"国际运输走廊。自珲马
铁路恢复常态化运营以来，珲春铁路口岸已进入快速发展阶段。2017 年，珲
春口岸进境货物总量达到 249 万吨，增长 25.5%。随着珲春铁路口岸业务量的
持续增长和口岸功能的升级转型，将促使更多种类的大宗商品通过珲春口岸
实现进出口，从而进一步促进珲春的经济发展，完善吉林省国际物流通道。[②]

第三节　党的十九大构筑开放新格局

　　党的十九大报告集中且系统地阐述了"推动形成全面开放新格局"等重
要理论与基本方略，成为中国进一步扩大开放的行动指南。东北地区在党的
十九大和习近平总书记视察东北地区重要讲话、重要指示精神的指引下，取
得了全方位多领域对外开放的诸多成果。在构建中国向北开放重要窗口、积
极融入共建"一带一路"、扩大东北亚区域合作等方面实现了新的突破。展现
了构筑全面开放新格局的优势与服务国家"五大安全""统筹发展和安全"的
使命与担当。

一、形成全面开放新格局

　　2013 年 11 月，党的十八届三中全会就若干改革问题作出重要决定，明
确提出"构建开放型经济新体制"的目标，其内容包括"扩大内陆和沿边地
区开放。推进丝绸之路经济带与海上丝绸之路的建设，形成全方位开放新格

---

① 参见衣保中：《东北沿边地区开发开放战略研究》，社会科学文献出版社，2017 年版。
② 珲春市人民政府：《珲春铁路口岸 2017 年进境货物总量同比增长超 25%》，2018 年。

局"①。2017年，党的十九大报告正式提出了"推动形成全面开放新格局"的战略目标。报告强调了要以"一带一路"建设为重点，坚持引进来和走出去并重的开放战略，旨在构建一个陆海内外联动、东西双向互济的开放新格局。并提出实行高水平的贸易和投资自由化便利化政策，以及深化改革加快东北等老工业基地的振兴。②2020年，党的十九届五中全会制定了"新发展格局"和"高水平对外开放"的战略方针③，并明确提出了推动东北振兴取得新突破的目标，为东北地区在"十四五"时期的经济发展指明了前进方向。

党的十九大报告为中国开放型经济与开放型世界经济的内外联动提供了新的全面战略规划，同时提出了推动经济全球化朝着更加开放、包容、普惠、平衡、共赢的方向发展的新理念④，提出了通过建立贸易强国积极构建对外开放新格局的新要求，成为推动东北地区打造对外开放新前沿的指导思想，对东北地区对外开放和振兴发展具有重要战略意义。

第一，更好地结合沿海开放与内陆沿边开放，优化区域开放布局，为东北地区的对外开放提供了新的历史机遇和更高的平台。在"一带一路"倡议的加速推进与深化拓展进程中，身处东北亚经济核心地带的东北地区，承担更为重要的角色，走到中国对外开放的新前沿。通过加强与共建"一带一路"国家的经贸合作，深化开放合作水平。东北地区进一步扩大对东北亚国家的区域合作的战略定位，也将推动东北地区构建开放型经济新格局。

第二，更好地结合引进来与走出去，拓展经济发展空间，为东北地区开放合作创造了新的发展环境。通过充分利用国内外市场两种资源，顺应经济全球化发展的新形势。通过高水平开放，推动国际国内要素的自由有序流动，实现对内对外开放的相互促进，从而促进资源的高效配置和市场的深度

---

① 《中国共产党第十八届中央委员会第三次全体会议通过〈十八届三中全会关于若干改革问题的决定〉》，人民网，2013年。

② 《决胜全面建成小康社会　夺取新时代中国特色社会主义伟大胜利——在中国共产党第十九次全国代表大会上的报告》，www.gov.cn。

③ 《中国共产党第十九届中央委员会第五次全体会议公报》，www.gov.cn。

④ 裴长洪、刘洪槐：《习近平新时代对外开放思想的经济学分析》，《经济研究》2018年第2期。

融合。加快培育东北地区参与和引领国际经济合作竞争的新优势，以开放促进改革与发展，为区域发展注入新活力。

第三，更好地结合制造领域开放与服务领域开放，提升对外开放水平，东北地区迎来构建开放型经济新体制的新发展机遇。通过拓宽开放领域和提升开放质量，以高水平的开放推动深层次结构调整，加快转变外贸发展方式，为发展注入新动能，有利于推动东北地区实现全面振兴和高质量发展。也有助于东北地区更好地融入全球经济体系，提升在国内外的竞争力与影响力。

第四，更好地结合多边开放与区域开放，加深对外开放层次，为东北地区深化开放合作拓展了新空间。通过坚持多元与互鉴相结合的包容开放，东北地区不断扩大开放范围，更好地结合向发达国家开放与向发展中国家开放，扩大同各国的利益交会点。这有助于加快建设立足东北亚、辐射"一带一路"以及面向全球的开放合作新高地，实现经济的高质量增长，促进东北全面振兴。

二、东北开放取得新成果

自党的十九大以来，东北地区的经济社会发展取得了显著成就。经济呈现筑底企稳的发展态势，产业结构调整持续优化，社会事业实现长足发展，人民生活水平显著提高，取得了在构筑全面开放新格局中深化对外开放的诸多成果。

（一）对外贸易水平稳中有升

从进出口总额看，2022 年，东北三省对外贸易进出口总额、出口额、进口额总体均保持稳定的增长（见图 2-6）。东北三省进出口总额达到 1.21 万亿元，增长 7.98%；其中，出口 4632.37 亿元，进口 7485.94 亿元。东北三省进出口总额占全国的比重为 2.88%，较上年增加了 0.01 个百分点。其中，2022年，辽宁省、黑龙江省、吉林省的进出口总额分别为 7909.34 亿元、2651.55 亿元、1559.42 亿元，分别实现了同比增长 2.37%、32.91%、3.7%。

单位：亿元（人民币）

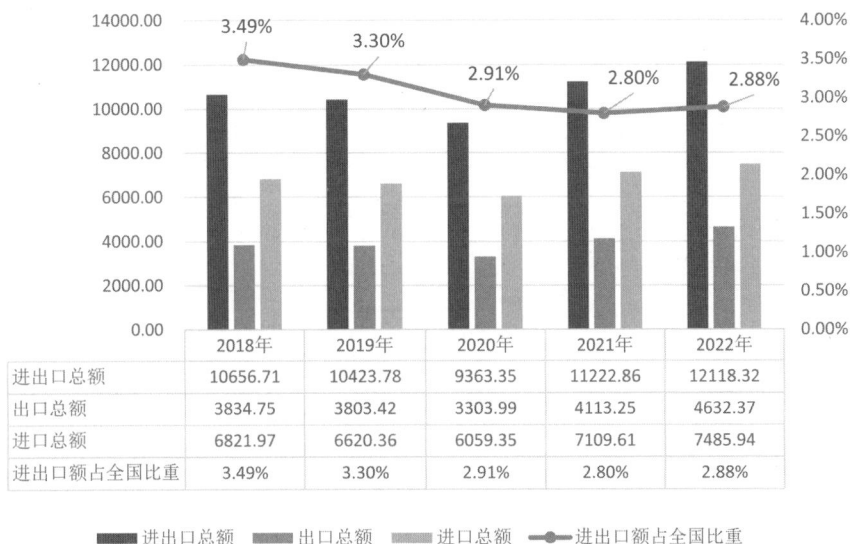

	2018年	2019年	2020年	2021年	2022年
进出口总额	10656.71	10423.78	9363.35	11222.86	12118.32
出口总额	3834.75	3803.42	3303.99	4113.25	4632.37
进口总额	6821.97	6620.36	6059.35	7109.61	7485.94
进出口额占全国比重	3.49%	3.30%	2.91%	2.80%	2.88%

图 2-6　2018—2022 年东北三省外贸进出口概况

数据来源：根据《辽宁省统计年鉴 2023》《黑龙江省统计年鉴 2023》《吉林省统计年鉴 2023》及沈阳海关、哈尔滨海关、长春海关官方网站数据整理计算。

（二）对外开放水平小幅增长

从外贸依存度来看，虽然东北三省的对外贸易依存度整体低于全国平均水平，但东北三省的对外贸易规模处于稳中有升的态势（见图 2-7）。三省的对外贸易依存度与东北整体的对外贸易依存度呈现较为一致的变化趋势。自 2015 年之后，随着东北地区对外开放环境向好发展，辽宁省对外贸易依存度的大幅提高也提升了东北三省整体对外贸易依存度的水平，东北地区的对外贸易依存度出现了明显的增长，尽管 2019 年、2020 年公共卫生事件给全球经济带来深刻影响，导致东北地区对外贸易也略有下滑，但东北地区 5 年间整体外贸依存度总体基本保持在 18% 以上，高于 2018 年前的水平。在东北地区，辽宁省是对外贸易的领头羊，其对外贸易总额长期领先于其他两个省份，并且其总额远超这两个省份之总和，其对外贸易依存度也始终高于东北地区整体水平，接近于全国平均水平，体现出辽宁对外贸易相对较高的发展程度。2022 年，尽管东北三省整体贸易依存度呈小幅增长，但辽宁省对外贸易依存度略有下降，相较于全国贸易依存度的水平也拉大了差距。相比之下，黑龙江省对俄贸易实现 41.2% 的增长，对外进出口同比增长 32.91%，黑龙江省贸易依存度表现出明显增势。

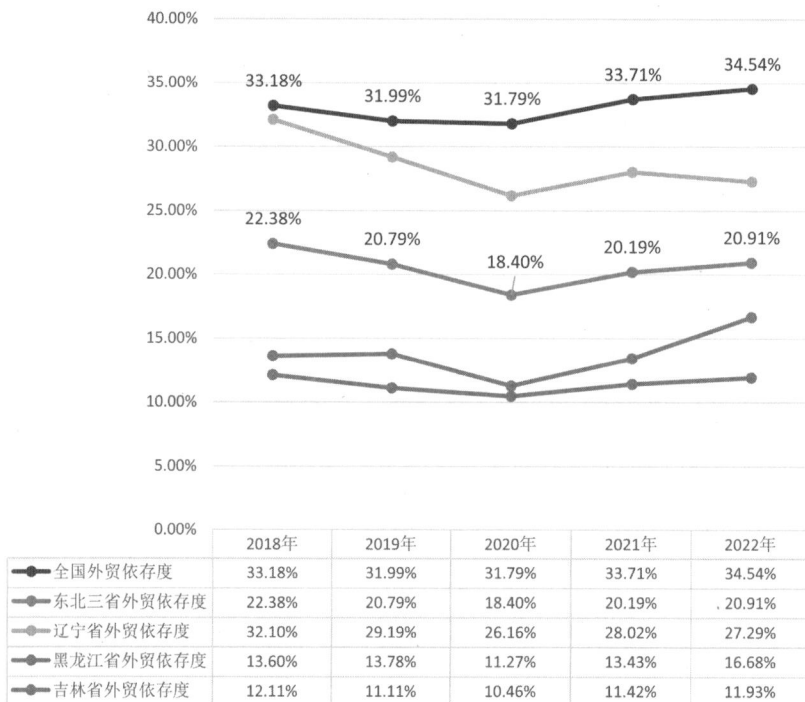

	2018年	2019年	2020年	2021年	2022年
全国外贸依存度	33.18%	31.99%	31.79%	33.71%	34.54%
东北三省外贸依存度	22.38%	20.79%	18.40%	20.19%	20.91%
辽宁省外贸依存度	32.10%	29.19%	26.16%	28.02%	27.29%
黑龙江省外贸依存度	13.60%	13.78%	11.27%	13.43%	16.68%
吉林省外贸依存度	12.11%	11.11%	10.46%	11.42%	11.93%

图 2-7　2018—2022 年东北三省对外贸易依存度

数据来源：根据《国家统计年鉴 2023》《辽宁省统计年鉴 2023》《黑龙江省统计年鉴 2023》《吉林省统计年鉴 2023》及国家统计局、沈阳海关、哈尔滨海关、长春海关官方网站数据整理计算。

（三）外贸区域市场多元发展

从外贸区域市场看，东北地区不断拓展多元化国际市场。2022 年，辽宁省、黑龙江省、吉林省进出口排名前十的国家和地区占其对外进出口总值的比重分别为 61%、84.73% 和 62.96%（见表 2-12）。与东北亚主要国家贸易保持波动增长，与共建"一带一路"国家、RCEP 伙伴国的经济贸易往来日益密切，进出口总值保持稳定增长（见图 2-8、表 2-13）。主要的对外贸易市场是俄罗斯、日本、美国、德国、韩国。其中，对俄方面，三省均呈现出快速增长，三省对俄进出口总额较上年同比增长 41%；对日、韩方面，黑龙江省有明显增长，其余两省趋于稳定。东北三省之间在对外贸易市场结构方面表现出一定的差异性。

表 2-12　2022 年东北三省进出口主要国家和地区
（按进出口金额占比排名前十名）

序号	辽宁		黑龙江		吉林	
1	日本	11.50%	俄罗斯联邦	69.90%	德国	19.71%
2	美国	8.50%	巴西	3.08%	俄罗斯	11.12%
3	沙特阿拉伯	7.50%	美国	2.71%	墨西哥	5.38%
4	韩国	7.40%	澳大利亚	1.98%	日本	5.33%
5	德国	6.40%	新西兰	1.62%	韩国	3.82%
6	俄罗斯联邦	4.50%	韩国	1.30%	美国	3.80%
7	澳大利亚	4.20%	日本	1.21%	巴西	3.68%
8	阿联酋	4.10%	伊拉克	1.20%	葡萄牙	3.64%
9	巴西	3.20%	德国	0.97%	斯洛伐克	3.53%
10	新加坡	3.20%	阿拉伯联合酋长国	0.76%	比利时	2.95%
合计	61.00%		84.73%		62.96%	

数据来源：根据沈阳海关、哈尔滨海关、长春海关官方网站数据整理计算。

单位：亿元人民币　　　　　　　　　　　■俄罗斯 ■日本 ■韩国

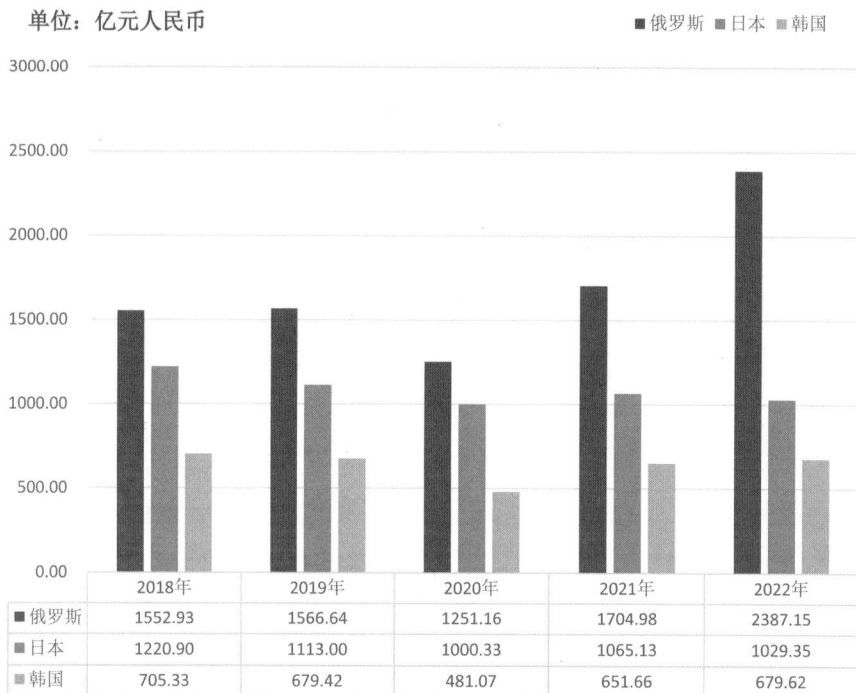

	2018年	2019年	2020年	2021年	2022年
■ 俄罗斯	1552.93	1566.64	1251.16	1704.98	2387.15
■ 日本	1220.90	1113.00	1000.33	1065.13	1029.35
■ 韩国	705.33	679.42	481.07	651.66	679.62

图 2-8　2018—2022 年东北三省与东北亚地区主要国家进出口贸易

数据来源：根据沈阳海关、哈尔滨海关、长春海关官方网站数据整理计算。

表 2-13　2022 年东北三省对外贸易情况

（单位：亿元人民币）

地区	辽宁省			黑龙江省			吉林省		
	进出口总值	出口总额	进口总额	进出口总值	出口总额	进口总额	进出口总值	出口总额	进口总额
全球	7907.3	3584.6	4322.8	2651.5	545.6	2105.9	1558.5	502.2	1056.3
亚洲	4215.8	2113.5	2102.3	290.2	190.6	99.7	364.7	178.5	186.2
非洲	147.3	110.2	37.0	25.3	20.8	4.6	34.5	24.4	10.1
欧洲	1829.6	676.1	1153.6	2002.5	250.4	1752.1	915.1	238.3	676.9
拉丁美洲	561.3	204.1	357.2	151.3	28.4	122.8	169.0	23.2	145.8
北美洲	764.5	400.3	364.2	85.9	42.5	43.5	65.5	30.9	34.6
大洋洲	386.5	80.4	306.1	95.8	12.9	82.9	9.5	7.1	2.4

地区	辽宁省			黑龙江省			吉林省		
	进出口总值	出口总额	进口总额	进出口总值	出口总额	进口总额	进出口总值	出口总额	进口总额
共建"一带一路"国家	2951.6	1035.8	1915.7	2087.4	316.6	1770.8	541.7	191.0	350.7
RCEP贸易伙伴	2598.3	1507.8	1090.5	240.3	121.5	118.8	241.4	115.7	125.7

数据来源：根据沈阳海关、哈尔滨海关、长春海关官方网站数据整理。

辽宁省对外贸易的主要地区是亚洲与欧洲，对其贸易额分别占辽宁省进出口总额的53.3%、23.1%。其中，分别从进口和出口来看，亚洲是辽宁省出口的主要地区，辽宁省对亚洲的出口额略大于进口额，实现顺差11.2亿元。而辽宁对欧洲进口额大于出口额，贸易逆差达477.5亿元，是辽宁省逆差最大的贸易地区。2022年，辽宁省主要贸易伙伴国为日本、美国、沙特阿拉伯和韩国（见图2-9），日本、美国和韩国一直是辽宁省主要的出口地区，尤其是对日本的出口额占辽宁省出口总额比重的16.7%，沙特阿拉伯成为辽宁省主要的贸易进口国，进口额同比增长达45.9%。

单位：亿元人民币

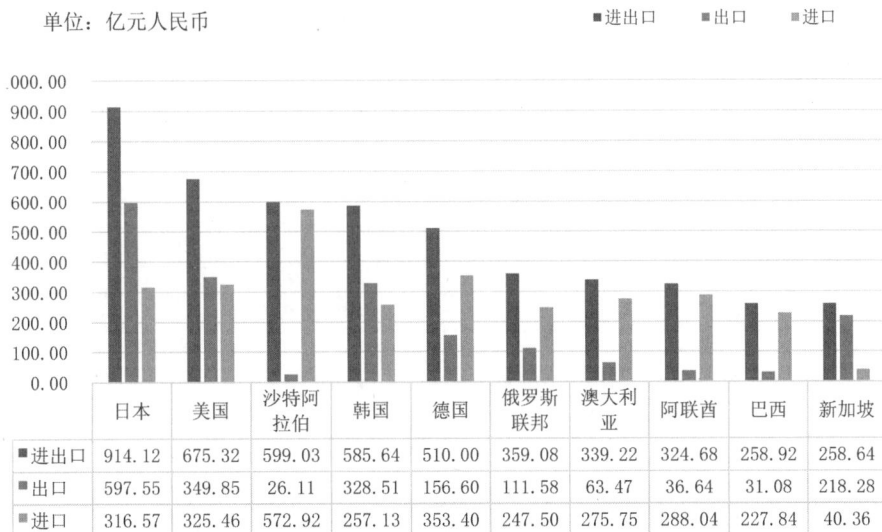

	日本	美国	沙特阿拉伯	韩国	德国	俄罗斯联邦	澳大利亚	阿联酋	巴西	新加坡
进出口	914.12	675.32	599.03	585.64	510.00	359.08	339.22	324.68	258.92	258.64
出口	597.55	349.85	26.11	328.51	156.60	111.58	63.47	36.64	31.08	218.28
进口	316.57	325.46	572.92	257.13	353.40	247.50	275.75	288.04	227.84	40.36

图2-9　2022年辽宁省对外贸易的主要地区和国家

数据来源：沈阳海关。

　　黑龙江省对外贸易的主要地区是欧洲，主要贸易伙伴为俄罗斯（见图2-10）。2022年，黑龙江对俄进出口总额达1854.74亿元人民币，同比增长41.2%，占黑龙江省进出口总额比重的92.6%，远远高于黑龙江省与巴西、美国、澳大利亚、新西兰、日本、韩国等其他贸易伙伴的贸易量。总体来看，2022年，黑龙江省与共建"一带一路"国家和RCEP贸易伙伴国的贸易量呈现稳定增长的趋势。具体来看，与共建"一带一路"国家的进出口总额达到2087.4亿元，同比增长39%，占黑龙江省外贸总值的78.7%。与RCEP贸易伙伴进出口总额为240.3亿元，同比增长32.3%，占黑龙江省外贸总值的9%。[①]

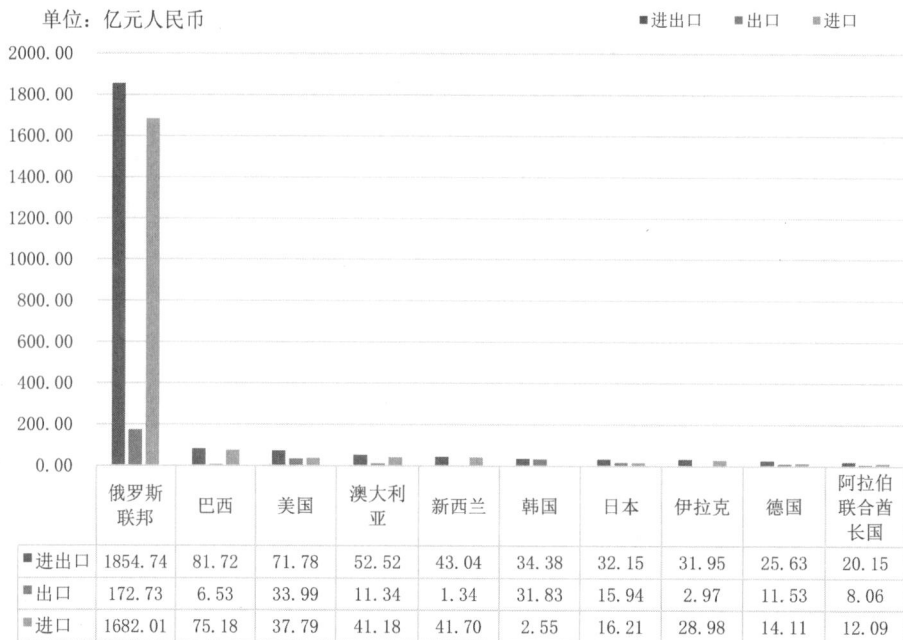

单位：亿元人民币　　　　　　　　　　　　　■进出口　■出口　■进口

	俄罗斯联邦	巴西	美国	澳大利亚	新西兰	韩国	日本	伊拉克	德国	阿拉伯联合酋长国
■进出口	1854.74	81.72	71.78	52.52	43.04	34.38	32.15	31.95	25.63	20.15
■出口	172.73	6.53	33.99	11.34	1.34	31.83	15.94	2.97	11.53	8.06
■进口	1682.01	75.18	37.79	41.18	41.70	2.55	16.21	28.98	14.11	12.09

图2-10　2022年黑龙江省对外贸易的主要地区和国家

数据来源：哈尔滨海关。

[①]《创历史新高！2022年黑龙江省外贸进出口总值2651.5亿元》，http://harbin.customs.gov.cn/harbin_customs/467892/467893/4802345/index.html。

吉林省对外贸易的主要地区是欧洲和亚洲。2022 年，吉林省对欧洲和亚洲的进出口贸易额分别占吉林省进出口总值的 58.7% 和 23.4%。其中，对两个地区的出口额分别占吉林省出口总额的 47.5% 和 35.5%，对两个地区的进口额分别占吉林省进口总额的 64.1% 和 17.6%，进口主要以对欧洲地区为主。主要的贸易对象国为德国和俄罗斯（见图 2-11）。2022 年，吉林省对德国出口 50.17 亿元，同比增长 47.9%；俄罗斯成为吉林省第二大贸易伙伴国，进出口贸易实现 173.33 亿元，同比增长 65%，高出全国 35.7 个百分点，对俄出口实现 65.56 亿元，同比增长率达 123%。吉林省积极推动次区域合作，对俄贸易合作有更大的拓展空间。

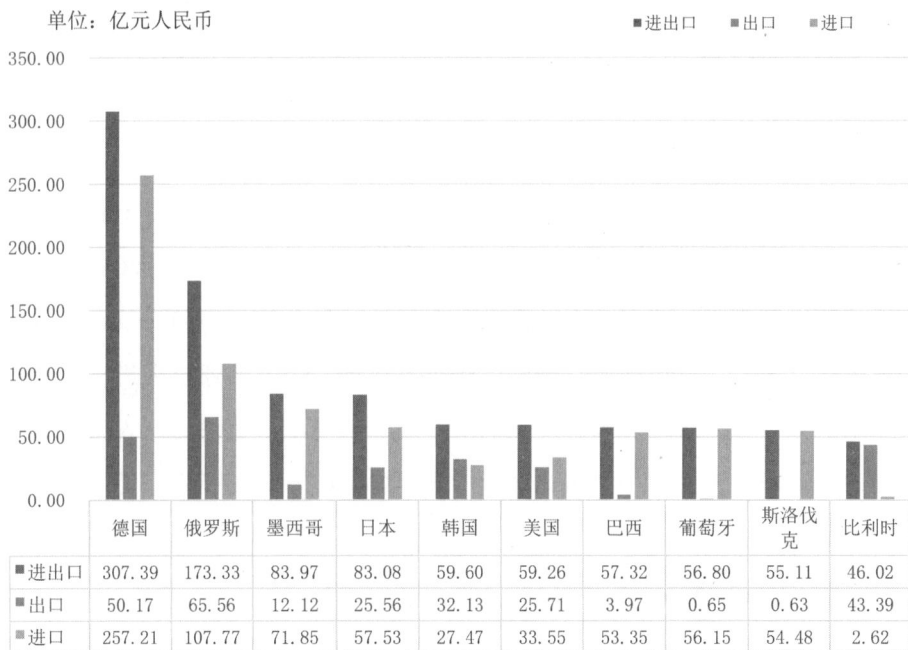

单位：亿元人民币　　　　　　　　　　■进出口　■出口　■进口

	德国	俄罗斯	墨西哥	日本	韩国	美国	巴西	葡萄牙	斯洛伐克	比利时
■进出口	307.39	173.33	83.97	83.08	59.60	59.26	57.32	56.80	55.11	46.02
■出口	50.17	65.56	12.12	25.56	32.13	25.71	3.97	0.65	0.63	43.39
■进口	257.21	107.77	71.85	57.53	27.47	33.55	53.35	56.15	54.48	2.62

图 2-11　2022 年吉林省对外贸易的主要地区和国家
数据来源：长春海关。

三、"五大安全"地位凸显

自党的十八大以来，习近平总书记先后 10 次到东北地区视察，多次强调"东北地区是我国重要的工业和农业基地,维护国家国防安全、粮食安全、生态安全、能源安全、产业安全的战略地位十分重要,关乎国家发展大局"①。2021年,国务院正式批复《东北全面振兴"十四五"实施方案》,该方案再次强调,要从"五大安全"战略高度出发,从构建优势互补、高质量发展的区域经济布局的大局出发,以推动东北振兴实现新的突破。② 新一轮的振兴对东北地区的发展赋予了新的定位,突出了东北地区作为重要的军事工业基地、商品粮生产地、能源原材料基地对维护国家"五大安全"的重要使命。

(一)国防安全是国家安全的基本保证

国防安全是国家安全的核心组成部分,边境线则是国家防御的前沿阵地。东北地区是我国领土安全的重要屏障,陆地边境线长达4000多公里,身处东北亚区域范围的核心地带,既与俄罗斯、朝鲜接壤,又与日本、韩国隔海相望,其独特的地理位置承担着重要的国防任务。东北地区在维护国防安全方面有着深厚的历史基础和现实需求。当前,世界处于百年未有之大变局加速演进的阶段,面对日益复杂变化的国际环境,东北地区国防安全的战略地位对维护总体国家安全至关重要。东北地区既要依托国防科技工业重要基地的比较优势,打造现代新型国防科技工业体系,又要通过促进特色产业兴边富边、完善区域发展基础设施网络、加强边境城市建设促进人口集聚等路径,统筹好经济建设与国防建设,提升保障国防安全的能力,守好祖国的"北大门"。

(二)粮食安全是国家安全的重要基础

农为邦本,本固邦宁。从古至今,粮食不仅是生活不可或缺的基础物资,也是关乎国计民生与国家安全的关键战略资源。保障国家粮食安全,事关国运民生与国家安全。东北作为全国重要的粮食生产基地,具有适合粮食

---

① 《习近平总书记调研东北三省并主持召开深入推进东北振兴座谈会纪实》,《人民日报》,2018年9月30日。

② 《国务院关于东北全面振兴"十四五"实施方案的批复》,《国务院公报》,2021年第27号。

作物生长的优越气候条件、生产力高的肥沃黑土地、广大辽阔的耕地面积与大型机械化耕作条件。东北地区粮食生产基地地位不断凸显。近年来，东北三省作为国家粮食稳产保供的"压舱石"，其粮食产量超过全国总产量的五分之一，而商品粮的供应量约占全国的四分之一。[①]2023 年，黑龙江省粮食生产成功实现"二十连丰"，粮食总产量达到 778.8 亿千克，占全国粮食总产量的 11.2%，且连续 14 年位居全国第一。[②]粮食产量、商品量、调出量也连续多年保持全国第一的水平。"十三五"期间，东北地区严防耕地"非农化""非粮化"，高度重视黑土地保护利用工作，不断提升了农业现代化水平与粮食产业绿色化水平，加快推进了粮食加工业发展，粮食储备能力不断加强，粮食供给侧结构性改革成效显著，已成为国家粮食安全产业带建设的核心区。东北地区粮食产量占全国的比重稳定，对保障国家粮食安全起到了重要作用。

（三）生态安全是国家安全的重要屏障

党的十九大报告指出，要坚定不移走生态良好的文明发展道路，指明了"坚持人与自然和谐共生"生态安全建设方向。东北地区一直有着显著的生态环境优势。凭借着丰富的森林、湿地与水源等自然资源为构筑东北地区的生态屏障发挥着重要的作用。东北林区大小兴安岭和长白山森林区面积达 6.8 亿亩（1 亩 ≈ 666.67 平方米），森林资源蓄积量 25.67 亿立方米，占全国的 19.21%[③]，是我国木材储备战略基地。此外，河流水系众多，湿地资源丰富，是我国生态系统的重要组成部分。东北地区在推进对外开放的同时，也在持续推进生态保护与修复。如双鸭山市宝清县通过实施矿山修复项目，将废弃矿坑转化为翡翠湖矿坑公园景区；辽河流域的水质提升至良好标准；全面且

---

① 《东北"天下粮仓"秋收开镰迎丰收》，https://www.gov.cn/xinwen/2021-09/23/content_5638937.htm。

② 《黑龙江省粮食生产实现"二十连丰"连续 14 年位居全国第一》，https://www.hlj.gov.cn/hlj/c107856/202312/c00_31692751.shtml。

③ 参见高立伟：《中国东北地区对外开放研究》，哈尔滨工程大学出版社，2023 年版。

有效地实现了对天然林的保护；东北虎豹国家公园成为首批 5 个国家公园之一[1]等。保障了区域的生态安全，为实现可持续发展奠定了基础。东北地区将持续坚定地树立并践行绿色发展理念，贯穿到经济社会发展的各个方面，筑牢东北地区生态安全屏障。

（四）能源安全是国家安全的重要战略

能源安全事关国家战略与经济社会发展全局，也关乎能源地缘政治与国际能源供应格局。我国能源资源总量较大但人均拥有量较低，煤炭能源充足但石油、天然气资源相对不足。随着对外依存度的日益增长和地缘政治风险的不断提高，我国已在西北、东北、西南以及东部地区建立了跨境油气供应与贸易体系。[2]东北地区地处东北亚区域较为优越的能源合作连接点，随着中俄油气合作的深化与拓展，其"中俄石油管道"成为我国重要的能源战略通道，对于保证我国能源安全具有重要意义。同时，东北地区拥有丰富的石油、煤炭、天然气、太阳能等能源资源。拥有大庆油田、辽河油田、松原油田等中国重要的石油生产基地，其能源工业在全国一直具有十分重要的地位。东北地区通过深化能源供给体系，能够确保经济社会发展所需资源能源的持续、稳定和有效供给，为维护国家的能源安全提供了有力支撑。[3]

（五）产业安全是国家安全的重要支撑

产业安全是国家经济安全的基础。习近平总书记强调，必须着力打造自主可控、安全可靠的产业链、供应链。[4]东北地区作为"共和国长子"，早在"一五"时期，独占苏联援建 156 个项目中的 56 个，形成我国重要的工业基地。之后形成了门类齐全的工业化体系，形成了规模庞大的装备制造业产业集群，建成了鞍山钢都、长春汽车、沈阳飞机城、哈尔滨机电企业群等一系

---

① 《积聚振兴动能　谱写发展新篇——从 5 年发展看东北全面振兴新成效》，http：//www.news.cn/2023-09/09/c_1129854850.htm。

② 参见王成金：《东北地区全面振兴的重大问题研究》，科学出版社，2021 年版。

③ 孙杰光：《夯实国家"五大安全"基石　开拓东北全面振兴新局面》，《当代经济研究》2024 年第 2 期。

④ 习近平：《国家中长期经济社会发展战略若干重大问题》，《求是》2021 年第 21 期。

列特色鲜明的工业基地[①]，奠定了国家工业的发展基础。自2003年实施老工业基地振兴战略以来，东北地区加快了产业结构和产品结构转型升级步伐，向网络化、智能化、大数据化方向转换，在航空航天、汽车制造、智能机器研发、机器人、燃气轮机等产业的研发取得了明显进展，在维护国家产业安全方面发挥重要作用。

四、发展与安全统筹兼顾

2017年，党的十九大报告将"坚持总体国家安全观"纳入新时代坚持和发展中国特色社会主义基本方略[②]，着重指出"统筹发展和安全，增强忧患意识，做到居安思危"[③]。安全是发展的前提基础，发展是安全的坚实保障。当今世界，和平与发展的时代主题面临严峻挑战，我国仍处于重要战略机遇期。统筹发展和安全是我国当前发展战略的核心目标，是在当前经济全球化大背景下，构建新发展格局与实现高质量发展的必经之路。习近平总书记基于东北地区的资源要素禀赋比较优势、产业基础和经济社会结构基础，以及统筹国内国际"两个大局"等多个维度考量，赋予东北地区维护国家"五大安全"的重要使命。对于新形势下的东北全面振兴，"五大安全"的重要地位正越发凸显。东北地区要以统筹发展和安全为核心目标，推动东北全面振兴取得新突破。

东北地区在统筹发展和安全方面具有重要的战略地位和示范作用。东北地区凭借丰富的资源禀赋、坚实的产业基础、独特的区位优势，拥有巨大的发展潜力，在国家发展大局中占据重要战略位置。一是兴边富民、强国睦邻，守护国家"北大门"，确保国家国防安全；二是端牢国家"粮食饭碗"，做好农业现代化"排头兵"，确保国家粮食安全；三是筑牢国家"生态屏

[①] 参见高立伟：《中国东北地区对外开放研究》，哈尔滨工程大学出版社，2023年版。

[②] 《坚持总体国家安全观》，www.mod.gov.cn/gfbw/jmsd/4856166.html。

[③] 《决胜全面建成小康社会　夺取新时代中国特色社会主义伟大胜利——在中国共产党第十九次全国代表大会上的报告》，https://www.rmzxb.com.cn/c/2017-10-27/1851777.shtml。

障"，锚定"双碳"目标战略，确保国家生态安全；四是守护国家"能源命脉"，优化产能当好标杆，确保国家能源安全；五是打造国家"大国重器"，夯实产业振兴根基，确保国家产业安全。东北地区在统筹发展与安全中扛起新担当，是践行统筹国家发展与安全的风向标。

东北地区在统筹发展和安全方面也面临诸多风险和挑战。从内部来看，东北地区营商环境、基础设施、投资融资仍然有待进一步完善；技术研发投入、创新成果数量与创新转化能力等创新驱动方面有待加强；人口负增长、人口老龄化、人口外流问题日趋严峻；传统工业优势明显衰退，民营经济增速放缓，战略性新兴产业发展缓慢，工业智能化水平有待提升等问题需要寻求新的突破点[①]从外部来看，随着全球范围内冲突不断，全球经济格局正发生深刻变化，逆全球化浪潮不断加剧。同时，世纪疫情影响深远，全球经济增速放缓，能源和粮食安全面临着严重危机。我国在产业链、能源、粮食方面仍面对着严峻的国际环境。受制于区域内市场的相对壁垒，东北地区的产业优势、资源优势等的潜力尚未完全释放。此外，东北亚地区安全局势高度胶着且瞬息万变的复杂地缘政治环境也给东北地区带来安全挑战。在新形势下，东北地区应从国家安全所面临的重大挑战和有效维护国家安全的战略高度出发，深刻认识经济社会发展的新特点与新要求，深刻认识复杂多变的国际环境带来的新挑战与新矛盾，提升把握机遇和防范风险的能力，统筹好发展与安全。

第四节　党的二十大推动高水平开放

党的二十大提出了"推进高水平对外开放"的新要求，指出"要优化区域开放布局，提高中西部和东北地区开放水平"，以及"推动东北全面振兴取

---

① 参见王成金：《东北地区全面振兴的重大问题研究》，科学出版社，2021 年版。

得新突破"。① 为新时期东北地区对外开放提出了明确的战略目标和具体的战略部署，为中国式现代化新征程上的东北实践明确了发展方向。东北全面振兴在"高水平对外开放"的重大机遇下，东北区域经济一体化有望进入快车道，迎来新机遇期的特色型合作与蓄势待发的制度型开放，将共同推动东北地区实现高质量发展。

一、高水平开放扬帆启程

党的二十大明确了中国式现代化道路和构建新发展格局道路，提出"推进高水平对外开放"。推进高水平对外开放，是中国式现代化的理论创新下的开放合作。当今世界百年未有之大变局的加速演进，推进高水平开放成为我国新阶段改革发展战略部署的主线，对推动东北地区全面振兴具有现实而深远的重要意义。

一是推进高水平开放有利于东北地区发挥联通国内国际双循环中的独特作用。② 东北地区在联通国内国际双循环中具有我国向北开放重要门户枢纽的区位优势，加强与东北亚区域合作的战略地位和作用日益凸显。一方面，东北地区通过对外开放获取要素资源和市场来促进经济增长的潜力依然很大。吸引和利用外来技术与资本，促进技术密集型产业的发展，以此推动其他产业的全面进步。在东北亚地区和平发展、东北亚区域合作互利共赢的大环境中，高效获取外部要素资源与市场，增强内外联动的合力效应。另一方面，高水平对外开放不同于以往的对外开放，其模式从原先以商品和要素流动为主的对外开放，转向稳步扩大规则、规制、管理和标准的制度型开放。在国际政治格局复杂多变的背景下，东北地区通过探索合作契机，深入挖掘中日韩合作的潜力，为地缘关系演变中的合作发展达成确定性愿景和目标发挥作用，从而促进东北亚地区的繁荣、稳定与发展。

---

① 《高举中国特色社会主义伟大旗帜　为全面建设社会主义现代化国家而团结奋斗》，https：//3w.huanqiu.com/a/3458fa/4ACfjprsUKU?p=1&agt=46。

② 陈耀：《高水平开放合作与新时代东北全面振兴的现实逻辑》，《经济纵横》2024 年第 1 期。

二是推进高水平开放有利于激发内生动力与发展活力，倒逼东北地区深化改革。党的二十大报告指出，要将扩大内需战略的实施与深化供给侧结构性改革有机结合，以提升国内循环的内生动力和可靠性。新时代的东北振兴，是全面振兴、全方位振兴。东北地区打造对外开放的新前沿，对于推进东北地区深化体制改革和加深经济结构调整具有重要的意义。通过高水平对外开放，充分发挥体制机制的保障激励作用，推动人才引进和管理制度的创新，扩大外商投资准入开放，加大营商环境建设的法治化、国际化和便利化等，增强东北全面振兴持久的内生动力与发展活力，有助于实现促进创新发展、自主发展和全面发展格局的形成，对新时期国家经济发展具有重要意义。

三是推进高水平开放有利于增强统筹发展与安全、维护国家"五大安全"的能力。习近平总书记强调，要牢牢把握东北在维护国家"五大安全"中的重要使命，牢牢把握高质量发展的首要任务和构建新发展格局的战略任务，统筹发展和安全，奋力谱写东北地区全面振兴的新篇章。[1] 东北地区在国家安全和发展大局中具有重要战略地位，习近平总书记立足总体国家安全观的顶层设计，从国内国际两个大局出发，统筹高质量发展和高水平安全，赋予东北维护国家"五大安全"的重要使命。[2] 推进高水平对外开放，也能够获得更多东北全面振兴所必需的外部优质资源，为高质量发展注入新动能、拓展新空间。东北地区的战略地位和资源禀赋，以及目前复杂严峻的外部环境，都迫切要求东北地区提高加强防范化解重大风险、维护国家"五大安全"的能力。

二、一体化开放势在必行

党的二十大报告强调"深入实施区域协调发展战略"。区域协调发展战略是构建对外开放新发展格局的重要载体，是促进高质量发展的重要支撑，是

---

① 《推动东北全面振兴实现新突破》，http://www.qstheory.cn/2024-04/25/c_1130127444.htm。
② 孙杰光：《夯实国家"五大安全"基石 开拓东北全面振兴新局面》，《当代经济研究》2024年第2期。

实现共同富裕的内在需求，同时也是推进中国式现代化不可或缺的重要组成部分。推动东北全面振兴，需要从加快东北地区区域经济一体化中实现新突破。

（一）从区域经济发展的现实来看

区域发展一体化程度越高的地区，表现出更充足的增长动力与更强的竞争力。诸如京津冀、长三角、粤港澳大湾区、长江经济带、黄河流域生态保护和高质量发展和海南全面深化改革开放等重大区域发展战略的一体化推进已取得显著成效，对高质量发展发挥了引领作用。呈现出区域间优势互补、分工协作合理、相互促进的区域协调发展新局面。上述地区通过跨越原有行政区域划分，协同打造区域经济一体化发展，已成为我国经济发展重要的增长极与动力源。2023年，京津冀、长三角、粤港澳大湾区三大经济区域共计实现地区生产总值52万亿元，占全国经济总量的比重逾40%，其引擎带动作用持续提升。[①] 东北经济一体化已提出多年，东北地区通过发挥哈长沈大等中心城市的带动作用、优化国有经济布局、推进东北亚基础设施一体化等举措为促进东北经济一体化付出诸多努力。然而，受制于自身的体制性、结构性和机制性矛盾，在现实推进中仍面临错位发展和有效分工不佳、城市间经济联系尚不紧密等诸多困难和挑战。

（二）从东北一体化发展的意义来看

一方面，推进东北地区一体化是东北全面振兴取得新突破的重要战略举措。习近平总书记视察东北时曾强调，东北振兴需科学统筹与精准施策，构建协调发展新格局，培育发展现代化都市圈，强化重点区域与重点领域的合作，形成东北地区协同开放合力。[②] 推动东北一体化开放是贯彻落实党的二十大提出的深入实施区域协调发展战略的关键要素，也是当前推进东北

---

① 《经济回升向好 三大区域挑大梁》，http：//finance.people.com.cn/GB/n1/2024/0303/c1004-40187673.html。

② 《提升区域经济一体化水平 推动东北全面振兴》，http：//theory.people.com.cn/n1/2023/1025/c40531-40102835.html。

地区经济高质量发展的根本需求。目前，加速推进东北一体化建设进程正逢国家加速构建新发展格局的关键机遇期。东北地区通过强化相互之间的内外通道联通和经济互动，推动商品与生产要素的有效流通，协同构建现代化产业体系，实现产业优化升级和区域功能的最优配置，打造优势互补、功能完善、高质量发展的区域经济新格局，从而更好地服务国家新发展格局的构建。

另一方面，加快东北一体化建设是践行统筹国家发展与安全的重要使命。充分发挥各自的比较优势，避免同质竞争，形成推动东北全面振兴的整体合力，提升东北地区经济社会发展能力，也是落实习近平总书记对东北地区维护国家"五大安全"的战略定位的重要任务。东北地区毗邻俄、日、韩、朝、蒙，具有对东北亚区域开放的特色优势，拥有哈尔滨、沈阳、大连等已获批的国际枢纽城市。东北地区既是我国"一带一路"向北开放的重要门户，亦是我国连通欧亚大陆的重要通道。通过紧密连接口岸、港口和运输通道，整合辽宁自由贸易试验区、黑龙江自由贸易试验区、吉林长吉图开发开放先导区以及各类综合保税区等重要开放平台，积极融入 RCEP 等区域合作框架，形成东北地区协同开放合力，打造东北地区与东北亚区域经济合作的整体优势。进一步提高东北地区的对外开放水平，强化在国际竞争与合作中的新优势，对东北地区以高水平开放统筹发展与安全具有重要意义。

（三）从加快东北一体化发展的必要性来看

一方面，东北地区需要以推进东北经济一体化构建统筹发展与安全的经济布局。东北地区过去的发展都呈现了不同的特色，取得了显著的成就，但与发达地区相比，东北在区域一体化建设方面的发展相对滞后。我国的区域发展格局出现了重大调整，东北三省再像过去一样依靠各自发挥单独的特色优势、发展单独的开放已不能适应经济一体化、结构化发展的需要。现在的经济发展趋势已不再是"单打独斗"的阶段，区域协调发展的经济才能产生更大的合力。东北振兴作为一盘棋发展、一体化发展，加快推进东北一体化开放势在必行。推动东北经济一体化是使东北地区发展成为我国经济的第四增长极，并在新一轮经济发展中占据一席之地的关键。

另一方面，东北地区需要以推进东北经济一体化构建统筹发展与安全的开放布局。区域经济合作已达成东北地区各级政府的共识。东北地区需深入挖掘区域经济合作潜力与优势，克服区域规划分散和盲目竞争的问题，通过促进合理分工、优势互补，共同构建中蒙俄经济走廊等关键区域布局。借助经济合作带来的产业融合、分工与专业化，优化生产要素配置，推动东北区域的整体发展与全面进步。同时，充分吸收和引进区域内外经济和新技术的积极因素，推动面向东北区域经济的发展。[①] 东北地区需要通过推进东北一体化发展，有效提升作为对外开放新前沿的综合竞争力和可持续发展能力。

三、特色性合作迎来机遇

党的十八大开启了中国特色社会主义新时代，指导并实施新一轮东北振兴战略，东北地区迎来了新的开放周期。这一时期东北振兴的特点和特征体现在强调全面深化改革和以扩大开放合作作为核心战略。东北三省作为我国向北开放的重要窗口与推进中蒙俄经济走廊建设的主力军，依据各自不同区位特点分别关于参与"一带一路"建设积极规划，积极开展行动加速推进中蒙俄经济走廊建设。辽宁省通过积极推进建设"辽满欧""辽蒙欧""辽海欧"等综合国际交通运输大通道，依托获批实施的辽宁自由贸易试验区、大连金普新区、沈大国家自主创新示范区等战略平台，形成了对日、美、韩、德等欧亚国家为主的全面开放格局；吉林省着力推进长吉图开发开放先导区战略的实施，积极推动发展珲春国际合作示范区、长春兴隆综合保税区、中朝罗先经贸区等平台的建设与发展，形成了以对德及日、韩为主的对外开放格局；黑龙江省着力推动"东部陆海丝绸之路经济带""中蒙俄经济走廊龙江陆海丝绸之路经济带"的建设，使其与"五大规划"产生叠加效应，扛起对俄全方位交流合作的排头兵领军大旗。

---

① 参见赵晋平：《东北振兴中的对外开放新前沿建设》，辽宁人民出版社，2020年版。

党的二十大以后，呈现了不同于以往的特色型开放合作。

一方面，强调稳步推进制度型开放。继党的二十大提出要"稳步扩大规则、规制、管理、标准等制度型开放"之后，党的二十届三中全会将"稳步扩大制度型开放"作为完善高水平对外开放体制机制的首要改革举措进行全面部署。因此，东北地区高水平对外开放，除商品和要素型开放之外，还包括规则、规制、管理、标准等制度型开放。多维度、全方位、深层次的开放将有助于提升地区产业体系的韧性，形成内外双循环的新发展格局。东北地区通过建设自由贸易试验区、构建高标准自由贸易区网络，稳步推进制度型开放发展。辽宁与黑龙江省自由贸易试验区改革成效明显。2023年，仅占全省总面积万分之三的黑龙江省自由贸易试验区，累计为全省贡献了约六分之一的实际使用外资和七分之一的外贸进出口额；辽宁自由贸易试验区过去7年来，累计推出了7批次、共计207项独具特色的改革创新成果，其中国务院已批准16项实践效果卓越的创新经验，在全国范围内进行复制与推广，改革红利不断释放。2023年，辽宁自由贸易试验区新引入投资额亿元以上项目163个，签约额合计451.8亿元。实现进出口总额1264.3亿元，占辽宁省的比重为16.5%；实际使用外资7.4亿美元，占辽宁省的比重为21.9%。[1]

另一方面，强调稳步推进高质量发展。党的二十届三中全会再次强调了高质量发展的重要性。东北地区迎来产业结构优化升级的历史机遇，加快推动经济多元化和高质量发展，向技术驱动、创新引领的高端制造业、数字经济和服务业转型，同时充分利用地区资源和国际合作机遇。在高附加值制造业、数字经济、优质特色农业、医疗康养、冰雪旅游、文化创意等产业开放合作的发展特色日益凸显。以跨境电商突破性发展为例，随着科技的不断进步，新一轮科技革命和产业变革也深刻影响东北高水平开放的发展。数字经济的快速发展成为新的战略选择。在数字贸易领域，跨境电商合作和数字贸易合作正成为重要的发展方向。新冠肺炎疫情的暴发严重抑制海内外市场的

---

[1]《辽宁自贸试验区挂牌运行七周年新增注册企业突破十万户》，https://www.ln.gov.cn/web/ywdt/zymtkln/20240411153355540995/index.shtml。

线下消费，但促使线上消费需求进一步释放，形成了非接触性经济特色发展。珲春市依托其地处中俄朝三国交界独特的区位优势和优质的跨境电商环境，积极抢抓机遇，培育外贸发展的新增长极。珲春跨境电商进出口贸易额实现了显著增长，从2018年的4300万元激增至2021年底的21.5亿元人民币。2022年，进出口额达35.2亿元，同比增长63.7%。[①]2023年，黑龙江省跨境电商贸易额增长达144.2%，形成了对俄贸易为特色的跨境电商合作。黑河市已成功建立跨境物流直通线路，该线路以边境仓、海外仓、中继仓为节点，实现了贯通我国内地至东北三省乃至俄罗斯远东地区及欧洲部分的连贯运输网络。[②]

四、制度型开放蓄势待发

制度型开放，是指改革不适应开放型经济的生产关系和上层建筑，具体表现为在边境上和边境后的法律、法规和各类规则、规章。[③]制度型开放是我国在国际经贸规则重构背景下，主动塑造国际合作与竞争新优势的策略选择。2018年12月，中央经济工作会议正式锚定制度型开放为新时代的对外开放目标。提出"推动由商品和要素流动型开放向规则等制度型开放转变"[④]，2022年，党的二十大明确强调顺应客观规律、循序渐进，"稳步扩大规则、规制、管理、标准等制度型开放"。2024年政府工作报告再次强调，要"主动对接国际高标准经贸规则，稳步扩大制度型开放，增强国内国际两个市场两种资源

---

① 《珲春东北亚跨境电商产业园：助力拓展对俄合作　打造吉林省旅游购物新地标》，https://new.
qq.com/rain/a/20230525A07BH700。

② 《黑龙江构筑向北开放新高地》，https://www.hlj.gov.cn/hlj/c107856/202408/c00_31761029.
shtml。

③ 裴长洪、倪江飞：《我国制度型开放与自由贸易试验区（港）实践创新》，《国际贸易问题》2024年
第3期。

④ 《中央经济工作会议在北京举行　习近平李克强作重要讲话　栗战书汪洋王沪宁赵乐际韩正出席会
议》，http://www.qstheory.cn/yaowen/2021-12/10/c_1128152254.htm。

的联动效应"①。

制度型开放是顺应经济全球化发展进程的必然走向，同时也是构建新发展格局的重要战略选择。为东北地区推进高水平开放提供了路径指引。党的十八大以来，东北地区对外开放取得了显著成效，但整体经济实力和开放水平与发达经济区相比，依然存在短板和不足。东北地区开放面临许多严峻的挑战，既有来自国内区域间的竞争压力，也有源于地缘政治紧张局势的影响。向北开放合作存在潜在的隐患，对俄合作存在敏感性和复杂性，以及面临投资环境不佳、法律制度不健全、第三方制裁可能性等因素影响；对日韩开放合作也受美国提出"脱钩断链""去风险"、拉拢日韩军事同盟等因素影响。因此，稳步推进制度型开放着重强调的扩大规则、规制、管理和标准对接，构筑多元化国际经贸格局，为各国在规则和制度上提供进一步实现兼容的条件。为东北地区提升对外开放水平质量与可持续能力带来了重大机遇，为东北地区推进高水平对外开放提供了重要支撑。

东北地区稳步扩大制度型开放蓄势待发。一是东北地区经济社会总体发展的需要。以制度型开放倒逼体制改革，以东北地区产业结构优化，推动对外贸易结构优化。创新跨境资本流动及投资合作的制度标准，营造优质对外开放环境，吸引更多的外资和技术引进，提升本地企业的竞争力。二是东北地区高水平对外开放发展的需要。借助 RCEP 等高标准、高水平的自由贸易协定，在贸易和投资领域的规则规制、生产管理及标准等方面与国际规则实现对接和协调，从而有力促进东北地区与全球经济的有序融合，增强东北在全球经济中的竞争力。三是东北地区践行国家五大安全的需要。东北地区在维护国家"五大安全"方面占据极其重要的战略地位。通过稳步扩大制度型开放，对接国际高标准经贸规则，促进改革和发展。在经济发展和对外开放的过程中，实现进一步的制度创新。推动产业链、供应链、价值链深度融合，提升整体竞争力。提升东北地区统筹国家发展与安全的能力和水平。

---

① 《政府工作报告——2024 年 3 月 5 日在第十四届全国人民代表大会第二次会议上》，https://www.gov.cn/yaowen/liebiao/202403/content_6939153.htm。

第三章
东北地区高水平开放的现实基础与优势

　　东北地区自然资源丰富，产业基础雄厚，资源禀赋的现实基础坚实。地处东北亚中心地带，背靠欧亚大陆，作为我国向北开放的重要门户，具有独特的地缘区位优势。东北地区依托国家政策支持与战略支撑，凭借优良的农业及生态优势、区位及经济地理优势和产业及技术科技优势，历经改革开放40余年、东北振兴20余年、党的十八大以来10余年的发展积淀，打造了一批对外开放平台、重要开放载体，在全面振兴的过程中取得显著进展，推进高水平开放的潜力日益凸显。东北地区在以高水平对外开放推动新时代东北振兴取得新突破的征程上，达成推进一体化开放的新共识，确立协同开放合力的新思维，形成特色化开放的新思考，推动创新高水平开放新合作，为东北全面振兴注入新的动力。随着产业结构与贸易结构的优化升级、国家政策和战略层面的指导与支持、制度型开放与区域经济一体化的持续推进，东北地区进一步推动高水平开放的基础坚实，前景广阔。

第一节　资源禀赋的基础依然突出

　　东北地区自然资源条件优越。拥有肥沃广袤的黑土地、发达的水系、丰富的森林和湿地资源，发展农业生产有着得天独厚的资源禀赋。以丰富的矿产资源等为依托，打下扎实良好的工业基础。为新中国成立初期经济增长与资本积累做出巨大贡献。东北地区依托良好的生态环境和丰富的自然资源，积极发展林下经济、海洋经济以及冰雪产业。同时，这些资源也推动了森林食品、生态旅游、森林康养等新兴产业的发展。东北三省凭借着优越的资源禀赋，在新时代将继续发挥承担国家"五大安全"的重要作用。

一、辽宁省的现实基础

（一）土地资源

截至 2022 年底，辽宁省农业用地面积 1234.75 万公顷。其中，耕地面积 515.67 万公顷[①]，主要分布在辽宁中部的平原地带以及辽西北的低山丘陵河谷区域。辽宁省的地势从北向南、从东西两侧向中部逐渐倾斜，东西两侧山丘连绵起伏，而中部为平坦广阔的平原。辽宁省的平原、山地和水域面积分别占据总面积的 34.4%、59.8% 和 6.8%。东部山区是全省的林业基地，拥有 598.96 万公顷的林地面积，这些森林不仅是调节全省气候和自然环境的生态屏障，也是人参、鹿茸、中药材等山区特产的丰饶产地，蚕业产量占全国总产量的四分之三。西部地区属于半干旱的丘陵地带，农牧业相结合，重点发展果业和水产业，全省牧草地面积 35.01 万公顷，主要分布在西北部地区。南部以水稻、水产、水果为主。辽宁省中部、北部属于辽河平原地带，平坦的地势、肥沃的土壤以及充足的水源，使其成为辽宁省的核心粮食产区，玉米和大豆是该区的主要种植作物。2023 年，全省全年粮食作物播种面积为 3578.4 千公顷，比上年增加 16.9 千公顷。其中，水稻播种面积 500.5 千公顷，玉米播种面积 2803.9 千公顷。全省经济作物播种面积 783.0 千公顷。2023 年，辽宁省全年粮食总产量 2563.4 万吨，创历史新高，同比增长 3.2%，较上年增

[①]《辽宁统计年鉴 2023》，https：//tjj.ln.gov.cn/tjj/tjxx/xxcx/tjnj/otherpages/2023/zk/indexch. htm。

加 78.9 万吨。[①] 辽宁省农林牧渔业产值、主要农产品产量、国民经济和社会发展主要指标见表 3-1、表 3-3。

表 3-1　辽宁省农林牧渔业总产值

（单位：亿元人民币）

年份	农林牧渔业总产值	农业	林业	牧业	渔业
1978	49.2	38.9	1.1	7.1	2.1
2002	1132.5	540.1	27.9	361.3	203.2
2012	3679.5	1401.5	123.4	1429.5	571.0
2022	5180.0	2258.3	161.7	1694.6	881.3

数据来源：辽宁省统计局《辽宁统计年鉴 2023》。

表 3-2　辽宁省主要农产品产量

指标	单位	2013 年	2016 年	2019 年	2022 年
农林牧渔业总产值	亿元	3878.9	3764.1	4368.2	5180.0
粮食	万吨	2353.3	2315.6	2430.0	2484.5
棉花	吨	455.0	92.0	22.0	3.0
油料	万吨	68.3	79.4	97.7	113.4
甜菜	万吨	17.1	9.4	14.6	1.3
水果	万吨	582.8	543.9	605.1	650.2
肉类	万吨	363.4	352.4	367.8	446.2
水产品	万吨	504.9	479.9	455.0	489.2

数据来源：辽宁省统计局《辽宁统计年鉴 2023》。

[①]《2023 年全省经济运行情况》，https://tjj.ln.gov.cn/tjj/tjsj/sjfb/sqzx/2024011915365855671/index.shtml。

表3-3　辽宁省国民经济和社会发展主要指标

指标	单位	2013年	2016年	2019年	2022年
年度总人口	万人	4238.0	4232.0	4190.2	4139.4
地区生产总值	亿元	19208.8	20392.5	24855.3	28975.1
第一产业	亿元	1973.4	1841.2	2178.0	2597.6
第二产业	亿元	9204.2	7865.7	9475.9	11755.8
第三产业	亿元	8031.2	10685.6	13201.4	14621.7
人均地区生产总值	元	43956	47069	58019	68775

数据来源：辽宁省统计局《辽宁统计年鉴2023》。

（二）矿产资源

辽宁地处环太平洋成矿北缘，地质成矿条件优越，拥有石油、天然气、镁、硼、钼等丰富且种类齐全的矿产资源。截至目前，辽宁省已发现110种各类矿产资源，其中66种已探明储量，矿产地共672处。[①] 辽宁省的菱镁矿在全球范围内具有资源优势，品质优良且埋藏较浅，其基期保有资源储量25.6亿吨，占全国总储量的85.6%，约占世界的25%。此外，硼、铁、滑石、金刚石、玉石、石油等矿产也在全国范围内具有优势。特别是硼矿、铁矿和金刚石保有资源量位居全国第一，分别占全国总储量的56.4%、24.0%、51.4%；滑石和玉石保有资源量居全国第二位；石油居全国第四位，保有资源量占全国的7.9%。还拥有煤、煤层气、天然气、锰、钼、金、银等16种具有比较优势的矿产。

矿产资源作为工业生产的物质基础，为工业生产提供了必要的能源、原材料，推动工业与应用科技创新，为辽宁省经济建设提供了坚实的基础。作为我国重点工业基地，辽宁省拥有雄厚的产业基础，工业门类齐全且体系完备，涵盖了国民经济行业41个工业大类中的40个。其拥有一批对国民经济命脉和国家安全至关重要的战略性产业。以数控机床、工业机器人、石化通

---

① 《辽宁省情概况》，https：//www.ln.gov.cn/zjln/zyzk。

用装备、输变电设备、通用航空、汽车、造船为典型代表的装备制造业，以及以石油化工、钢铁为核心的原材料工业，在全国范围内占据领先地位且拥有较高的市场份额。辽宁省在新材料、精细化工、智能装备制造、半导体芯片等行业具备坚实的产业基础和科技实力。特别是以航空装备、舰船等为代表的国防科技工业规模在全国居于领先地位。辽宁陆续成功推出了首艘国产航母、航母舰载机等一系列"大国重器"。辽宁是中国集成电路装备产业三大关键区域之一，其研发的关键材料为航天、航空、核电、船舶等国家重大工程和重大装备提供了重要支持。2023年，辽宁省全年工业企业营业收入达3.57万亿元，利润总额1500.9亿元；规模以上的工业增加值实现了5.0%的同比增长，其中高技术制造业的增加值增长8.8%。[①]2023年辽宁省规模以上工业主要产品产量及增速和辽宁省主要工业产品产量见表3-4、表3-5。

表3-4　2023年辽宁省规模以上工业主要产品产量及增速

产品名称	单位	产量	比上年增长（%）
铁矿石原矿	万吨	17122.9	-1.9
饮料	万吨	324.1	8.4
乙烯	万吨	389.2	-2.6
化学纤维	万吨	16.2	60.4
水泥	万吨	3814	-1.0
平板玻璃	万重量箱	5662.9	6.6
耐火材料制品	万吨	1943.9	3.2
生铁	万吨	6948.9	-2.1
粗钢	万吨	7344.1	-1.4
钢材	万吨	7848.4	1.6
十种有色金属	万吨	108.2	4.4

---

① 《辽宁省2023年国民经济和社会发展统计公报》，https：//tjj.ln.gov.cn/uiFramework/js/pdfjs/web/viewer.html?file=/tjj/attachDir/2024/03/2024032815431143514.pdf。

产品名称	单位	产量	比上年增长（%）
金属切削机床	万台	3.0	-12.7
金属冶炼设备	万吨	20.3	-3.5
汽车	万辆	94.3	23.2
新能源汽车	万辆	13.0	29.2
变压器	万千伏安	12205.1	18.4
原煤	万吨	2861.5	-9.4
原油	万吨	982.0	1.2
天然气	亿立方米	8.1	0.6
原油加工量	万吨	9796.3	2.3

数据来源：辽宁省统计局《辽宁统计年鉴2023》。

表3-5 辽宁省主要工业产品产量

指标	单位	2013年	2016年	2019年	2022年
布	亿米	1.0	1.6	0.9	0.7
机制纸及纸板	万吨	48.8	54.1	134.2	171.7
家用电冰箱	万台	84.8	145.7	178.2	158.2
彩色电视机	万台	440.6	146.8	37.1	—
原油	万吨	1001.0	1017.3	1053.3	984.1
发电量	亿千瓦小时	1516.0	1731.5	1996.0	2119.7
粗钢	万吨	6356.5	6040.5	7357.6	7451.6
钢材	万吨	6863.0	5874.8	7328.6	7727.5
水泥	万吨	6066.3	4134.9	4763.6	3838.4

数据来源：辽宁省统计局《辽宁统计年鉴2023》。

（三）森林与水产资源

"十三五"时期，辽宁省的林地总面积达到713.6万公顷，森林面积为

612.9 万公顷，森林蓄积量达到 3.47 亿立方米，森林覆盖率为 42%。[①]2023 年，辽宁省现有林地面积 598.96 万公顷，全年造林作业面积 132.4 千公顷。全年林木采伐蓄积量 312.5 万立方米。此外，辽宁拥有丰富多样的植物资源，共计 161 科 2200 余种，其中 1300 余种具有经济价值，药用植物如人参、五味子、细辛、党参等类达 830 余种。

辽宁省拥有 2178 公里的大陆海岸线长，以及面积达 68000 平方公里的沿海水域，滩涂面积达 2070.2 平方公里。该省 6 个沿海城市和 18 个沿海县推动了滨海旅游业和港口建设的发展。辽宁省近海生物资源丰富多样，共有 3 大类超 520 种。此外，全省内陆水域拥有 119 种淡水类资源。2023 年，辽宁省全年的水产品产量（不含远洋捕捞）达到 490.6 万吨，增长 3.9%。其中，海洋捕捞 49.5 万吨，增长 7.3%；海水养殖 356.5 万吨，增长 5.1%；淡水捕捞 3.4 万吨，增长 0.8%；淡水养殖 81.1 万吨，下降 2.4%。[②]

二、吉林省的现实基础

（一）土地资源

吉林省位于著名的黑土带，其土壤表层有机质含量介于 3%—6%，最高地区甚至超过 15%。吉林省耕地总面积达到 703 万公顷，占全省总面积的 37%，在全国耕地总量中排名第 5。该省的黑土面积约为 110 万公顷。其中，黑土耕地约为 83.2 万公顷，占全省耕地面积的 15.6%。在全国范围内，吉林省的耕地面积在全国的占比约为 4.4%，基本农田约占全国的 4.4%。基本农田保护率达到 86.9%。吉林省人均耕地超过全国平均水平的两倍。[③]吉林省中部松辽平原是中国重要的商品粮生产基地，土地广袤、平坦且土壤肥沃，其农田防护

① 《辽宁省"十四五"林业草原发展规划》，https://www.ln.gov.cn/web/zwgkx/zfwj/szfbgtwj/2022n/9F9068E78FC8422795083D5A66F9B09C/index.shtml。

② 《辽宁省 2023 年国民经济和社会发展统计公报》，https://tjj.ln.gov.cn/uiFramework/js/pdfjs/web/viewer.html?file=tjj/attachDir/2024/03/2024032815431143514.pdf。

③ 《资源环境》，https：//www.jl.gov.cn/shengqing/jlgk/zyhj/202001/t20200131_2978287.html。

林系统完善，环境承载力突出，为生产优质农产品提供了得天独厚的条件，素
有"黑土地之乡""黄金玉米带"之美誉。2023年，吉林省实现农林牧渔业增
加值1700.56亿元，比上年增长5.0%。全年粮食种植面积582.56万公顷，较
上年增加4.05万公顷。全年粮食总产量4186.50万吨，同比增产2.6%。其中，
玉米产量3376.29万吨，增产3.6%；稻谷产量682.06万吨，增产0.2%。[①] 相
关数据见表3-6、3-7、3-8。

表3-6 吉林省地区生产总值概况

（单位：亿元人民币）

年份	地区生产总值	第一产业	第二产业			第三产业	人均生产总值（元）
			总值	工业	建筑业		
1978	81.98	23.98	42.96	40.34	2.62	15.04	381
1992	558.06	130.82	257.01	227.17	29.84	170.23	2246
2002	2043.09	441.6	793.49	653.53	139.96	808.00	7581
2012	8678.02	1195.63	3315.15	2649.66	665.49	4167.24	32005
2022	13070.24	1689.1	4628.30	3737.90	927.17	6752.84	55347

数据来源：《吉林统计年鉴2023》。

表3-7 吉林省历年农林牧渔业总产值和指数

年份	农林牧渔总产值（亿元）					指数（1949年为100）				
	总产值	农业	林业	牧业	渔业	总产值	农业	林业	牧业	渔业
1978	37.78	32.23	0.87	4.61	0.08	289.2	293.8	4225.7	190.9	288.6
1982	60.58	48.95	2.54	8.83	0.26	329.2	314.6	9022.4	268.9	449.8

[①]《吉林省2023年国民经济和社会发展统计公报》，https://www.jl.gov.cn/shengqing/tzfz/ndbg/sjcx/zfsj/tjgb/202403/t20240326_3128572.html。

续表

年份	农林牧渔总产值（亿元）					指数（1949年为100）				
	总产值	农业	林业	牧业	渔业	总产值	农业	林业	牧业	渔业
1992	204.39	146.00	5.10	50.02	3.27	622.8	588.1	7782.7	586.1	2458.2
2012	2181.92	1017.33	85.55	985.75	29.78	2381.3	1532.2	35734.9	4070.7	14534.1
2022	3217.91	1512.73	69.49	1482.58	61.59	3398.8	2432.3	35413	5267.3	35597.2

数据来源：《2023吉林统计年鉴》。

表3-8 吉林省历年主要农产品产量概况

（单位：万吨）

年份	粮食							油料	麻类	甜菜	烟叶	人参	蔬菜	园林水果
	总量	谷物				豆类	薯类							
		总量	稻谷	小麦	玉米									
1978	914.70	—	121.15	19.89	489.49	—	—	12.29	1.26	45.13	2.48	0.16	351.04	5.65
2002	2214.80	1988.12	370.00	7.94	1540.00	184.96	41.72	46.12	0.83	76.18	5.13	1.99	859.44	80.27
2012	3450.21	3332.33	539.90	1.26	2714.99	56.31	61.57	91.40	0.01	15.75	5.46	3.28	536.59	34.03
2022	4080.78	3982.58	680.91	1.74	3257.86	79.94	18.26	81.59	—	1.37	2.05	3.58	514.84	29.21

数据来源：《2023吉林统计年鉴》。

（二）森林资源

吉林省拥有丰富的森林资源，是吉林省乃至东北地区重要的生态屏障，也是中国的重点林业省份和重要的木材战略基地之一。截至2023年，吉林省林地总面积达到882.98万公顷，其中有林地面积为839.98万公顷，森林覆盖率为45.42%，森林蓄积量达到11.09亿立方米。[①]吉林省的生态环境总体上展

[①]《吉林省森林资源情况综述》，https：//jllc.jl.gov.cn/zwgk/jllq/slzy/202207/t20220727_2885606.html。

现出特殊的多样性和相对的完整性，并且具有较好的可恢复性和保护水平。吉林省自东向西自然划分为四个生态区。其中，东部长白山区被赞誉为"长白林海"，为中国六大林区之一。该区域森林覆盖率高，拥有丰富的树木种类，生态系统完整且生物多样性丰富。[①]

（三）草地和湿地资源

吉林省是中国八大牧区之一，全省草地总面积达到 69 万公顷，占全省总面积的约为 3.7%。主要分布于吉林省东部山区丘陵地带以及西部广阔的草原区域。吉林省西部草原作为科尔沁草原的延伸带，是适宜发展畜牧业的重要地区，草原辽阔，集中连片，盛产羊草。吉林省是全国湿地类型较多的省份之一。吉林省的湿地总面积为 172.8 万公顷，占全省总面积的 9.2%。其主要分布于白城和松原地区。省内共有 8 处湿地被列为国家级重要湿地。其中莫莫格湿地与向海湿地已被提升为国际级重要湿地。

（四）水资源

吉林省位于东北地区众多主要江河的上、中游地带。鸭绿江、松花江、图们江即是发源于长白山天池周围火山锥体。全省的河流和湖泊水面面积为 26.55 万公顷。在吉林省，流域面积超过 20 平方公里的河流多达 1648 条。省内水面超过百亩的湖泊数量达到 1397 个。东部山区的河网密度较大，98% 的水能资源分布于此。吉林省已建成 9 座大型水库、94 座中型水库、515 座小型水库。吉林省东部的长白山地区还是矿泉水资源高度集中的地带，储量极其丰富，其总允许开采量位居全国首位，并且与阿尔卑斯山和北高加索地区并称为世界三大矿泉水富集地。

（五）矿产资源

吉林省地层发育齐全、成矿条件优越，拥有丰富的矿产资源。特别是吉林省东部的长白山区位于辽东—吉南成矿带的核心区域，被列为全国 16 个重点成矿区带之一。吉林省矿产资源种类繁多，目前共发现矿产 158 种，占全

---

① 《资源环境》，https：//www.jl.gov.cn/shengqing/jlgk/zyhj/202001/t20200131_2978287.html。

国 237 种矿产种类的 66.6%。全省已开发利用矿种达 76 种。其中，具有 21 世纪重要接替能源优势的油页岩绝大部分尚待开发利用。

吉林省依托资源优势打下了扎实良好的工业基础，形成以矿产能源、石油化工、汽车制造等产业为主的工业基地。吉林省加工制造业较为发达，以汽车、石化、装备制造、食品和医药健康为五大重点产业。其中汽车和高铁制造水平在全国居于领先地位。汽车产业是吉林省的最大优势和首要支柱产业。位于长春的汽车经济技术开发区是全国唯一一个以汽车产业命名的国家级开发区，设有"红旗""解放""大众"等知名汽车品牌的生产基地，同时还有麦格纳等 340 家国内外零部件企业入驻。吉林省的汽车产业在整车制造方面具有坚实的基础规模，零部件产业体系相对完善，随着汽车产业集群实施"上台阶"战略，将促进其汽车产业迈向高质量发展。2023 年，汽车产量 155.89 万辆，同比增长 16.7%。其中，新能源汽车 11.78 万辆，同比增长 43.6%。（见表 3-9）

表 3-9　2023 年吉林省主要工业产品产量及其增长速度

产品名称	单位	产量	比上年增长（%）
饲料	万吨	604.48	10.1
布	万米	2751.4	−1.3
服装	亿件	0.7	−10.9
硫酸（折 100%）	万吨	98.9	18.7
乙烯	万吨	74.93	−7.3
合成氨（无水氨）	万吨	63.82	−1.6
农用氮、磷、钾化学肥料总计（折纯）	万吨	19.03	−16.5
合成橡胶	万吨	15.08	−8.0
化学药品原药	万吨	3.8	24.1
中成药	万吨	13.6	53.4
化学纤维	万吨	58.17	11.6
水泥	万吨	2032.13	18.6

续表

产品名称	单位	产量	比上年增长（%）
生铁	万吨	1359.89	7.3
粗钢	万吨	1452.5	11.5
钢材	万吨	1588.22	4.8
十种有色金属	万吨	13.00	−4.1
黄金	万千克	0.59	12.1
汽车	万辆	155.89	16.7
其中：基本型乘用车（轿车）	万辆	71.87	18.5
其中：新能源汽车	万辆	11.78	43.6
动车组	辆	432	157.1
城市轨道车辆	辆	1311	−40.1

数据来源：吉林省统计局《吉林省2023年国民经济和社会发展统计公报》。

三、黑龙江省现实基础

（一）土地资源

黑龙江省的黑土面积占据了全国黑土总面积的45.7%，其中，典型黑土耕地面积占东北典型黑土耕地总面积的56.1%。[①] 黑龙江省凭借广大辽阔的耕地面积、生产力高的肥沃黑土地、适宜粮食作物生长的气候条件与大型机械化耕作条件，在农业方面有着得天独厚的优势。农业产值占地区生产总值比重大，农产品种类丰富，是我国重要的商品粮生产基地。黑龙江省一直推动现代农业技术和管理方法的应用，农业生产的效率和质量持续提升。2023年，黑龙江省粮食生产成功实现"二十连丰"，其粮食作物的种植面积占全国总种植面积的12.4%，较上年增加5.99万公顷，超出国家分配

[①]《黑龙江省"十四五"黑土地保护规划》，https://www.hlj.gov.cn/hlj/c111009/202201/c00_30640993. shtml。

任务 19.18 万公顷；粮食总产量达到 778.82 亿千克，占全国粮食总产量的 11.2%，且连续 14 年位居全国第一。[①] 黑龙江省国民经济和社会发展主要指标、农林牧渔业总产值和指数概况、主要农产品产量概况见表 3-10、表 3-11、表 3-12。

表 3-10 黑龙江省国民经济和社会发展主要指标

指标	总量指标			年均增长（%）			
	2005 年	2015 年	2022 年	"十一五"时期	"十二五"时期	"十三五"时期	"十四五"时期
总人口（万人）	3820.0	3529.0	3099.0	0.1	-1.6	-2.1	-1.1
地区生产总值（亿元）	4756.4	11690.0	15901.0	11.8	7.1	3.1	8.0
第一产业	674.6	2712.2	3609.8	13.9	16.0	4.9	2.4
第二产业	2656.4	3926.9	4648.9	9.3	-1.1	-2.6	16.1
第三产业	1425.4	5050.9	7642.2	15.0	12.0	5.9	6.5
人均地区生产总值（元）	12456	32759	51096	11.7	8.6	5.3	9.7

数据来源：黑龙江省统计局《黑龙江省统计年鉴 2023》。

表 3-11 黑龙江省农林牧渔业总产值和指数概况

年份	绝对数（亿元）					指数（上年 =100）				
	总产值	农业	林业	牧业	渔业	总产值	农业	林业	牧业	渔业
1978	60.9	51.0	2.6	7.2	0.1	120.2	126.3	81.3	99.0	90.0
2002	776.7	487.5	16.2	252.1	20.9	108.1	107.5	102.2	110.5	104.0
2012	3842.0	2339.8	112.7	1308.6	53.5	105.8	107.5	105.3	103.2	107.8

[①]《黑龙江省粮食生产实现"二十连丰" 连续 14 年位居全国第一》，https：//www.hlj.gov.cn/hlj/c107856/202312/c00_31692751.shtml。

续表

年份	绝对数（亿元）					指数（上年 =100）				
	总产值	农业	林业	牧业	渔业	总产值	农业	林业	牧业	渔业
2022	6718.2	4320.5	212.3	1842.8	147.9	102.5	101.7	105.0	103.9	103.7

数据来源：黑龙江省统计局《黑龙江省统计年鉴2023》。

表3-12　黑龙江省主要农产品产量概况

（单位：万吨）

年份	粮食				油料	麻类	甜菜	烟叶	蔬菜	瓜果类
	总量	谷物	豆类	薯类						
1980	1462.4	1085.9	325.5	51.0	23.9	19.0	287.6	2.8	523.6	—
2002	2941.2	2195.5	610.7	135.0	52.8	36.2	437.6	7.4	1324.7	353.2
2012	6598.6	5970.4	539.9	88.3	22.5	1.0	273.1	9.7	866.4	211.8
2022	7763.1	6773.5	966.4	23.3	14.3	12.3	18.2	2.6	759.8	141.1

数据来源：黑龙江省统计局《黑龙江省统计年鉴2023》。

（二）矿产资源

黑龙江省已发现各类矿产共计139种。其中，煤炭资源储量266.8亿吨，铁矿3.57亿吨，石墨3.42亿吨，镁矿891.3万吨，铜矿294.5万吨。矿产资源在一定程度上促进了黑龙江省工业的发展。石油储量与开采量在全国名列前茅，大庆油田是我国陆上最大油田。2023年，连续9年原油产量稳固保持在3000万吨水平[1]，累计生产的原油量超过25亿吨，占全国陆上原油总产量的比重达36%。曾连续27年保持5000万吨以上的产量。60余年来，大庆油田已发展形成了全球领先的陆相砂岩油田开发技术。同时，石墨烯等新材料也吸引了研发投资。黑龙江省丰富的矿产资源为当地工业的发展奠定了坚实

---

[1]《2023年中国石油油气当量产量17.6亿桶　同比增长4.4%》，http：//www.sasac.gov.cn/n16582853/n16582883/c30482224/content.html。

的基石，并不断吸引投资，为进一步开放创造了有利条件。黑龙江省主要工业产品产量见表3-13。

表3-13　黑龙江省主要工业产品产量

指标	总量指标			年均增长（%）			
	2005年	2015年	2022年	"十一五"时期	"十二五"时期	"十三五"时期	"十四五"时期
原油（万吨）	4495.0	3838.6	2971.0	−2.3	−0.8	−4.8	−0.5
天然气（亿立方米）	24.4	35.6	55.7	4.2	3.5	5.6	9.1
水泥（万吨）	1113.3	3264.5	1859.7	25.8	−1.4	−6.2	−11.5
成品钢材（万吨）	232.3	403.8	999.7	19.5	−6.5	16.8	6.6
汽车（万辆）	26.6	8.0	8.3	−1.4	−20.1	−2.3	7.4
发电量（亿千瓦时）	596.0	870.0	1149.4	5.4	2.4	4.5	3.0

数据来源：黑龙江省统计局《黑龙江省统计年鉴2023》。

（三）林业资源

黑龙江省是全国重点林草资源分布区之一。全省林地面积2163.5万公顷，占总面积的46%，占全国总面积的7.6%，居全国第4位。[①]森林面积2012万公顷，占全国比重达到8.7%，居全国第3位；森林覆盖率为47.3%，全国排名第9；森林蓄积量22.4亿立方米，占全国森林蓄积量的11.1%，排名全国第4位。黑龙江省2023年实现林业产值208.0亿元，增长6.1%。同时，黑龙江作为全国最大的食用菌生产基地，拥有4.6万公顷的食用菌种植面积，涵盖了黑木耳、香菇等20多个品种，并形成了完整的产业链条。2023年，牡丹江市食用菌产业创造了102.7亿元的产值，较上年增长

①《黑龙江省林业草原基本情况》，http://lyhcyj.hlj.gov.cn/lyhcyj/c107233/202203/c00_30885986.shtml。

4.2%，在全省排名第一。^①另外，黑龙江省的中药材野生资源极为丰富，种类超过1500种，其中被收录于药典的药用植物有168种，蕴藏量135万吨。2023年，黑龙江省中草药材播种面积16.2万公顷。其中，刺五加产量占全国市场份额的80%以上。丰富的林业资源促进了黑龙江的生态建设与经济发展。

（四）湿地、草地资源

全省草原面积207万公顷，居全国第12位，草原综合植被盖度76.9%，长期稳定在70%以上。黑龙江省湿地数量在全国居于首位，其湿地面积约占全国总面积的15%。黑龙江省的湿地分布广泛、类型多样、景观优美、功能齐全、生物多样性十分丰富，主要分布在松嫩、三江两大平原和大小兴安岭地区。全省有自然湿地面积556万公顷，居全国第4位。全省已建立了东方红、七星河、扎龙、兴凯湖等12处国际重要湿地，哈尔滨市是国际湿地城市（全国仅有13个），有103处湿地类型自然保护区。黑龙江省充分利用湿地资源优势，发展湿地生态旅游，重点打造扎龙国家级自然保护区、太阳岛国家湿地公园、呼兰河口国家湿地公园等多个重要湿地景区，带动了黑龙江省旅游产业的发展。

四、东北的基础与优势

（一）东北地区具有优良的土地资源优势与农业基础

东北三省拥有丰富的土地资源，地域辽阔，是中国人均耕地面积最大的地区，并且具有能够大规模开发利用的优越条件。东北三省黑土地总面积达到109万平方公里，其中典型黑土地耕地面积为1853.33万公顷。^②东北三省是我国最重要的商品粮基地，为国家粮食安全提供了重要保障。其玉米、水稻和大

① 《牡丹江市加快打造食用菌全产业链》，https://www.hlj.gov.cn/hlj/c107858/202404/c00_31725123.shtml。

② 《中科院发布国内首部东北黑土地白皮书》，https://www.cas.cn/yw/202107/t20210709_4797892.shtml。

豆的年产量在全国占有极高的比重，其粮食调出量约占全国总量的三分之一，自 2011 年起，东北三省的粮食总量在全国的比重一直稳定在 20% 以上，商品粮总量约占全国的 25%，粮食调出量约占全国的 30%。以 2023 年为例，东北三省的粮食播种面积为 2432.15 万公顷，占全国粮食播种面积的 20.44%；东北三省全年的粮食总产量为 14538.1 万吨，占全国的 20.91%。其中，黑龙江省是我国的第一产粮大省，在粮食总产量、粮食播种面积、稻谷、玉米以及大豆产量上均领先全国其他省份；吉林省的人均粮食调出量以及辽宁省的粮食单产水平也处于全国领先水平。同时，东北地区的农产品加工业已发展到一定规模，并形成了若干具有竞争力的优势产业和产品。东北三省粮食总产量及占全国粮食总产量比重、东北三省主要农产品产量见图 3-1、表 3-14。

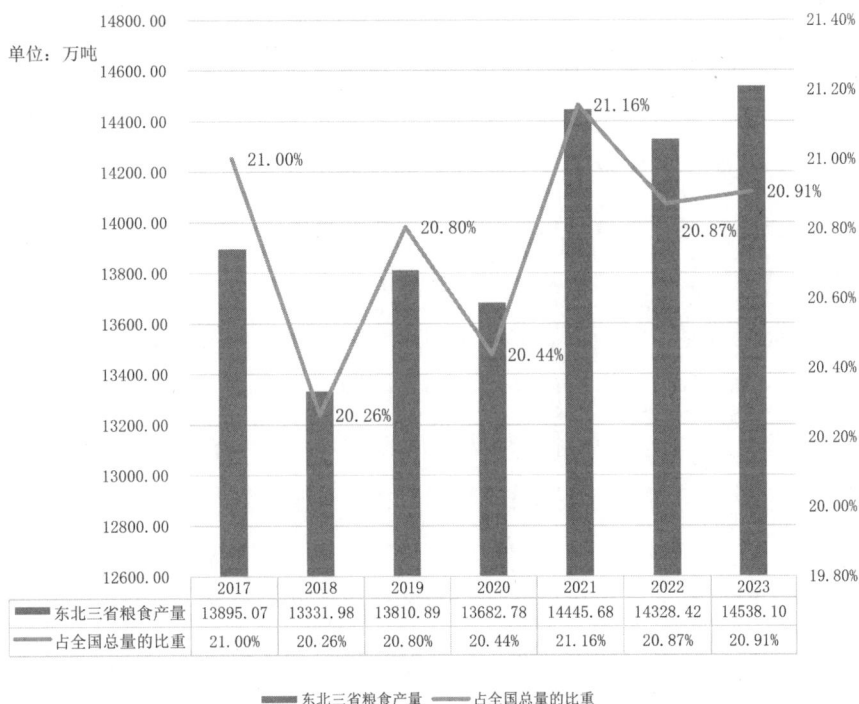

	2017	2018	2019	2020	2021	2022	2023
东北三省粮食产量	13895.07	13331.98	13810.89	13682.78	14445.68	14328.42	14538.10
占全国总量的比重	21.00%	20.26%	20.80%	20.44%	21.16%	20.87%	20.91%

图 3-1　东北三省粮食总产量及占全国粮食总产量比重

数据来源：根据国家统计局，《辽宁省统计年鉴 2023》《黑龙江省统计年鉴 2023》《吉林省统计年鉴 2023》，黑龙江省、吉林省、辽宁省 2023 年国民经济和社会发展统计公报数据整理计算。

表3-14　东北三省主要农产品产量

年份	粮食			
	总量	谷物	豆类	薯类
2017	13895.07	12910.88	806.00	172.38
2018	13331.98	12410.46	759.24	157.69
2019	13810.89	12793.26	895.29	115.89
2020	13682.78	12556.71	1028.70	93.44
2021	14445.68	13539.48	819.33	83.26
2022	14328.42	13186.39	1073.32	66.23

数据来源：根据国家统计局，《辽宁省统计年鉴2023》《黑龙江省统计年鉴2023》《吉林省统计年鉴2023》，黑龙江省、吉林省、辽宁省2023年国民经济和社会发展统计公报数据整理计算。

（二）东北地区具有丰富的森林资源优势与生态基础

东北三省自然资源禀赋条件较好，海洋、河流、湿地、山川、森林、草原、冰雪资源一应俱全，是我国北方重要的生态屏障。东北森林带位于我国东北部，地处欧亚大陆东缘，拥有大小兴安岭森林、长白山森林以及三江平原湿地三个国家重点生态功能区，这些区域构成了我国重要的森林分布区、重要的森林工业基地和木材战略储备基地。[1]东北三省的木材蓄积量达到36.96亿立方米，占全国木材总蓄积量的1/3。黑龙江省、吉林省、辽宁省森林覆盖率均达到40%以上，分别为47.3%、45.42%、42%。同时，东北森林带是众多珍稀候鸟的重要迁徙地，为百余种野生动物、数千种植物构建了生物多样性的保护网络，是气候变化的敏感区和重要的碳汇区。林区还出产素称东北"三宝"的貂皮、鹿茸与人参。三江平原为主的湿地是我国和东亚地

---

[1]《东北森林带生态保护和修复重大工程建设规划（2021—2035年）》，https：//www.gov.cn/zhengce/zhengceku/2022-01/14/content_5668164.htm。

区最大的连片湿地。域内湿地面积 434.5 万公顷，宽阔的河谷和平原形成了大面积的沼泽湿地，面积 355.9 万公顷，占湿地面积的 81.9%。此外，分布有镜泊湖、兴凯湖、天池等与火山活动有关的湖泊资源。滩涂宽广，泡沼星罗棋布。黑龙江、乌苏里江、图们江、鸭绿江、松花江等河流淡水资源丰富，为区域内的供水、灌溉农业以及工业用水提供了保障。总的来说，东北三省是华北乃至整个北方重要的生态屏障，其生态资源的品类和存量在全国具有独特性优势，为生态旅游提供了良好的基础。对维护国家"五大安全"具有十分重要的战略地位。东北地区的生态建设同样涉及俄罗斯、蒙古国等中国北方接壤国家的共同生态环境利益。

（三）东北地区具有优良的矿产资源优势与产业基础

东北地区是中国矿产资源种类最丰富的区域，涵盖了铁、铜、铅锌等多种金属矿藏，以及石油、煤炭、天然气等能源资源，是全国生产石油最多的地区。2023 年，东北三省原油产量达 3368.9 万吨，占全国总产量的 20.92%。大庆、吉林、辽河是东北地区的主要油田。特别是作为我国目前最大的原油供应基地的大庆油田，其累计生产原油量已超过 25 亿吨，占全国陆上原油总产量的比重达 36%，为保障国家能源安全和支撑国民经济的发展等作出了卓越贡献。东北的大煤矿所在地有抚顺、鸡西、鹤岗，辽宁的鞍山和本溪铁矿也闻名全国。从产业基础的角度来看，东北地区丰富的矿产和能源资源在满足国内外市场需求、推动工业发展等方面发挥了重要作用。东北三省覆盖了联合国产业分类中的全部工业门类，具有 41 个工业大类和 666 个工业小类，是全国产业链最为完整的地区。并且构建了以钢铁、机械、石油、煤炭、化学等重工业为核心的工业体系框架，是重要的钢铁、机械、能源和化工基地。以原油为例，东北地区代表性的主要原油炼化有大连市、盘锦市、大庆市、锦州市、吉林市、辽阳市，原油加工能力均达到每年千万吨以上，其中，大连原油加工能力达 3050 万吨 / 年。

总的来说，东北作为中国的老工业基地，产业基础雄厚，人才科技资源丰富。东北地区的装备制造业、资源能源产业和技术水平较高，附加值及竞争力强。这些产业基础为东北地区的经济发展提供了坚实的支撑。东北地区凭借所具有的资源优势与周边国家形成良好的互动发展，俄罗斯与蒙古国拥有丰富的能源储备与矿产资源，日本与韩国则是资源较为匮乏且资源利用率较高的国家，东北地区可以充分有效利用资源优势，与邻国实现优化资源配置，从而推进东北地区经济发展和参与国际经济合作的进程。2023 年东北三省主要能源、工业品产量见表 3-15。

表 3-15　2023 年东北三省主要能源、工业品产量

产品名称	单位	辽宁省	吉林省	黑龙江省	三省产量	在全国占比
原煤	万吨	2861.5	912.4	6813.5	7725.9	2.27%
原油	万吨	982	397.9	2971	3368.9	20.92%
天然气	亿立方米	8.1	19.3	59.4	78.7	3.78%
生铁	万吨	6948.9	1359.89	865.7	2225.59	10.53%
粗钢	万吨	7344.1	1452.5	956.4	2408.9	9.57%
钢材	万吨	7848.4	1588.22	933.3	2521.52	7.61%
汽车	万辆	94.3	155.89	9.04	164.93	8.61%
新能源汽车	万辆	13	11.78	0.54	12.32	2.64%

数据来源：根据国家统计局官方网站，辽宁省、吉林省、黑龙江省统计局 2023 年统计数据整理计算。

第二节　地缘与区位优势越发重要

东北地区地处东北亚中心区域，北部与俄罗斯、蒙古国接壤，东部与朝鲜半岛相接，与日本和韩国隔海相望。既与亚太国家和地区沟通紧密，向内

又与京津冀地区以及东部沿海的省市互相依存，是促进国内大循环、联通国内国际双循环的重要区域。东北三省凭借沿海、沿边的区位优势，依据各自区位特点建立了由公路、铁路、水路组成的立体化口岸物流基础设施网络，打造了由沿海、沿江、航空和内陆边境组成的全方位立体化口岸开放体系。同时，东北三省依托平台载体建设与国家战略支持，积极推动"辽宁沿海经济带""龙江陆海丝绸之路经济带""长吉图开发开放先导区"的建设进程，区位优势转为开放优势的进程不断加快，对外交流合作程度不断加深，在国家推进对俄及东北亚高水平对外开放、着力打造对外开放新前沿的重要作用日益凸显。

一、辽宁省的区位优势

首先，地理位置优越。位于东北地区的最南部，陆地面积 14.87 万平方公里，海域面积 15 万平方公里，大陆海岸线全长 2290 公里。辽宁省地处环渤海和东北亚经济圈核心地带，处于东北经济区与北京、天津和河北等大都会圈的交界处，南部临接黄海与渤海，与日本、韩国隔海相望，西北毗连内蒙古自治区，东北部与吉林省为邻，东南则以鸭绿江为界，与朝鲜仅一江之隔，是中国东北地区唯一既沿海又沿边的省份。大陆海岸线东起鸭绿江口，西止辽冀分界。这种独特的地理位置使辽宁省成为实现东北地区陆海统筹协调发展的重点区域，是东北地区推进对外开放、对接亚太经济发展圈的关键地带。北接东北经济发展区，且延伸至蒙古国和俄罗斯直至欧洲，南与山东半岛经济区实现有效融合发展，西接京津冀发展圈，东与日韩发展战略对接，是中国面向东北亚最近的出海口，是欧亚大陆通向太平洋的重要通道。有利的地理区位优势不仅利于对外贸易和区域合作，还为经济发展提供了良好的条件。

其次，交通网络完备。辽宁省的基础设施完善，基本形成综合性交通运输体系，其铁路网和公路网密度居于全国前列。一是铁路方面，辽宁省的中欧班列已建立起"三通道六口岸"的全面覆盖发展格局，目前已开通至 11

个境外城市的终到站，其货物运输网络覆盖全球超过 20 个国家的 50 多个城市。[①] 2023 年，辽宁省开行中欧班列共 780 列，发送货物 8.6 万标准箱，增长 29.5%，稳居东北地区第一、全国前列。截至 2023 年底。全省境内铁路营业总里程（不包括地方铁路）达到 6302 公里；高速公路通车里程 4409 公里。[②] 二是港口方面，辽宁省拥有 6 个主要港口和 20 个港区，这些港口已成为东北地区能源、粮食和集装箱运输中转的关键核心枢纽。以大连港为中心的港口集群，具有东北亚航运的显著优势。同时，泊位的供给和通过能力十分充足。截至 2023 年底，辽宁省共拥有生产性泊位 440 个，其中超过万吨级的泊位共 257 个，设计的年通过能力达 7.7 亿吨。2023 年，港口货物吞吐量 7.6 亿吨，集装箱吞吐量 1289.8 万标准箱。三是空港方面，辽宁省拥有东北地区最为通畅和完备的空港网络，在沈阳、大连等城市拥有 8 个民航机场，已开通 453 条航线，通达国内 128 个城市和 20 个境外城市。沈阳、大连与日韩、东南亚、欧美等国家现有国际航线 52 条。2023 年，辽宁省通过公路、铁路、水运和民航四种运输方式共完成了 18.0 亿吨的货物运输量，全年旅客运输量 2.9 亿人次，全年旅客运输周转量 894.5 亿人公里。[③] 交通基础设施的完善，不仅提升区域内的物流效率，也促进经济快速发展。

再次，开放载体完善。辽宁作为东北亚区域枢纽，一是口岸功能持续发挥作用，辽宁以沈阳、大连、营口、锦州、丹东、盘锦等一类口岸为代表的 13 个口岸为载体，构成了东北地区唯一的陆海双重门户，在东北亚区域合作中发挥重要的区位作用。二是辽宁自由贸易试验区建设成效显著，自由贸易试验区建设运营 7 年来，以制度创新为核心，圆满完成了国家赋予的 123 项试点任务。在省内已复制推广了 207 项改革创新经验，其中 16 项特色改革创新成果

---

① 《畅通海陆通道 打造开放前沿》，https：//www.ln.gov.cn/web/qmzx/lnsqmzxxtpsnxd/lnzxd/bm/2024062009055886088。

② 《省情况——辽宁概况》，https：//www.ln.gov.cn/zjln/lngk。

③ 《辽宁省 2023 年国民经济和社会发展统计公报》，https：//tjj.ln.gov.cn/uiFramework/js/pdfjs/web/viewer.html?file=/tjj/attachDir/2024/03/20240328815431143514.pdf。

已在全国范围内复制推广。[①] 截至 2024 年 4 月，辽宁省自由贸易试验区新注册企业超过 10 万户，注册资本总额超过 2 万亿元，累计使用外资达到 49.9 亿美元。[②] 2023 年，辽宁自由贸易试验区共引入 163 个投资额超亿元的项目。外贸进出口总额 1264.3 亿元，占全省比重的 16.5%；实际利用外资 7.5 亿美元，占全省的 22%，开放引领作用增强。三是海关特殊监管区引领发展，全省共有 5 个综合保税区。大连保税区是我国首批加工区试点，该区域已发展成为集保税区、出口加工区与保税港区管理功能于一体的特殊经济区域，既是东北地区与全球经济运行接轨的重要开放平台，也是连接国内国外市场的重要纽带。截至 2023 年，辽宁省拥有 9 个国家级经济技术开发区、1 个国家级边境经济合作区以及 81 个省级经济技术开发区，此外，还有 5 个城市获批国家级跨境电子商务综合试验区。[③] 这些平台都是拉动区域经济发展的重要载体。

二、吉林省的区位优势

首先，地理位置与境外对应区域资源的叠加优势。吉林省位于中国东北地区中部，是全国 9 个边境省份之一，辖区面积 18.74 万平方公里，有 1438.7 公里的边境线。吉林省具有沿边近海优势，东与俄罗斯联邦接壤、东南与朝鲜隔江相望，是国家"一带一路"向北开放的重要窗口。吉林省具有相对完善的铁路、公路、机场等交通网络，设有 17 个国家级边境口岸，且口岸基础设施齐全、功能完备，以东北亚区域几何中心的优势区位辐射俄罗斯、朝鲜、韩国、日本、蒙古国五国。吉林省与俄罗斯和朝鲜接壤的边境对应区域资源丰富，在国内区域地理优势的基础上，还拥有便利的天然国际地域资源，形成叠加优势。吉林省与朝鲜接壤的咸镜北道、两江道和慈江道域内矿

① 《辽宁自贸试验区新增注册企业超 10 万户》，http：//dltb.mofcom.gov.cn/article/dbswyx/zmq/202404/20240403505883.shtml。

② 《辽宁自贸试验区挂牌运行七周年新增注册企业突破十万户》，https://www.ln.gov.cn/web/ywdt/zymtkln/20240411115335540995/index.shtml。

③ 《辽宁省"十四五"对外开放规划》，https://fgw.ln.gov.cn/fgw/attachDir/2024/04/2024040716123441405.pdf。

产、渔业、木材、旅游资源丰富。在吉林省珲春市为中心的 200 公里沿边区域内，分布着俄罗斯的符拉迪沃斯托克（海参崴）港、扎鲁比诺港，以及朝鲜罗津港、先锋港等多个港口，对外通道方面具有显著优势。

其次，"长吉图开发开放先导区"发展战略的重要作用。图们江流域起源于中朝边境的长白山，流经朝鲜与俄罗斯，其入海口距吉林省边境仅 15 公里，与日本隔海相望，是对中、俄、朝有着重要战略意义的特殊三角之地。图们江国际次区域合作是由中、俄、朝、韩、蒙五个国家作为成员国共同参与的重要合作项目，旨在推动东北亚各国区域合作，是我国参与的重要国际次区域合作机制之一，也是东北亚区域目前唯一的政府间区域合作机制。吉林省作为中国在该区域合作中的主要代表，以"长吉图"为核心区域，一直在图们江国际次区域合作中扮演着关键角色。此外，吉林省还搭建了中国—东北亚博览等国际平台，旨在促进东北亚区域内各国的投资合作。2009 年，国务院正式批复了《中国图们江区域合作开发规划纲要——以长吉图为开发开放先导区》，明确提出了加快长吉图开发开放先导区建设、积极推动"长吉图"与国内区域联动，以及大力推进图们江国际区域合作等战略任务。[①] 长吉图开发开放先导区是我国沿边开发开放的重要区域和东北亚经济技术合作的重要平台，对于深化吉林省沿边开放发挥了关键作用。

再次，国家层面对朝合作与长吉图战略实施的政策支撑。一是批准设立中国图们江区域（珲春）国际合作示范区。吉林省珲春市位于中国、朝鲜、俄罗斯三国交界处的独特位置，作为"长吉图开发开放先导区"的"窗口"城市和东北亚国际合作的新平台，珲春市在东北亚区域格局中发挥着不可或缺的重要作用。1992 年，珲春市获批国务院首批 14 个沿边开放城市，设立边境经济合作区，并赋予省级外贸管理权。2012 年，中国图们江区域（珲春）国际合作示范区正式获批设立。在吉林省构建了以长春、吉林为中心腹地，延边地区作为开放前沿，珲春作为重点开放窗口的呈点、线、面状分布的发展格局。珲春

---

① 参见李铁：《聚焦东北亚（图们江）国际合作　从愿景到行动》，吉林出版集团股份有限公司，2016 年版。

已发展为东北亚地区的重要综合性交通运输枢纽与商贸物流中心。通过开通经俄罗斯扎鲁比诺港至韩国釜山的"铁海联运"航线，稳步推进了"借港出海"的战略。随着中国与俄罗斯就"冰上丝绸之路"建设达成共识，珲春市的对外开放合作水平持续提升，并不断发挥示范引领作用。二是批准成立长春兴隆综合保税区、珲春综合保税区。2014年，长春兴隆综合保税区正式封关运营，其目标在于促进"长吉图"边境窗口与腹地产业之间的联动合作，以加速图们江开放开发的发展步伐。运营10年来，外向型开放平台功能日益完善，现已形成了一类铁路和进口肉类两个口岸、长满欧班列和对俄货运包机航线两个通道、国际贸易和高端制造两个体系，以及国际陆港物流、进出口商品展示交易、国际快件中转、冷链查验与仓储等四个平台的运营格局。[①] 珲春综合保税区于2019年揭牌运营，将区位优势与综保区政策优势叠加，主攻跨境电商平台经济，旨在推动跨境电商产业的发展。三是推动中朝两国共同开发和管理罗先经济贸易区。罗先经贸区是中朝合作的一项务实创新举措，为加强吉林省与朝鲜之间的合作、内贸外运等在港口与劳动力方面提供了重要支撑，同时也是吉林省实现沿边开放战略的重要外延。吉林省利用公路和铁路进行内贸货物跨境运输和货物转口贸易，出口的货物在吉林省保税区等海关特殊监管区内，可实现直接免税出口至罗先经贸区。双方可在现有的特殊功能区间内实现货物自由流通，为加工贸易发展创造了有利条件。

三、黑龙江省的区位优势

首先，地缘位置优越。黑龙江省是中国地理位置最北、纬度最高的省份。其南部与吉林省相连，西部与内蒙古自治区毗邻，北部和东部则与俄罗斯联邦隔江相望。全省总面积为47.3万平方公里，位列全国第六。拥有国家一类口岸27个，口岸数量居全国第二。边境线长2981.26公里，占中俄边境线的69%，与俄罗斯远东地区的滨海边疆区、哈巴罗夫斯克边疆区、犹太自

---

① 参见赵晋平：《东北振兴中的对外开放新前沿建设》，辽宁人民出版社，2020年版。

治州、阿穆尔州和外贝加尔边疆区相邻。黑龙江省凭借与俄罗斯远东地区的地缘优势，是全国最早开展对俄经贸的省份之一。长期以来，俄罗斯一直稳居黑龙江省的第一大贸易伙伴的地位，双方经贸合作基础坚实，黑龙江着力推进与俄罗斯的全方位合作，已经成为我国向北开放重要窗口。2023 年，黑龙江省对俄进出口总额达 2103.95 亿元人民币，较上年增长 13.5%，占全省进出口总额的 70.64%，占全国对俄进出口总额的 12.4%。随着高质量共建"一带一路"走深走实，黑龙江省积极融入共建"一带一路"与"中蒙俄经济走廊"建设，跨境通道建设不断完善，口岸通关能力和便利化程度显著提升，黑龙江省已成为我国对俄开放合作的前沿和东北亚中心区域的重要节点，是我国向北开放的重要窗口。

其次，开放平台丰富。黑龙江省拥有国家自由贸易试验区、国家重点开发开放试验区、跨境电商综合试验区和边境经济合作区等多个开放平台。哈尔滨新区形成"六区叠加"优势，"双自联动、融合发展"，迈入了全面创新改革发展的黄金期。特别是中国（黑龙江）自由贸易试验区，是连接中蒙俄经济走廊和亚欧国际货物运输大通道的关键节点，重点培育新一代信息技术、新能源和新材料等战略性新兴产业。2019 年 8 月，中国（黑龙江）自由贸易试验区获准设立，涵盖哈尔滨、黑河与绥芬河三大片区[①]，承载打造我国对俄及东北亚为重点的开放合作高地的重任[②]，力图建成国家向北开放的重要窗口。以制度创新为核心，在投资领域改革、贸易转型升级、跨境合作等领域大胆试验，总结出一批制度创新成果和改革经验，对外贸易不断创新高。

---

① 功能划分：哈尔滨片区——重点发展新一代信息技术、新材料、高端装备、生物医药等战略性新兴产业，科技、金融、文化旅游等现代服务业和寒地冰雪经济，建设对俄罗斯及东北亚全面合作的承载高地和联通国内、辐射欧亚的国家物流枢纽，打造东北全面振兴全方位振兴的增长极和示范区；黑河片区——重点发展跨境能源资源综合加工利用、绿色食品、商贸物流、旅游、健康、沿边金融等产业，建设跨境产业集聚区和边境城市合作示范区，打造沿边口岸物流枢纽和中俄交流合作重要基地；绥芬河片区——重点发展木材、粮食、清洁能源等进口加工业和商贸金融、现代物流等服务业，建设商品进出口储运加工集散中心和面向国际陆海通道的陆上边境口岸型国家物流枢纽，打造中俄战略合作及东北亚开放合作的重要平台。

② 《中国（黑龙江）自由贸易试验区概况》，https://ftz.hlj.gov.cn/intro.html。

围绕对外合作、降低物流成本、培育特色产业和新业态新模式等方面进行了深入探索，已拥有超过 300 项制度创新成果。2024 年 1—3 月，自由贸易试验区进出口实现 154.77 亿元，同比增长 32.6%，占全省的 19.4%。[①] 以哈尔滨片区为例，近 5 年进出口总额与新设外资企业数的年均增速分别为 38.1%、31.6%，均高于全省 3 个百分点以上。2023 年，外贸依存度达 22.4%，较 2019 年提高 17.5 个百分点；外贸经济贡献度达 182.5%，较 2019 年提高 186.3 个百分点，经济带动作用显著增强。

再次，通道体系完善。一是交通网络格局完善。黑龙江省已基本构建起以航空、公路、铁路及航运为主体的现代化立体交通格局。全省除哈尔滨太平国际机场外，还建成了 13 个支线机场；各级公路总里程达 16.84 万公里，其中高速公路近 4700 公里；高铁网络覆盖全省，形成了以哈尔滨市为中心的 1—2 小时高铁交通圈。[②] 二是跨境基础设施多点突破。同江铁路大桥和黑河公路大桥等重要通道常态化运营，打通了黑龙江省向北开放新通道，进一步提升了口岸效能，为提升互联互通水平奠定了坚实基础。三是打造中欧班列"东通道"，绥芬河铁路口岸、同江铁路口岸分别于 2018 年、2023 年开通中欧班列运输通道；基于"滨海 1 号"国际运输走廊，黑龙江省已常态化运营"哈绥俄亚"陆海联运集装箱运输线路。进一步加大了黑龙江省与华东、华南等地的互联互通，打通了日韩、北美以及东南亚的国际贸易通道。

最后，战略优势支撑。黑龙江省于 2015 年推出《推进东部陆海丝绸之路经济带建设工作方案》，旨在构建哈满俄欧铁路跨境运输网络体系。该方案明确了加快基础设施互联互通建设、增强能源资源合作与开发力度、推进跨境产业园区和产业链建设等重点工作目标。一系列推进东部陆海丝绸之路经济带建设的措施，为黑龙江省扩大沿边开发开放、促进对俄经贸合作转型升

---

① 《黑龙江构筑向北开放新高地》，www.gov.cn/lianbo/difang/202405/content_6952265.htm。
② 《黑龙江省人民政府关于印发〈黑龙江省旅游业高质量发展规划〉的通知》，https://www.hlj.gov.cn/hlj/c108376/202311/c00_31685246.shtml。

级、构建发展外向型产业体系的重要支撑。① 随后,《"中蒙俄经济走廊"龙江陆海丝绸之路经济带建设规划》纳入国家发展战略,标志着"一带一路"背景下黑龙江省对外开放新格局全面构建,在东北亚区域经济合作中的地位愈加凸显,为深化对外开放提供支撑引领。

四、东北的区位优势

东北地区在推进高水平对外开放、着力打造对外开放新前沿具有不可替代的区位优势。

首先,沿边沿海的地缘优势。东北三省地处东北亚核心区域,北部与俄罗斯、蒙古国接壤,东部与朝鲜半岛相接,与日、韩隔海相望,与俄罗斯、朝鲜有着 4725.96 公里的边境线。同时,东北地区向外与亚太国家和地区保持紧密沟通,向内与京津冀地区和东部沿海省市相互联通,是具有畅通国内国际双循环重要作用的关键区域。一方面,与朝鲜半岛接壤、与日韩隔海相望的优越地理位置,使东北地区成为中国向东北亚开放合作的重要窗口;另一方面,与欧洲有陆海通道相连的独特区位优势促使东北地区成为"一带一路"建设的重要节点和连接欧亚大陆的重要通道。东北三省凭借着各自的地缘区位优势,在东北亚区域经济合作中发挥着积极作用。通过辽宁省着力打造东北亚经贸合作先行区,充分发挥航运枢纽作用,推进沿海经济走廊建设,打造以大连、丹东、营口等为代表的沿海港口开放中心与建设东北亚国际航运中心;通过吉林省着力打造面向东北亚开放核心区,利用沿边近海优势,深入推进长吉图开发开放先导战略,"东联西进"与"借港出海"等战略助推东北地区拓展东北亚国际合作;通过黑龙江省着力打造对俄及东北亚合作中心,积极推进陆海丝绸之路经济带建设,发挥我国对俄贸易和经济合作的重要窗口作用,是"一带一路"倡议与中国向北开放的重要节点。

其次,交通体系与通道优势。东北地区构建高水平立体化开放通道体

---

① 宋琳琳:《对东北亚地区开放战略的升级研究——以黑龙江省为例》,《东北亚经济研究》2018 年第 12 期。

系，全力打造面向东北亚地区的中心枢纽。一是拥有大量且发达的高铁、铁路、高速公路、航空等立体化交通基础设施网络。大连、营口、丹东等重要海港、滨洲线、滨绥线、哈大线等铁路干线，松花江等主要的内河航线，为东北地区与国内外的物流运输提供了便利条件。开通了874条直达国内主要机场及日本、韩国、俄罗斯、美国等国际航线，形成了联通国内各港口以及全球160多个国家和地区的海上运输交通网络。此外，还有"西伯利亚力量"天然气管道等重要基建项目。2023年，国家确立哈尔滨、沈阳、大连3个东北国际交通枢纽城市，齐齐哈尔、长春、营口、吉林4个全国性交通枢纽城市，东北的交通运输网已成为国家综合立体交通网规划，实现国际国内互联互通的重要组成部分。二是拥有沿海沿边的优良港口、铁路、公路和航空口岸。东北三省拥有56个国家级开放口岸（辽宁省13个、吉林省16个、黑龙江省27个，见表3-16），占全国对外开放口岸总数的17.8%，其中包含21个中俄边境口岸、16个中朝边境口岸。大连稳步推进东北亚国际航运中心和港口群的建设，货物吞吐量跻身世界前十，为推动辽宁沿海经济带的全方位开发开放提供了重要支撑；黑龙江省积极融入共建"一带一路"与"中蒙俄经济走廊"建设，发挥我国对俄开放合作的前沿和东北亚中心区域的重要窗口作用；吉林省加快建设长吉图开发开放先导区连接图们江的国际大通道，加快中朝通道、边境口岸以及跨国陆海联运航线的开发与利用。东北地区构建了海陆空协同发展的立体化口岸开放格局，形成了作为我国向北开放的重要窗口和对东北亚地区合作中心枢纽的开放型体系。

表3-16　东北三省国家级开放口岸

省区	辽宁省（13个）	吉林省（16个）	黑龙江省（27个）
航空口岸	沈阳、大连	长春、延吉	哈尔滨、齐齐哈尔、牡丹江、佳木斯
铁路口岸	丹东	集安、图们、珲春	哈尔滨、绥芬河、同江

续表

省区	辽宁省（13个）	吉林省（16个）	黑龙江省（27个）
公路口岸	丹东	珲春、集安、图们、长白、圈河、南坪、临江、三合、古城里、开山屯、沙坨子	绥芬河、密山、东宁、虎林、黑河、黑瞎子岛客运口岸（正在建设）
水运（海港、河港）口岸	营口、锦州、大连、丹东、葫芦岛、盘锦、旅顺新港、庄河、长兴岛	—	饶河、富锦、同江、抚远、萝北、嘉荫、黑河、逊克、漠河、孙吴（因俄方始终未建设而未开通运行）、呼玛（因俄方始终未建设而未开通运行）、哈尔滨（已丧失港口功能）、佳木斯（停航）
步行口岸	—	—	黑河（正在建设）

资料来源：整理自中国口岸协会官方网站（https：//caop.org.cn/）。

再次，开放发展的平台优势。东北现有大批对外开放平台。一是拥有辽宁自由贸易试验区（大连、沈阳、营口三个片区）、黑龙江自由贸易试验区（哈尔滨、绥芬河、黑河三个片区）、长吉图开发开放先导区等重要开放载体。辽宁、黑龙江自由贸易试验区自建设运营以来已累计培育约600项制度创新成果；大图们倡议机制突出和强化吉林省在次区域合作中的主体地位。二是拥有18个包括保税区、综合保税区、保税物流园区等在内的海关特殊监管区，以及中日（大连）地方发展合作示范区、中韩（长春）国际合作示范区、绥芬河—东宁重点开发开放试验区、经济技术开发区、边境经济合作区等多元化、专门性的开放发展平台。三是相继设立了大连金普新区、哈尔滨新区、长春新区、沈阳沈抚新区，致力于推动东北地区全面振兴与全方位振兴、打造东北亚区域中心城市。金普新区既是东北地区海陆联运中心，同时也是东北亚国际航线的重要枢纽，功能定位是打造东北亚区域开放合作的战略高地；哈尔滨新区位于"一带一路"的重要节点，是东北地区对俄全面合作的重要承载区，也是对东北亚国家开展经贸合作的重要枢纽；长春新区作为图们江区域合作开发的重要平台，是长吉图开发开放先导区的核心腹地，重点打造创新经济发展的示范区。

第三节　振兴积淀的开放潜力凸显

改革开放以来，东北地区众志成城、砥砺奋进，取得了改革开放和社会主义现代化建设的历史性跨越。改革开放 40 多年，东北地区积淀的经济社会发展基础在面向东北亚的开放合作中的维护国家"五大安全"方面展现巨大潜力；东北振兴 20 年，东北地区对外开放综合实力在全面开放打造我国对俄及东北亚开放重要门户方面展现巨大潜力；党的十八大以来的 10 年，东北地区在推动高水平开放、构筑我国向北开放新高地方面展现的巨大潜力。随着世界政治经济格局发生深刻变化，东北亚是世界经济增长多极格局中的重要一极，东北地区作为东北亚区域中心和"一带一路"建设的重要节点，振兴积淀的开放潜力将使东北在未来的世界经济增长中发挥重要作用。

一、辽宁省的开放潜力

（一）改革开放 40 年，积淀了全面开放的经济社会发展的潜力

一是综合经济实力积淀，为全面开放积淀了坚实的物质基础与经济增长潜力。从 1978 年到 2017 年，辽宁省的地区生产总值从 229.2 亿元增长到 2.34 万亿元，人均国内生产总值从 680 元增长到 5.35 万元，分别是 1978 年的 30.3 倍和 23.8 倍。[1] 居民收入和消费水平的提升，积淀了拉动区域经济增长的消

---

[1]《"改革开放 40 年辉煌成就"主题系列新闻发布会（一）》，https：//www.ln.gov.cn/web/spzb/2018nxwfbh/D070B60CECCD4B07AD8F76F8AC6467CD/index.shtml。

费潜力和强大的内需动力。从 1978 年到 2017 年，辽宁省城镇居民的人均可支配收入从 363 元增长到 34993 元，农村居民的人均可支配收入从 185 元增加至 13747 元。二是对外开放不断扩大。为全面开放奠定经济贸易与国际合作基础。对日、韩的贸易规模形成特色，辽宁省为构筑多元国际经济开放格局奠定了基础。2017 年，辽宁省的进出口总额达到 6737.4 亿元人民币，是该省 1979 年进出口贸易水平的 37 倍，年均增速为 11.2%。在吸引外资方面，截至 2017 年底，辽宁省累计实际利用外资高达 2220 亿美元，其中，吸引了 200 余个世界五百强企业的投资项目。2018 年，辽宁正式成为中国—中东欧国家地方省州长联合会的中方主席省，为进一步巩固和扩展与中东欧国家的多领域合作提供了重要支撑。三是基础设施日益优化，为全面开放积淀了融入国家"一带一路"倡议、深度参与国际经贸合作的潜力。辽宁省持续完善现代化综合交通运输网络。截至 2017 年底，全省高速公路总里程数达到了 4212 公里，实现了全省所有县市均连通高速公路的目标。铁路运营里程达到 5950 公里，民航通航里程达 3143 万公里。同时，辽宁省拥有 421 个生产用码头泊位，港口货物吞吐量达到 11.3 亿吨。四是工业规模不断扩大，为全面开放积淀了高技术制造业增长、科技创新驱动发展的潜力。1978 年至 2017 年工业经济总量由 396.6 亿元增加到 2.3 万亿元，工业企业数从 1.4 万户增加到 12.4 万户。"辽宁舰"入列、首艘国产航母、舰载歼击机等先进装备制造的大国重器为国家工业、军事、科技事业发展做出重要贡献。辽宁省坚持科技创新，持续提升新能源汽车、航空航天装备和高技术船舶等产业技术水平。同时，中高端数控机床、工业机器人等智能装备产业也展现出强劲的发展势头，这些产业的发展水平在国内处于领先地位。五是农业综合能力大幅提升，为全面开放积淀了粮食安全保障、农业现代化建设发展的潜力。辽宁省不仅成功实现从粮食短缺到自给有余的历史性转变，而且大幅提升了农、林、牧、渔业的生产能力。2017 年，辽宁省的粮食总产量达到了 2330.7 万吨，是该省 1978 年粮食总产量的 2.1 倍。农业现代化进程不断加快，其农业机械总动力达到 2224.5 万千瓦，机耕面积 383.9 万公顷，分别是 1978 年该指标的 4.3 倍和 1.9

倍。此外，农作物耕种收综合机械化水平也达到了 78.5%。

（二）东北振兴以来的 20 年，积淀了打造东北亚开放合作枢纽的潜力

一直以来，辽宁省在东北对外开放的进程中，打头阵、当先锋、做领头羊，其面向世界的开放对东北地区提高对外开放水平起到重要的引领作用，开放型经济实现了持续快速发展，为进一步推动高水平对外开放发展积蓄了能量。[①]

一是开放影响力不断扩大，为高水平开放积淀了促进区域合作全方位发展的潜力。通过举办夏季达沃斯论坛、全球工业互联网大会等重大经贸活动，利用中国辽宁省—德国巴登符腾堡州经济技术合作混合工作委员会、辽宁省·京畿道·神奈川县三省县道友好交流大会等对外联络平台机制，通过举办中东欧国家代表团"辽宁行"等活动，以及利用中国国际进口博览会和中国进出口商品交易会等国家级国际经贸平台，全方位、多层次凸显了辽宁省对外开放的国际影响力。二是开放载体建设逐步完善，为高水平开放积淀了推进制度型开放的潜力。辽宁省自贸区的建设已取得阶段性成果，圆满完成了国家赋予的 123 项试点任务。113 项改革创新经验已在省内复制推广，12 项特色改革创新成果在全国范围内复制推广。全省正式开放口岸数量达到 13 个，综合保税区数量达到 5 个，中欧班列通达 10 个国家的 40 多个城市。沈阳、大连与日韩、东南亚、欧美等国家现有 52 条国际航线，沈阳至法兰克福空中航线顺利复航。三是招商引资成效显著，为高水平开放积淀了创新制度增强引资磁力的潜力。投资领域逐渐由传统的冶金、石化等行业领域拓展到了新一代信息技术产业、智能制造、新能源、生物医药和现代服务业等新兴领域。华晨宝马、华晨雷诺、大连英特尔、日本电产等一批重大内外资项目的外资持续增加。同时，华为、京东、腾讯等全球五百强企业也先后与辽宁省签订了战略合作协议。四是对外货物贸易稳中提质，为高水平开放积淀了

[①]《辽宁省"十四五"对外开放规划》，fgw.ln.gov.cn/fgw/attachDir/2024/04/20240407l6123441405. pdf。

深化合作激发市场活力的潜力。大连金普新区获批为国家进口贸易促进创新示范区，丹东市新设 5 个边民互市贸易区，通过外贸综合服务企业、跨境电子商务综合试验区、外贸转型升级基地、国际营销网络等外贸新业态的发展持续推动服务贸易优化发展。计算机和信息服务、研发设计、知识产权使用等知识密集型服务贸易产业发展迅速。五是对外投资有序推进，为高水平开放积淀了整合区域内的产业链与供应链的潜力。辽宁省成功并购了包括美国罗宾斯、杜尔集团全资子公司、德国卡酷思等在内的多个跨国投资项目。孟加拉国帕亚拉一期二期燃煤电站 EPC 项目，以及伊拉克萨拉哈的燃油气电站等重大国际项目工程推进实施。同时，特变电工沈变集团在几内亚正式启动了阿玛利亚水电站的投资、建设及运营的一体化项目。六是开放合作领域不断拓展，为高水平对外开放积淀了多元化发展的潜力。辽宁省在人文交流、科教文卫及金融等领域的对外开放取得新的进展。逐步构建了更加完善的国际合作科技项目、科技合作基地、联合研发机构的国际科技合作体系。此外，"'一带一路'辽宁科技创新合作周""海外学子创业周"等活动的影响力持续扩大。与东北亚、中东欧、非洲等国家友好交流频繁，开展了中日传统文化友好交流等众多人文交流活动。

二、吉林省的开放潜力

（一）改革开放 40 年，积淀了构建开放型经济的经济社会发展的潜力

首先，经济社会发展取得了显著成效，积淀了农业现代化建设综合实力与农产品"走出去"的潜力。吉林省生产总值跨上万亿元台阶，2018 年，全省实现地区生产总值 15074.62 亿元。[①] 农业现代化"三大体系"建设加快，粮食总产量连续多年稳定在 350 亿千克以上。吉林省通过持续加强农业装备建设，农作物耕种收综合机械化水平已达到 87.5%，较全国平均水平高 20 个百分点；

[①]《吉林省 2018 年国民经济和社会发展公报》，http://tjj.jl.gov.cn/tjsj/tjgb/ndgb/201904/t20190430_5832413.html。

农业生产结构不断优化，2018 年，籽粒玉米调减面积稳定在 36.67 万公顷；农产品品牌的培育与建设不断加强，重点推进了吉林大米、长白山人参、吉林杂粮杂豆等六大"吉字号"品牌的发展。其次，工业经济结构不断优化调整，积淀了推动全面对外开放综合实力的潜力。吉林省的工业经济整体规模持续扩大。2018 年，全省全部工业增加值达到 5437.11 亿元，同比增长 5%；规模以上工业企业利润同比增长 10.7%，持续保持千亿级以上水平。吉林省的传统支柱产业，如汽车、石化、农产品加工等行业正在加速焕发新的活力，装备制造、医疗康养和生态旅游等优势产业展现出强劲的发展势头。吉林省的节能与新能源汽车、卫星及通用航空、新材料等新兴产业快速崛起并蓬勃发展。中国标准动车组已实现批量生产，"复兴号"已于京沪线正式投入运营。[1] 此外，长春航天信息产业园一期和吉林省一汽大众奥迪 Q 工厂一期等项目已竣工并投产。2018 年，红旗品牌的汽车销量达到 3.3 万辆，同比增长了 602%。

（二）东北振兴以来的 20 年，积淀了"长吉图"面向东北亚高水平开发开放的潜力

首先，对外开放格局初步形成，积淀了通道建设推动高水平对外经济合作发展的潜力。吉林省发挥沿边近海的区位优势，推进基础设施互联互通，积极融入"一带一路"建设，加快建设"长吉图开发开放先导区"。一是中欧班列"长珲欧""长满欧""长同欧"已实现常态化运营。以"长满欧"为例，其既打破了吉林省进出口产品只能依赖沿海沿边和空港口岸转关的现状，也扩大了东北对外开放的半径。放大支柱产业优势，为吉林省融入"一带一路"、建设东北亚区域性中心城市提供了全新路径。2022 年，吉林省中欧班列推出了面向海外的"汽车班列"和"新能源班列"，并分别实现首发，出口 1024 辆汽车、进口 8671 吨清洁能源；同时，"海洋班列"与"煤炭班列"运量同比分别增长 178.2%、20.7%。[2] 二是推进海运通道建设，借港出海一路向

---

① 参见陈耀辉：《中国改革开放全景录吉林卷》，吉林人民出版社，2018 年版。

② 《2022 年我省对外贸易总量创历史新高》，http://gxt.jl.gov.cn/jlqlh/jjxx/202303/t20230308_8676631.html。

东，建港出海向南开放。利用朝鲜港口和俄罗斯港口开展东北亚地区发展经贸往来。"珲春—扎鲁比诺港—宁波舟山港""珲春—扎鲁比诺港—青岛"等实现首航，为促进东北地区向东进入日本海，拓展国际合作与沿海经济的发展奠定了基础。

其次，平台载体内引外联，积淀了全方位多元化平台推动高水平对外开放的潜力。图们江国际次区域合作机制在 20 多年的开放开发中，为吉林省深化沿边开放的发展发挥了重要作用。这不仅体现在互联互通、投资贸易、资源开发等领域的广泛合作交流，还包括统筹推进沿边开放与内陆开放、对外开放与对内合作的联动发展，并深入推动长吉图开发开放与融入环渤海双翼共进，加快"借港出海"战略的实施。通过将沿边近海的地理优势转化为开放优势，辽宁省进一步拓展了振兴发展的空间。此外，中国（长春）跨境电子商务综合试验区、珲春综合保税区，以及以长春新区为核心的长吉图国家科技成果转移转化示范区相继获批。长春新区、中韩（长春）国际合作示范区、珲春海洋经济发展示范区等推进建设，共同在吉林省的对外开放的发展进程中发挥重要平台作用。此外，中国—东北亚博览会、吉商大会等平台影响力日益扩大。始于 2005 年的中国—东北亚博览会，旨在加强和促进东北亚区域国家投资合作，国际展会为东北亚区域多边合作奠定坚实基础。多元化平台载体的建设与完善为吉林省高质量共建"一带一路"，推进高水平向东北亚开放积淀了潜力。

三、黑龙江省开放潜力

（一）改革开放 40 年，积淀了推进以对俄及东北亚合作为重点的全方位开放的潜力

首先，农业综合能力提升，积淀了拓展农业对外合作领域的潜力。黑龙江省的粮食综合生产能力实现历史性的飞跃，成为名副其实的中华大粮仓、全国农业现代化建设的排头兵。一是产能持续提升、粮食结构持续优化。2017 年，黑龙江省粮食作物种植面积达到了 1180.31 万公顷，较 1978 年增长

54.3%；粮食总产量达6018.8万吨，较1978年增长3.01倍。并且，水稻、玉米、大豆产量均位居全国第一。其中，水稻产量比1978年增长了近30倍，占全国水稻总产的九分之一。二是生产条件持续改观，农业机械化水平不断提高。截至2017年底，全省农业机械总动力已达到5813.8万千瓦，是1978年该指标的10.8倍。[①] 三是外向型农业加快发展，建设农产品出口基地，"走出去"对外贸易规模不断扩大。2017年，黑龙江省的农产品进出口贸易总额达到20.08亿美元。到2017年，黑龙江省已有超过40个县市与俄罗斯等国家和地区签订了境外农业开发合作的相关协议，全省在俄罗斯境内的农业开发面积已达870万亩。黑龙江垦区已与俄罗斯、乌克兰、巴西等20多个国家建立了农业合作关系。黑龙江省对外合作领域不断拓宽，境外农业开发合作持续深化，为扩大农业合作奠定了基础。

其次，工业发展质量提升，积淀了拉动对外贸易发展的潜力。一是生产规模持续扩大，工业结构不断优化。原油开采量达到4000万吨级产量，为中国能源安全与经济发展做出卓越贡献；汽油、柴油、大型电站成套机组、核电设备、小型乘用汽车与发动机、重型数控机床等产品在全国享有盛誉。2017年全省规模以上工业增加值3796.68亿元，是1978年的38.93倍。石油开采与加工、电力、煤炭、化工、航空航天、汽车、机械等工业发展不断壮大。二是新型工业体系日臻完善，飞机制造、发电设备、重型装备与铁路货车、数控机床等产业的基础不断巩固，市场竞争力持续提升，工业经济正加速实现新旧动能转换，其发展的内生动力显著提升。三是工业园区集聚发展功能，省内各类开发区规模不断扩大，哈尔滨经济技术开发区与哈尔滨高新技术产业开发区成为拉动全省工业经济增长的重要力量。全省集中打造23个重点产业园区，入园企业达6000家。2017年，全省机电产品出口153.8亿元，占全省的43.6%，拉动全省出口增长17个百分点，其中对共建"一带一路"国家机电出口持续保持增长，达到72.2亿元。

[①] 参见曲青山、黄书元：《中国改革开放全景录》（黑龙江卷），黑龙江人民出版社，2018年版。

再次，对外开放走深走实，积淀了对俄及东北亚区域开放合作的潜力。一是成就对俄经贸合作排头兵。通过迅速发展对俄边境贸易、转型升级实现跨越，加强对俄投资合作、不断优化对俄贸易结构、拓宽对俄科技合作路径，以及黑河公路大桥、同江大桥、绥芬河铁路和哈绥俄亚、哈欧班列等重要通道建设，为黑龙江省对俄贸易发展打下坚实基础。截至 2018 年，黑龙江在俄罗斯购租耕地 7600 万公顷；绥芬河市共发运 58 个"哈绥俄亚"班列，集装箱总数达 6828 个，货物总量超过 1024 万吨。二是与日、韩、蒙等东北亚国家的合作潜力不断释放。对内战略政策形成支撑，对外营商环境日益改善。"一带一路"与"欧亚倡议""新南方政策""新北方政策""草原之路"等对接机遇进一步释放对韩国、蒙古国合作潜力。2018 年，黑龙江省对俄、日、韩、蒙的进出口总额分别为 184.65 亿美元、3.68 亿美元、2.38 亿美元、1.48 亿美元。其中，对俄进出口占全省进出口总额的 69.8%。

（二）东北振兴以来的 20 年，积淀了推进对俄及东北亚区域高水平开放的潜力

首先，当好粮食安全"压舱石"，积淀了激发高质量发展新动能的潜力。推动现代化大农业发展已成为黑龙江省全面振兴的重大任务，同时也是农业振兴的主攻方向。积极推进"藏粮于地、藏粮于技"的战略方针。加速建设全国数字农业示范区和国家食品安全示范区，推动农业与科技、数字和生物经济的深度融合发展。绿色农业、科技农业、质量农业和品牌农业构成了农业高质量发展的基石。并培育了"黑土优品""九珍十八品""五常大米"等一批知名品牌，"北大荒"位居中国农业类品牌前列。2023 年，黑龙江省农业科技进步贡献率达到了 70.3%，国家大型大马力高端智能农机装备研发制造推广应用先导区获得国家批准。同时，黑龙江省的绿色有机食品认证面积达到 626.67 万公顷，稳居全国第一。粮食总产量、商品量、调出量均居全国第一。①

---

① 《黑龙江省 2024 年政府工作报告》，https://www.hlj.gov.cn/hlj/c108465/202401/c00_31706519.shtml。

其次，提升全方位对外开放水平，积淀了推动制度型开放合作的潜力。黑龙江省通过持续扩大合作领域与经贸规模，已与亚、欧、非、北美、拉美、大洋洲的 200 多个国家和地区建立了贸易合作。黑龙江省积极参与东北亚区域合作，与日本和韩国在电子信息、新材料、创意设计、健康养老等领域不断加深合作；与东盟伙伴国家在先进制造、农业食品加工、生物医药等领域提升了合作水平；与澳大利亚在乳制品、畜牧业、现代农业等领域深化合作。同时也巩固了与欧盟、美国等传统贸易市场的合作关系，进一步拓展与中东、拉美、非洲等新兴贸易市场的合作。通过抢抓 RCEP 生效新机遇，主动服务和融入国家新发展格局，2023 年，黑龙江省与共建"一带一路"国家的进出口贸易额为 2525.8 亿元，同比增长 12.9%，占黑龙江省外贸总额的 84.8%。与 RCEP 贸易伙伴国的进出口贸易总额为 261.5 亿元，同比增长 8.5%，占黑龙江省外贸总值的比重为 8.8%。①

再次，开放平台建设水平不断跃升，积淀了加速打造向北开放新高地的潜力。一是全线贯通了横跨欧亚、连接陆海的国际经贸大通道，打造哈尔滨机场成为国家十大国际航空枢纽，加快自由贸易试验区、综合保税区、国家重点开发开放试验区等开放平台建设。二是对俄经贸大省地位进一步巩固，黑瞎子岛公路口岸的设置方案正式获批。2023 年，黑龙江省对俄进出口总额达 2103.9 亿元人民币，同比增长 13.5%，占黑龙江省对外贸易总额的 70.6%，占全国对俄贸易总额的 12.4%。其中，对俄出口同比增长达 67.1%。三是绥芬河口岸的运力显著提升，黑河口岸大桥保持畅通、同江口岸设施升级优化。全省口岸的货运量增长了 17.5%，进出境旅客人数增长了 70.9 倍。四是利用外来投资质效不断提升，实际利用外资增长了 11.8%，增速较全国平均水平高出 25.4 个百分点。同时，新设立的外商投资企业达到 241 家，增长了 68.5%。五是重点合作项目进展顺利，中俄原油管道二线工程顺利建成，

①《2023 年黑龙江省货物贸易进出口总值 2978.3 亿元　规模再创历史新高》，http：//harbin. customs.gov.cn/harbin_customs/467898/467900/467901/5638129/index.html。

原油的进口量稳定在 3000 万吨水平。中俄东线天然气管道已正式投产通气，年输气量从投产之初的 50 亿立方米提升至 200 亿立方米，为东北地区和全国的能源资源保障提供了有力支撑。[①]

四、东北整体开放潜力

改革开放 40 多年，东北地区在面向东北亚的开放合作中的维护国家"五大安全"方面展现巨大潜力。夯实了全面开放的经济社会发展基础。一是东北地区作为我国最重要的商品粮基地，其玉米、水稻、大豆的年产量在全国占据较高比重，粮食调出量占到全国总量的三分之一，对国家粮食安全保障发挥重要作用。此外；东北地区的农产品加工业已发展到一定的规模与水平，培育形成了部分具有竞争优势的产业与产品，为农产品"走出去"与拓展农业对外合作奠定了坚实基础，发展空间与潜力巨大；二是东北地区丰富的能源资源能保障经济社会发展所需的能源资源持续、可靠和有效供给。同时，东北地区作为东北亚区域较为优越的能源合作连接点，通过"中俄石油管道"等重要的能源战略通道，在中俄油气合作的深化与拓展中发挥重要作用；三是东北三省作为我国重要的工业基地，拥有门类齐全、独立完整产业体系，具备相当规模的以装备制造、能源、原材料为核心的战略产业与骨干企业。航空、航天、船舶和兵器等先进装备制造业和国防科工产业为国家军工、科技产业的发展与国防安全建设提供强有力的支持。产业优势为东北三省机电产品、"新三样"产品量质并举的出口动能打下了坚实的基础。

东北振兴 20 多年，东北地区对外开放综合实力在全面开放打造我国对俄及东北亚开放重要门户方面展现巨大潜力。东北振兴战略自 2003 年正式启动以来，取得了明显成效和阶段性成果。不仅为振兴东北提供了动能，也为东北三省提高对外开放水平、融入世界经济提供了理论指导和制度保

---

① 《中俄东线天然气管道投产通气四年累计输气量突破 500 亿立方米》，http：//www.sasac.gov.cn/n2588025/n2588124/c29494843/content.html。

障，对于推动经济结构的战略性调整、提升我国产业的国际竞争力、优化我国对外开放的战略布局具有重要的战略意义。20年多来，辽宁省作为东北地区"领头羊"，彰显了打造东北亚开放合作枢纽的潜力；吉林省以长吉图开发开放建设为主导，彰显了面向东北亚开发开放的潜力；黑龙江省作为对俄贸易排头兵，彰显了对俄及东北亚区域开放合作的潜力。东北三省形成了对俄沿边开放，与日、韩、蒙等国加强经济合作的一线贯穿、多点向外的全面开放格局。

尤其党的十八大以来的10多年，东北地区在推动高水平开放、构筑我国向北开放新高地方面展现出巨大潜力。东北地区积极融入共建"一带一路"高质量发展，通过构建高水平立体化的开放通道体系、完善开放合作平台的建设、产业链供应链融合的加快、"引进来"与"走出去"的推进、开放合作领域拓展与开放影响力的扩大，形成了支撑高水平开放、高质量发展行稳致远的潜力。强化了对日韩、俄蒙、东盟、欧美等全方位多元化的开放格局的建设。当前，世界政治经济格局发生深刻变化，东北亚是世界经济增长多极格局中的重要一极，加强与东北亚各国的深度合作已经成为我国拓宽国际合作空间、实现全球经济贸易秩序向有利于我国方向转变的重大战略选择。东北地处东北亚中心和"一带一路"建设重要节点，振兴积淀的开放潜力将在未来的世界经济增长中发挥重要作用。

第四节 东北一体化开放趋势凸显

东北三省地处东北亚区域几何中心，在打造东北亚地区合作中心枢纽与我国向北开放重要窗口方面具备坚实基础与明显优势。在东北推进高水平对外开放和东北亚区域经济一体化的进程中，"东北一体化"发挥着越来越重要的作用，东北一体化开放发展趋势日益凸显。"东北一体化"不仅是新时代新征程推动东北全面振兴的现实需要，也是东北亚区域开放合作机遇背景下把握国家发展战略、促进区域经济协同发展的必然选择。

一、一体化开放新共识

2024年7月，党的二十届三中全会审议通过了《中共中央关于进一步全面深化改革、推进中国式现代化的决定》，提出要"完善实施区域协调发展战略机制""推动东北全面振兴取得新突破"。东北振兴早已不仅仅是区域协调发展战略的重要组成部分，而是关乎统筹国家发展与安全不可或缺的重大战略。在严峻复杂的国际环境和艰巨繁重的改革发展稳定任务的背景下，东北三省凭借"单打独斗"已不能适应当前的发展形势，加强一体化意识、一盘棋的思维，以"东北一体化"形成开放合力，是实现全面振兴、高质量发展和高水平开放的关键。

首先，东北一体化是东北以开放促发展新格局的共识。东北地区的开放程度还有待进一步提高，与长三角、粤港澳大湾区、京津冀等区域经济一体化先进地区尚存在一定的差距。2023年，东北进出口总额1.23万亿元，占全国的比重为2.95%。同年，长三角地区外贸进出口15.16万亿元，占全国比重达36.3%；大湾区九市的进出口总额达7.95万亿元，占全国进出口总值的19%。东北地区需要形成区域发展的合力，以一体化的格局打造对外开放新前沿。要使东北地区成为全国高质量发展的第四增长极和新的动力源、在新一轮经济发展中占有一席之地，加快推动东北一体化进程势在必行。

其次，东北一体化是东北推进东北亚区域合作的共识。一是东北地区与东北亚区域经济合作紧密度有待提升。2023年，辽宁、吉林、黑龙江对东北亚主要国家日、韩、俄的出口规模分别为2084.3亿元、414.65亿元、2181.78亿元，占所在省份出口总额的比重为27.2%、24.7%、73.3%。东北三省毗邻东北亚的区位优势在东北亚区域经济合作中尚未得到完全释放。二是东北地区与东北亚区域经济合作尚未充分形成对外开放合力。统筹产业布局与开放布局，解决经济同质性强互补性弱、产业结构趋同等历史问题依然是东北经济一体化的现实需求。东北需要通过高水平的区域一体化合作，以"一盘棋"组团开放的形式实现面向东北亚开放合作的共同发展。需进一步有效整合区域资源配置，促进分工协作与优势互补，提高区域中心城市为区域经济增长注入动能的能力，推动区域经济资源的自由化流动。

再次，东北一体化是东北把握战略合作机遇的共识。2022年1月，RCEP协定正式生效实施为推进中日韩自贸区建设提供了新的机遇；2024年5月，在庆祝中国与俄罗斯建交75周年之际，两国共同发表了关于深化新时代全面战略协作伙伴关系的联合声明。双方达成全力推动中俄新时代全面战略协作伙伴关系全方位发展的共识，并积极探讨关于创建新的合作渠道，为东北地区面向俄罗斯多领域合作提供了新的机遇。RCEP关于关税减免与投资便利化的各项措施，以及与俄罗斯贸易投资自由便利化的推进，都需要东北三省进一步整合资源，强化与日本、韩国的产业链、供应链合作，推动发展多领域合作，提升东北产业的整体竞争力。在未来几年的战略机遇窗口期，东北需依托边境口岸作为重要平台构建国内市场的东北延伸带，通过推进东北一体化深化与日本、韩国在重点产业领域的合作。[①]

二、协作化开放新思维

党的二十大强调"深入实施区域协调发展战略"的同时，提出"应以城市群、都市圈为依托，构建大中小城市协调发展的格局，推动人才区域合理布局和协调发展"。东北三省地缘相接、人文相近、经济相融，东北协作化开放既是推进东北高水平开放的当务之举，也是增强区域经济一体化发展新动能的长远之计。东北三省过去在能源、化工、装备制造、交通基础设施等多个领域开展广泛合作，具有一定的合作基础，取得了显著成效。

以交通运输交流合作为例，东北三省持续建立了跨区域、跨部门、跨行

---

① 迟福林：《以统筹安全与发展为目标推进东北经济一体化》，http://www.jjckb.cn/2022-03/01/c_1310493007.htm。

业协作机制，陆续出台了多式联运，建设物流中心、国际航运中心等支持政策。逐步完善现代化综合立体交通网建设，并加速推进东北海陆大通道建设，以强化海陆双向辐射能级，积极推动公铁联运、铁海联运、陆空联运、滚装运输、中欧班列、冷链物流等多式联运模式发展取得显著成效。不断提高多式联运智慧化、数字化水平，取得"一单制""一箱制"等试点应用的重大突破，保持北粮南运、北材南运大通道畅通，为进出口贸易稳步增长形成有力支撑。2023 年，辽宁省沿海港口实现了 159 万标箱的集装箱海铁联运量，同比增长 12.6%，已连续 7 年保持联运量超过百万标箱，其在港口集装箱吞吐量的占比达到 12.3%，在全国居于首位。①2023 年 10 月，东北三省一区在沈阳举行交通运输合作联席会议，并共同签署了关于协同建设海陆大通道的协议。东北地区将通过推进多式联运的协作发展，为东北振兴提供重要支撑，保障产业链供应链的稳定运行，为持续扩大东北地区对外开放发挥重要作用。②

　　虽然东北三省在协作开放方面已经取得了一定的进展，但仍面临一些挑战和广泛的合作空间。协作化发展面临着多项难点问题的阻碍。一是基础设施互联互通方面，东北海陆大通道欠缺国家顶层设计，"中蒙俄经济走廊"通道设施存在断点，部分铁路干线运能趋于饱和，航空运输网络尚不完善，综合枢纽还存在"连而不畅""邻而不接"等问题。公铁水航等交通运输结构还有进一步调整的空间。抓住向北开放的战略机遇，对黑龙江对俄口岸的通道的利用有待进一步挖掘。二是统一市场建设方面，城际间依然存在市场分割感。沈阳、大连、长春、哈尔滨四大重点城市之间的产业结构同质性较高，竞争关系相对大于合作关系，且较大的城际间距提高了扩大和统一区域市场的难度。尚未形成具有全面影响力的核心，在一定程

①《东北三省一区交通运输厅厅长畅谈共建"海陆大通道" 当好新时代东北全面振兴"开路先锋"》，https://baijiahao.baidu.com/s?id=1796443521565747610。

②《东北三省一区共建海陆大通道》，https：//www.mot.gov.cn：10443/jiaotongyaowen/202310/t20231016_3928840.html。

度上制约了生产要素在区域内跨省市流动的效率。三是产业分工与协同创新方面，东北三省地区间发展不均衡、行业标准不统一、监管互认尚未形成。以工业及粮食加工为主的产业结构相对单一，虽有丰富的口岸资源，但均以过货运输为主，仍缺乏互补产业结构，需要依托通道优势丰富过境货物种类。

东北三省推进高水平开放需要深刻把握新时代、新机遇、新要求，在更深层次更宽领域协同发展探索新路径，以协作化开放新思维提升东北地区的整体竞争力和影响力。一是基础设施一体化建设方面，围绕服务共建"一带一路"倡议重大战略，以高水平建设东北海陆大通道，共同发力推进铁路、公路、机场、水运等综合交通枢纽的网格化建设以及优化调整交通运输结构，推进多式联运高质量发展。加强东北三省在国际运输通道、跨境运输组织、边境基础设施等合作，以实现"通边达海"促进东北一体化开放的协调发展。[①] 二是区域市场一体化方面，建立统一的政策协调机制，消除地区保护主义、机制体制障碍以及市场壁垒等问题，营造良性竞争的市场氛围。共同探索在重点领域的机制创新，在区域内搭建资源互动、监管互认、通道互联、信息互通的协作化开放平台。三是区域产业分工体系一体化方面，利用三省不同的经济资源、产业结构、地缘特征的比较优势，完善中心城市群的协同合作机制，明确产业之间的关联与分工，通过地域间的互补产业分配企业合作，从而促成产业的集聚、辐射效应和规模经济效益。

三、特色化开放新思考

自改革开放以来，随着国家对外开放布局的逐步完善与东北振兴战略部署的深入实施，东北地区对外开放的战略定位也在不断调整与延展，逐步凸显东北地区特色化对外开放。东北地区不断推动一体化进程，作为我国向北

---

① 参见张占斌等：《新时代与东北振兴》，辽宁人民出版社，2020 年版。

开放的重要窗口的区域影响力日益增强。在我国对外开放整体布局与国际局势变化的环境下，需要以全新的视野和战略眼光进一步推动东北地区特色化对外开放。

从部分看，辽宁省建设东北亚经贸合作中心枢纽的特色化开放，需要做优以日韩为中心的多元牌。[①]继续发挥航运枢纽作用，以沿海经济带建设为重要支撑，打造陆海空联运体系，发挥东北地区打造对外开放前沿的引领作用，以及辽宁港口服务东北经济发展、服务畅联双循环的保障作用。以推动东北亚深度合作为重点，与日韩朝加强联动，深度参与中日韩经贸合作；向北深入中蒙俄经济走廊建设，与中东欧国家拓展深层次国际合作。吉林省建设东北亚地区合作中心枢纽的特色化开放，需要做大对朝交流合作地缘牌、人缘牌、情缘牌。加快"长吉图"开发开放进程，服务国家半岛稳定与和平的博弈与合作。继续发挥联通东北亚重要"十字路口"的地理中心优势，向东"借港出海"与俄韩日紧密推动经贸技术合作，向西以"长满欧"铁路直通西欧加强合作，向北则深化以与俄为主的资源开发及边境贸易合作，共同构建"冰上丝绸之路"、加速推进中俄珲马铁路的扩能改造工作。同时，拓展对外畅通东北亚、中蒙俄、欧洲、东南亚和北美国家的水陆空货运的多式联运通道。[②]黑龙江省构筑向北开放新高地的特色化开放，需要打好对俄合作的特色牌。要发挥地缘区位优势，利用黑龙江省作为全国第二大口岸集群省份（第一大对俄口岸集群）充沛的口岸通道过货能力，巩固并强化对俄开放合作第一大省的地位。[③]积极参与"滨海1号"国际交通走廊与"冰上丝绸之路"的运输合作，支持中欧班列以及哈绥俄亚陆海联运的安全、可持续和高质量发展。着力推进以对俄沿边开放为重点的全方位对外开放优势。强化对俄科技创新合作，构建面向俄罗斯和东北亚的数字交通走廊，加强与韩国的中小

---

① 笪志刚：《对新发展阶段东北扩大开放新优势的思考》，中国日报网，2021年4月9日。

② 参见夏德仁、迟福林、唐立新：《打造对外开放新前沿》，中国工人出版社，2022年版。

③《东北三省一区交通运输厅厅长畅谈共建"海陆大通道" 当好新时代东北全面振兴"开路先锋"》，https://baijiahao.baidu.com/s?id=1796443521565747610。

企业创新孵化平台合作，以及与日韩在农业、文化旅游、养老服务等领域的创新合作。

从整体看，东北地区进一步加强区域合作，积极融入共建"一带一路"，共同推动中蒙俄经济走廊的建设，是全面推进东北亚区域经济合作一体化进程与特色化开放的共同特点。东北三省与国家开放战略相衔接，逐步形成了以东北亚为重点、面向全球市场的特色开放布局。形成了辽宁沿海经济带及对日德、吉林长吉图开发开放先导区、黑龙江对俄等各具特色重点的开放格局。东北三省应凭借东北地区形成协同开放合力，有效发挥东北亚区域中心和作为我国"一带一路"向北开放重要窗口的独特优势。以科技创新推动产业创新，加快打造具有东北特色优势的现代化产业体系，加速推进现代化基础设施体系建设，提高对外开放合作的水平。同时，充分发挥我国在加强东北亚区域合作、联通国内国际双循环中的战略地位和重要作用。积极拓展与东北亚各国经济合作的路径，实现东北一体化与东北亚区域经济合作协调互动，通过强化特色化开放为东北高水平对外开放提供有力支撑。

四、高水平开放新合作

习近平总书记在考察东北三省时指出，东北需构建协调发展新格局。要强化重点区域及重点领域的合作，以形成东北地区协同开放的合力。[①]东北地区具有雄厚的产业基础优势与地区间逐渐凝聚的目标导向合力，加快推进东北地区经济一体化是提升地区内生动力和竞争力的必然趋势。东北要形成中国继长三角、京津冀、粤港澳大湾区三大经济增长极之外的新增长极，要用好东北亚区域开放合作新机遇，以加快推进东北一体化形成面向东北亚区域高水平开放合作的新动力，进而实现东北地区高水平开放发展。

---

① 李北伟、孙婉君：《提升区域经济一体化水平　推动东北全面振兴》，《光明日报》，2023 年 10 月 25 日。

首先，以加快东北空间布局一体化进程，推进东北高水平开放。一是建立协同合作发展机制，加强东北三省政策的统一性与协调性。根据东北三省各自资源条件，落实主体功能区战略，以合理分工、优化布局的原则，打造优势互补、高质量发展的区域经济布局。尽快消除机制体制障碍、地区保护主义以及市场壁垒等问题，避免市场不公平竞争。建立东北三省信息共享机制，以解决区域内各方信息不对称问题，加强协调与配合。二是围绕城市群及其周边都市圈，推动资源要素跨区域自由流动，开展多领域合作。以大连、沈阳、长春、哈尔滨四个副省级中心枢纽城市为节点，打破行政壁垒，打造优势互补、合理分工的中心城市带①，进而带动东北对外开放水平，不断增强国际竞争合作的新优势。

其次，以加快东北基础设施一体化进程，推进东北高水平开放。一是推进东北面向东北亚的交通运输网络建设。加强东北三省之间的口岸、港口以及运输通道的互联互通，加快构建顺畅联通东北亚的国际大物流通道。积极参与北方航道相关的基础设施现代化改造，完善中蒙朝的铁路、航运、公路等跨国基础设施互联互通网络。二是整合升级辽宁、黑龙江的自由贸易试验区、吉林的长吉图开发开放先导区以及东北三省的其他开放平台，发挥东北亚区域中心的区位优势，推动共建口岸联盟，实现航运标准对接、监管互认。积极融入 RCEP 等区域合作框架，加强与俄、日、韩产业链和供应链的深度融合。

再次，以加快东北产业发展一体化进程，推进东北高水平开放。推进产业的差异化分工合作。明确产业关联与分工，推动地域互补产业分企业合作，从而促成产业的集聚、辐射效应。在汽车制造、电子通信、工业机器人、机械设备等制造业领域，尤其是新能源汽车等新兴产业形成分工合作新机制。推动长春、沈阳、哈尔滨等传统汽车基地转型升级，合理布局新能源

---

① 迟福林：《以高水平开放的重要突破形成东北全面振兴新动力》，《人民政协报》，2023 年 12 月 5 日。

汽车整车和动力电池等零部件生产。[①] 推进农业一体化合作发展规划，推进农产品加工领域的协同合作。推进能源与矿产资源一体化产业发展，合力打造国家能源生产、储备基地，构建集勘探、开采、提炼、输送、储存功能齐全的产业链。

最后，以加快东北区域市场一体化进程，推进东北高水平开放。探索构建东北面向东北亚区域一体化市场，是新一轮制度型开放的一项重要内容。通过提升市场设施的高标准互联互通，以及市场基础制度规则、要素和资源市场、商品和服务市场的高度统一，构建一个完善的规则制度体系，以支撑东北亚区域市场深度合作和要素的高效配置，打造具有东北区域特色的对外开放新优势。同时，提升东北地区和东北亚区域间资源要素的协同配置能力，高效利用辽宁、黑龙江自由贸易试验区在改革前沿的先行先试和制度创新优势，持续推动东北亚区域开放合作的内容创新、机制优化与形式多样化发展。

---

① 陈耀：《高水平开放合作与新时代东北全面振兴的现实逻辑》，《经济纵横》2024 年第 1 期。

第四章

东北地区高水平开放迎来新机遇

　　自党的十八大以来，党中央持续推出新的政策文件，为东北地区的开放指明了方向，进行了全新的定位和战略部署。在党的二十大上，高水平开放的理念被进一步强调，将东北地区的高水平开放纳入国家战略的大格局中。在新时代背景下，东北全面振兴的战略不仅体现在中央的政策定位和战略部署上，也落实在各级政府制定的具体政策和措施中。全国上下齐心协力，共同书写了高水平开放的新篇章。随着区域全面经济伙伴关系协定的深入实施，为东北亚区域的制度性合作和服务贸易创造了新的发展机遇，加之东北三省的特色开放举措，更是为东北地区的高水平开放注入了新的活力。

第一节　中央对东北开放寄予新期待

　　党的十八大以来，习近平总书记对新时代东北地区的对外开放提出了系列重要指导意见，并对东北地区实现全方位发展和全面振兴寄予了厚望，强调了东北在对外开放中的重要地位。党的十九大，国家持续优化和完善振兴策略，为东北地区的进步提供了强有力的支持，旨在进一步推动东北地区的开放发展。党的二十大，中央对东北的开放提出了新的部署，再次强调要提高东北地区的对外开放水平。这表明了中央对东北开放的高度重视，并将其作为对外开放全局的重要组成部分。中央对东北地区开放发展寄予了新的期待。

一、党的十八大东北开放新定位

2015 年，我国东北地区的三个省份经济总量占据了全国的 8.6%，而在进出口方面，其总额只占到了全国的 3.4%。具体来看，辽宁省、吉林省和黑龙江省的进出口总额占各自地区生产总值的比重，较全国平均水平分别低了 28.0 个百分点、15.5 个百分点和 20.4 个百分点；东北地区的三个省份的货物进出口总额相较于广东省、江苏省和山东省，分别只达到了它们的 13.3%、24.9% 和 56.2%。此外，东北三省的对外贸易依存度仅为 14.6%，这一数据较全国平均对外贸易依存度低 21.8 个百分点。

东北地区作为我国工业化进程的重要发源地，为构建国家独立完备的工业体系和国民经济体系贡献了巨大力量。但在经济体制转型期间，东北地区遭遇了诸多特殊挑战，其中包括体制性、机制性、结构性的矛盾日益突出，这些矛盾一部分出自东北地区市场开放程度偏低。对此，党中央给予了高度的关注，深刻认识到东北地区市场化开放程度不足的问题，并出台了一系列指导意见和政策。

自党的十八大以来，习近平总书记对新时代东北地区的对外开放提出了系列重要指导意见，并对东北地区实现全方位发展和全面振兴寄予了深切期望。从 2014 年 8 月《国务院关于近期支持东北振兴若干重大政策举措的意见》的发布，到 2015 年 12 月《中共中央　国务院关于全面振兴东北地区等老工业基地的若干意见》的出台，以及 2017 年中国（辽宁）自由贸易试验区的成立，再到 2018 年 9 月习近平总书记对东北地区的三个省份进行实地调研并主持召开的深入推进东北振兴座谈会，这一系列事件充分展现了中央始终将东北地区视为中国向北开放的关键区域，并持续关注着东北的发展动态。

在此基础上，东北各省份遵循中央的指导，对东北地区的对外开放进行了各自的定位和规划。

根据 2015 年 1 月和 2 月东北三省各自发布的政府工作报告内容来看，黑龙江省在对外开放方面确立了新的战略定位：即通过深化与俄罗斯的全方位交流合作来推动对外开放。黑龙江省将依托国家"一带一路"战略规划和加速推进"中蒙俄经济走廊"黑龙江陆海丝绸之路经济带的建设，作为重要的发展契机，加强同俄罗斯的全方位交流合作；同时，加大对铁路、公路、口岸等基础设施的互联互通，以及电子口岸的建设力度等。①吉林省的新定位是：旨在进一步提高对外开放的水平。将深入推进长吉图开发开放先导区战略，积极融入国家"一带一路"建设；同时，吉林省将加快畅通对外通道，深入促进本省与周边地区及东北亚区域的经济合作，重点进行中朝圈河、集安等口岸桥梁的重建与修复工作，并规划构建珲春至海参崴的高速铁路项目。②辽宁省制定的新发展定位是积极实施"走出去"战略。辽宁省将主动融入国家共建"一带一路"的开放大局，加速推进以大连、营口、丹东、锦州、盘锦和葫芦岛港口作为重要节点的布局，以跨境物流为引领，促进中蒙俄经济走廊的建设。③

党的十八大以来，中央对东北地区的对外开放定位愈发明确，也就是将其打造成为我国向北开放的重要窗口和对外经贸合作的新高地。而东北三省也纷纷立足自身优势，明确提出要积极融入国家的"一带一路"战略规划，将其作为推动地区对外开放的重要契机；强调要加强铁路、公路、口岸等基础设施的建设，提高互联互通水平，包括电子口岸的建设和跨境物流的发展。但不同之处是：黑龙江省重点在于深化对俄合作，加快建设"中蒙俄经济走廊"；吉林省则侧重于推进长吉图开发开放先导区战略的实施，加速实现对外交通通道的畅达，加强与朝鲜的边境合作；辽宁省依托大连、营口、丹东等沿海港口作为关键节点，助力中蒙俄经济走廊的构建与发展。

在中央政策的支持下，东北三省对外开放步伐不断加快，区域合作日益紧密，一幅活力四射、潜力无限的发展画卷正徐徐展开。在新的历史起点上，东北振兴的号角已经吹响，这片黑土地正在展现出前所未有的活力与生命力。

二、党的十九大东北开放新举措

自党的十九大以来，国家持续优化和完善振兴策略，为东北地区的进步提供了强有力的支持。2018年9月，习近平总书记在东北地区进行考察时，对东北地区发展的重大意义以及应当采取的战略措施进行了更高的定位和更为系统的阐释。习近平总书记强调，东北地区是我国重要的工业和农业基地，维护国家国防安全、粮食安全、生态安全、能源安全、产业安全的战略地位十分重要，关乎国家发展大局。同时，还强调了，新时代东北振兴，是全面振兴、全方位振兴，需要从统筹推进"五位一体"总体布局、协调推进"四个全面"战略布局的角度去把握，瞄准方向、保持定力，扬长避短、发挥优势，一以贯之、久久为功，撸起袖子加油干，重塑环境、重振雄风，以此作为对国家重大战略的坚实支撑。[1]这一论述说明党中央对东北地区的发展进行了全新的战略部署，从维护国家综合安全和战略全局的角度出发，为东北的全面振兴确立了极其重要的战略地位。随后在沈阳召开的深入推进东北振兴座谈会上，习近平总书记指出，要促进现代化都市圈的发展，加强关键区域和行业合作，形成东北地区的协同开放合力；通过东北与东部地区的对口合作，深化东北振兴与京津冀协同发展、长江经济带发展、粤港澳大湾区建设等国家重大战略的对接与合作，促进南北互动，还强调了要深度融入共建"一带一路"，建设开放合作高地。加快落实辽宁自由贸易试验区重点任务，

---

[1]《习近平在东北三省考察并主持召开深入推进东北振兴座谈会》，https：//www.gov.cn/xinwen/2018-09/28/content_5326563.htm。

完善重点边境口岸基础设施，发展优势产业群，实现多边合作、多方共赢。这些重要论述为新时代东北地区高质量发展、全面振兴以及全方位振兴指明了方向，勾画了清晰的路径。

2019 年 8 月，中国（黑龙江）自由贸易试验区设立；2021 年 8 月，开展了关于振兴东北地区及其他老工业基地的领导小组会议，会议审议批准了《东北全面振兴"十四五"实施方案》（以下简称"《实施方案》"）。同年 9 月，国务院正式批复了《实施方案》；同年 10 月，国家发展改革委将其对外发布。《实施方案》的执行遵循习近平新时代中国特色社会主义思想的方向，立足新发展阶段，贯彻新发展理念，构建新发展格局。《实施方案》中部署了六大关键任务，包括坚持有效市场、有为政府的原则，尊重规律、发挥优势，推动人口和产业向城市群集中，打造现代化都市圈，提升重点区域的整体承载能力和辐射引领作用等，以推动东北地区在"十四五"时期取得新的发展突破，包括提高"五大安全"能力、巩固国家粮食安全地位、加强生态安全屏障、推进国有企业改革、提升民营经济活力等。

2022 年 8 月，习近平总书记又一次对辽宁进行了考察，并对辽宁以及整个东北地区的发展提出了一系列指导意见。习近平总书记强调，党中央实施创新驱动的发展战略，格外重视自主创新与创新环境建设，努力提升我国产业的水平和实力，推动我国从经济大国向经济强国、制造强国转变。同时指出，要积极构建以国内大循环为主体、国内国际双循环相互促进的新发展格局。要坚持自力更生，把国家和民族发展放在自己力量的基点上，牢牢掌握发展主动权。① 这些论述说明党中央始终坚持开放包容的发展策略，构建双循环新发展格局，坚持自力更生，牢牢把握发展的主动权。

根据 2019 年 1 月东北三省的政府工作报告，黑龙江省在对外开放方面推出了新措施，即努力打造开放合作高地。围绕"打造一个窗口，建设四个区"的发展定位，积极推进以对俄合作为重点的全方位对外开放格局。发挥

---

① 《习近平在辽宁考察时强调：在新时代东北振兴上展现更大担当和作为 奋力开创辽宁振兴发展新局面》，https：//www.gov.cn/xinwen/2022-08/18/content_5705929.htm。

在对俄合作中的排头兵和桥头堡作用，利用同江大桥和黑河大桥即将开通的机遇，规划好口岸的同步对外开放和货源的组织工作，加速推进跨境经济合作区和桥头经济区的建设等[1]；吉林省推出的开放新举措是持之以恒全面扩大对外开放，致力于打造开放合作的新高地。坚定不移扩大开放合作。重点在于开展全方位的对口合作，借鉴和利用浙江省的资源和发展模式，开展多层次战略合作，将与京津冀、长江经济带、粤港澳大湾区及周边区域作为合作的重点，持续推进"1+N+X"合作模式[2]；辽宁省实施的新举措是致力于全面扩大高水平开放，打造开放合作新高地。深入参与共建"一带一路"。加快辽宁"一带一路"综合试验区的建设进程，稳步推进中国—中东欧"16+1"经贸合作示范区的各项任务落实，确保2019年中国—中东欧国家地方省州长联合会工作组会议的成功举办。深化中日韩俄经贸合作与交流，积极参与东北亚经济合作圈的建设等。[3]

自党的十九大以来，东北三省均确立了打造开放合作新高地的目标。但不同之处是：黑龙江省将中俄合作作为关键，打造全面对外开放的新格局，并发挥在中俄合作中的领先和纽带作用；吉林省借鉴浙江的资源和发展模式，将京津冀地区、长三角地区、粤港澳大湾区等关键区域定位为合作的焦点，推进"1+N+X"模式的合作发展；辽宁省深化与日韩俄的经贸合作交流，促进中国—中东欧"16+1"经贸合作示范区的建设，并加速推进辽宁"一带一路"综合试验区的构建进程。

2022年上半年，东北三省中吉林与辽宁两省以7.7%和5.6%的地区生产总值增长率超过了全国的平均水平。这一成绩得益于自中央政府至东北各

[1]《政府工作报告——2019年1月14日在黑龙江省第十三届人民代表大会第三次会议上》，https://www.hlj.gov.cn/hlj/c108465/201901/c00_30657837.shtml。

[2]《政府工作报告——2019年1月26日在吉林省第十三届人民代表大会第二次会议上》，https：//www.jl.gov.cn/zcxx/gzbg/201902/t20190202_2978018.html。

[3]《政府工作报告——2019年1月16日在辽宁省第十三届人民代表大会第二次会议上》，https：//www.ln.gov.cn/web/zwgkx/zfgzbg/szfgzbg/A2DA2457E0FD4E5A97A784EB89F57811/index.shtml。

省、市政府，再到基层乡镇政府，各级政府的齐心协力，共同推动了东北地区的全面振兴。

三、党的二十大东北开放新部署

党的二十大报告明确指出，须优化我国区域开放布局，增强中西部及东北地区的对外开放水平，并稳固东部沿海地区的开放领先地位。向东北亚地区拓展开放，塑造东北地区对外开放的新高地，是实现东北地区对外开放水平提升的必然路径。在推进高水平对外开放的过程中，探索新的经济发展方式和动力，对于东北地区实现全面振兴、取得新的进展，提供了重要的历史机遇。

2023 年 9 月，习近平总书记在黑龙江省主持召开的新时代推动东北全面振兴座谈会上强调，要贯彻落实党的二十大关于推动东北全面振兴实现新突破的部署，完整准确全面贯彻新发展理念，牢牢把握东北在维护国家"五大安全"中的重要使命[1]，并提出"三加快一提高"的紧迫任务要求。所谓"三加快"，一是依托科技创新驱动产业创新，迅速打造具备东北地区特色和优势的现代产业体系；二是将发展现代化大型农业作为核心战略，迅速推进农业和农村地区的现代化步伐；三是加快构建现代化基础设施网络，提高国内外开放合作的层次。所谓"一提高"，是提升东北地区人口的综合素质，依托人口的高质量发展助力东北全面振兴。总结我国改革开放 45 年来的成功经验和东北振兴战略实施 20 年来的实践不难发现，打开大门对外开放是一切活力、动力和能力的重要源泉，不仅能够有效利用外部资源和市场，更关键的是能够推动体制机制改革不断深化，从而激发发展的内在动力和活力，并增强安全保障能力。因此，新时代的征途上必须加快提高东北的对外对内开放水平，通过高水平的开放合作，推动东北地区在全面振兴的道路上实现新的突破。

根据 2023 年 1 月东北三省的政府工作报告内容，黑龙江省对外开放的新

---

[1]《习近平主持召开新时代推动东北全面振兴座谈会强调：牢牢把握东北的重要使命　奋力谱写东北全面振兴新篇章》，https：//www.gov.cn/yaowen/liebiao/202309/content_6903072.htm。

策略为"推进高水平对外开放。深度融入共建'一带一路'，积极参与'中蒙俄经济走廊'建设，巩固与俄罗斯的合作伙伴关系优势，全力推进开放龙江建设，加力构筑我国向北开放新高地"。还强调要"加快建设开放合作新平台，推进中国—上海合作组织（简称上合组织）冰雪体育示范区的建设，按照高标准规划黑瞎子岛中俄国际合作示范区的建设。实施'自贸试验区提升行动计划'，稳步扩大制度型开放"[1]。吉林省开放战略的新部署是"致力于推进高水平对外开放，着力扩大对外贸易规模，全力提升汽车及零部件产业外向度水平，推进农产品、装备制造、医药及高新技术产品等产业的出口增长。大力发展跨境电商、外贸综合服务、市场采购贸易等新型业态，多元化开拓国际市场"。还指出要"有效实施对接 RCEP 行动计划，充分发挥综合保税区、边境合作区、跨境电商综合试验区等前沿阵地的先行先试作用……加快推动长吉图开发开放先导区新一轮发展规划的获批，全力申建中国（吉林）自贸试验区，以及全面深化区域战略合作，组织好赴京津冀、长三角、粤港澳以及欧美、日韩、东南亚等地区的经贸交流促进活动……"[2]。辽宁省的新部署是"全力扩大高水平开放。高质量融入共建'一带一路'，统筹贸易投资通道与平台，加速建设东北亚经贸合作中心枢纽，通过高水平开放推动高质量发展"，以及"打造引领东北开放合作的新高地，支持沿海各市协同推进改革创新，大力发展海洋经济，建成一批海洋产业集聚区和临港经济区，打造一条面向海洋开放的黄金海岸线。加快大连、营口港口作为国家物流枢纽的建设步伐"[3]。

　　自党的二十大以来，东北三省均强调推进高水平对外开放这一新部署，其中黑龙江省着重于深度融入"一带一路"和"中蒙俄经济走廊"建设，强

① 《政府工作报告——2023 年 1 月 12 日在黑龙江省第十四届人民代表大会第一次会议上》，https://www.hlj.gov.cn/hlj/c107856/202302/c00_31524955.shtml。
② 《政府工作报告——2023 年 1 月 15 日在吉林省第十四届人民代表大会第一次会议上》，https://www.jl.gov.cn/yaowen/202301/t20230120_2961287.html。
③ 《政府工作报告——2023 年 1 月 12 日在辽宁省第十四届人民代表大会第一次会议上》，https://www.ln.gov.cn/web/zwgkx/zfgzbg/szfgzbg/EE9395E0C27941F89E476E1B07369A44/index.shtml。

化对俄合作优势，构建开放型合作平台，提高自由贸易试验区水平，建设互联互通的大通道。吉林省则致力于扩大对外贸易规模，提升汽车及零部件等产业的外向度，发展跨境电商等新业态，加快长吉图开发开放，申建自由贸易试验区，深化区域战略合作。辽宁省的部署包括高质量融入"一带一路"，打造东北亚地区经贸合作的中心枢纽，发展海洋经济，打造向海开放的黄金海岸线，加快港口型国家物流枢纽建设。

四、东北开放关乎开放全局

根据国家统计局的划分，31个省（市、自治区）分别归属于东部、中部、西部和东北四大地理区域板块。"十四五"规划纲要中明确指出要深入实施区域协调发展战略，积极推动西部大开发的深入实施、东北全面振兴的稳步推进、中部地区的快速崛起、东部地区的领先发展，同时支持特殊类型地区加速发展进程，以发展促进区域间的相对均衡。作为我国三大传统国家战略的重要组成部分之一，西部大开发成果丰硕，中部崛起也取得了显著成效，然而，东北地区的振兴成效却未达预期。

除了属于全国重要的战略区域板块之外，东北还地处于东北亚的枢纽位置。其东部、北部和西部与朝鲜、俄罗斯和蒙古国接壤，同时与韩国、日本的海上贸易通道便捷，存在着连接这些国家最短、最灵活的贸易路径。黑龙江省沿着黑龙江和乌苏里江与俄罗斯隔江相邻，而吉林、辽宁两省则与朝鲜共享超过1400公里的边界线。这里拥有绥芬河、珲春、丹东等17个边境口岸，是我国与东北亚国家进行经贸往来与开展交流的重要门户。东北三省位于东北亚的地理中心，肩负着建设面向东北亚开放合作高地的天然使命。

从经济发展视角来看，自1980年以来，中国的经济格局发生了显著变化。在1980年，东北地区的沈阳和大连两座城市曾跻身全国地区生产总值十强之列。然而，到了2023年，东北各大城市不仅从地区生产总值十强榜单中消失，甚至在前二十的城市排名中也找不到它们的踪迹，所有东北城市均跌至 25 名之后。在 2023 年前三季度，辽宁省地区生产总值为 21692 亿元，吉林省为 9935 亿元，黑龙江省为 10595 亿元，东北三省的经济总量合计为 42222 亿元，占全国国内生产总值的比重仅为 4.62%，相较于 2015 年的 8.6% 大幅下降，与其他省份的差距显而易见。这一现象的部分原因在于东北三省的对外贸易依存度较低，2022 年该地区的外贸依存度为 19.3%，远低于全国平均水平的 34.76%，这表明对外开放在为东北地区带来要素资源和市场方面的贡献尚未充分发挥。此外，近年来，东北地区对国内其他地区要素资源的吸引力有所下降，东北产品在内地市场的份额和影响力在减少，甚至东北三省内部市场也存在隔阂。资金、人口、企业和人才的持续外流，严重制约了东北地区的全面振兴。因此，必须采取坚决措施改变这一状况，充分利用国际和国内两种资源和市场，构建内外联动的协同效应，这是东北地区通过高水平开放合作实现全面振兴的必经之路和必然选择。

"十四五"规划纲要中，强调要推动东北振兴实现新的突破，这要求从保障国家粮食、能源、生态、产业、国防安全的战略层面出发，强化政策协调，实现关键领域的突破。加速政府职能的转变，深入推进国有企业改革，集中力量改善营商环境，积极促进民营经济发展。塑造辽宁沿海经济带，打造长吉图开发开放前沿区，提高哈尔滨与俄罗斯合作的开放水平。迅速推进现代农业发展，构筑确保国家粮食安全的"压舱石"。增强生态资源保护措施，坚固我国北部边疆的生态安全防线。实施更具吸引力的人才吸引政策。加强同东部地区的对口合作深化。升级改造装备制造等传统优势行业，积极培育新兴产业，大力发展生态旅游、寒地冰雪等特色行业，打造享誉国际的冰雪旅游带，构建新的竞争优势和均衡发展的产业结构。

在当前的时代环境中，除了按照"十四五"规划纲要拓宽对内开放水平外，东北地区扩大对东北亚的开放，是提升其对外开放程度的有效途径。东北亚国家是东北地区的关键贸易伙伴，东北地区在与这些国家的合作中占据有利地位。再加之东北亚地区形势呈现积极变化，例如，2019 年 8 月，大图们倡议成功通过了《长春宣言》；2023 年 8 月，中日韩领导人峰会在成都得以重启；2024 年 5 月，第九次中日韩领导人峰会在韩国首尔举行。这些事件都反映出东北亚国家间合作的意愿在不断增强。从国家层面到地方层面，无论是技术合作、文化交流还是经济往来，东北亚国家之间的开放程度正在不断加深，合作的大门只会越开越大，东北地区的对外开放程度对于东北亚地区的意义举足轻重，它不仅仅关乎东北各省份的发展，更关乎国家的整体战略全局和东北亚地区的稳定。

第二节　高水平开放成为振兴风向标

党的二十大对高水平对外开放赋予了全新内涵，也为推进我国高质量经济发展注入了新的动力、扩展了新的外延。对高水平开放目标的设定，以及对新时期发展任务的明确部署，为东北地区在更高层次上融入全球经济体系、提升对外开放的质量和水平提供了重要的指引和遵循。

一、高水平开放新内涵

党的二十大上，习近平总书记强调了对外开放的基本国策，并提出了推进高水平对外开放的重要论述，这象征着中国对外开放步入了新的历史阶段。高水平对外开放的提出，是基于对国际环境和国内发展需求的深刻理解。党的二十大报告指出，在过去的十年里，中国实施了更为积极和主动的开放策略，建立了面向全世界的、高标准的自由贸易区网络，并且加快了海南自由贸易港和自由贸易试验区的建设步伐。这些举措不仅使中国成为众多国家和地区的关键贸易伙伴，同时也推动了中国的经济增长和国际地位的提高。

2024 年 7 月 15 日至 18 日，党的二十届三中全会在北京举行。全会提出："开放是中国式现代化的鲜明标识。必须坚持对外开放基本国策，坚持以开放促改革，依托我国超大规模市场优势，在扩大国际合作中提升开放能力，建设更高水平开放型经济新体制。要稳步扩大制度型开放，深化外贸体制改革，深化外商投资和对外投资管理体制改革，优化区域开放布局，完善推进高质量共建'一带一路'机制。"①

从党的二十大到党的二十届三中全会，民族复兴、国家富强的中国梦为新时代的高水平开放赋予了全新内涵，高水平对外开放的新内涵主要包含以下三个方面：

一是扩大开放范围，扩大开放领域。高水平对外开放是相对于过去一般的、传统的对外开放而言的，当前，我们正处于以中国式现代化全面推进国家实现富强、民族实现复兴的关键时期，以新能源、人工智能、高端装备等为代表的战略性新兴产业不仅更加绿色环保且具有高附加值，而且还掌握着未来经济的主导权。过去的对外开放一般指的是商品和服务市场的开放，而高水平对外开放还涉及金融业、制造业等市场的开放，涵盖更多经济领域和行业，在促进国家关系发展的同时，参与全球价值链分工协作，鼓励外商投资，实现商品、要素、资源在更大范围内顺畅流动。

二是完善体制机制，促进制度型开放。高水平开放需要制度保障。构建开放型经济新体制，通过改革开放型经济相关的体制机制，建立更加有效、透明、公平的市场规则，推动贸易和投资自由化便利化。

三是开放区域布局，优化功能分工。完善高水平对外开放体制机制，需要促进区域开放布局，调整区域功能布局，创建多样化的开放高地，提升中西部及东北地区的开放程度，加速构建陆海统筹、东西互动的全方位开放新格局。

总的来看，高水平对外开放主要体现在更加关注质的提升、效率与效益的增长，由以往粗放型、数量驱动的发展模式转变为创新型、质量驱动的发展模式。对外开放的范围从商品和要素的流动扩展到包括规则、制度在内的更深层次开放，更加侧重于发展的内外互动，深入挖掘开放的内在动力。

---

① 《中国共产党第二十届中央委员会第三次全体会议公报》，https://www.gov.cn/yaowen/liebiao/202407/content_6963409.htm。

这将加速构建一个覆盖更广领域、涉及更多层面、更具深度的全面开放新局面。

习近平总书记指出："只有开放的中国，才会成为现代化的中国。"中国式现代化是人类历史上规模最大、难度最大的现代化。扩大高水平开放范围、完善高水平开放体制机制、优化区域开放布局是开拓中国式现代化道路的关键举措。通过高水平的对外开放促进高质量发展，从而为促进中国特色社会主义现代化发展进程奠定坚实的物质基础。它不仅助力培育新质生产力，促进高质量发展，而且作为深化改革的重大策略，助力构建高水平社会主义市场经济体制。此外，这也是中国承担国际责任，通过优化资源配置增强国内外市场的联动，促进技术创新，拓展市场空间，推动包容性经济全球化，支持开放型世界经济发展的体现。

二、高水平开放新外延

党的二十大报告指出："在充分肯定党和国家事业取得举世瞩目成就的同时，必须清醒看到，我们的工作还存在一些不足，面临不少困难和问题。主要有：发展不平衡不充分问题仍然突出，推进高质量发展还有许多卡点瓶颈，科技创新能力还不强；确保粮食、能源、产业链供应链可靠安全和防范金融风险还须解决许多重大问题；重点领域改革还有不少硬骨头要啃；意识形态领域存在不少挑战；城乡区域发展和收入分配差距仍然较大；群众在就业、教育、医疗、托育、养老、住房等方面面临不少难题；生态环境保护任务依然艰巨；一些党员、干部缺乏担当精神，斗争本领不强，实干精神不足，形式主义、官僚主义现象仍较突出，等等。"[1]当前，我国的高质量发展面临着内部问题和外部压力两大主要矛盾，推动改革与发展以开放为动力，是我国现代化建设过程中不断克服挑战、实现新成就的关键策略。因此，推进高质量发展需要高水平开放不断延伸其具体范围和领域，为我国经济发展注

---

[1]《高举中国特色社会主义伟大旗帜　为全面建设社会主义现代化国家而团结奋斗》，https：//www.gov.cn/xinwen/2022-10/25/content_5721685.htm。

入新动力。在新时代和新征程，高水平开放的新外延主要有如下三个方面。

（一）畅通国内国际两个市场，联动内需外需构建新发展格局

高水平开放一方面需要内部解决体制机制问题，加快完善全国统一的市场制度，打破地域壁垒和行业垄断，推动要素自由流动和高效配置，建立公平竞争的市场环境，实现内外市场的无缝对接和深度融合；另一方面需要推动在法律法规、管理体系、标准规范、规则制度等方面的制度型开放，对标国际先进水平，完善法律法规，提高政策透明度，为国内外企业提供公平竞争的市场环境，提升我国在全球经济治理中的影响力。以开放促改革促发展，推动经济结构调整和产业升级，提高我国经济的创新能力和竞争力，提升国内循环与国际循环之间相互沟通、相互促进的水平，形成"以内带外、以外助内"的良性发展模式，释放内需和外需，构建新发展格局。

（二）创新驱动高端产业发展，完善产业链、技术链、供应链

当前，我国在国际生产分工和市场竞争中的参与模式已升级为更加全面地吸纳资本、技术等关键要素。在全球产业重组和经济贸易深度调整的背景下，我国在国际合作领域遭遇了来自美国和西方国家的压力和限制。在全球产业链供应链重塑过程中，我们需要以高水平开放推动产业链向高端延伸，发挥我国制造业大国、强国的优势，在世界范围内优化产业链、技术链、供应链布局，通过创新驱动高端产业的培育和发展，增强发展所需的要素保障以及国际市场支撑，确保我国经济持续在高质量的发展路径上稳步前行。同时，加强与其他国家的产业链合作，协同保障全球产业链和供应链的稳定性。

（三）立足"一带一路"和RCEP框架，拓展新领域合作空间

随着"一带一路"倡议使我国与全球其他国家和地区建立了更为广泛深入的合作关系，以及越来越多的国家加入到RCEP，与我国建立互惠共赢的全面贸易伙伴关系，我国的高水平对外开放将进一步深化与共建"一带一路"国家的经济合作，推动基础设施建设、贸易、投资、金融等领域的深度融

合。通过加强互联互通，提升国际物流效率，促进货物、服务、资本和技术的自由流动。同时，探索与 RCEP 成员国在数字经济、环境保护、技术创新等前沿新兴领域的合作，推动文化、教育、旅游等领域的交流与合作，不仅仅是为双方乃至多方共同谋求新的经济增长点，还加深了各国人民之间的相互认识与友谊，为构建人类命运共同体打下了坚实的基础。

三、高水平开放新目标

党的二十大明确指出，未来五年是全面建设社会主义现代化国家开局的起步和关键时期，新时期的主要目标任务是："经济高质量发展取得新突破，科技自立自强能力显著提升，构建新发展格局和建设现代化经济体系取得重大进展；改革开放迈出新步伐，国家治理体系和治理能力现代化深入推进，社会主义市场经济体制更加完善，更高水平开放型经济新体制基本形成；全过程人民民主制度化、规范化、程序化水平进一步提高，中国特色社会主义法治体系更加完善；人民精神文化生活更加丰富，中华民族凝聚力和中华文化影响力不断增强；居民收入增长和经济增长基本同步，劳动报酬提高与劳动生产率提高基本同步，基本公共服务均等化水平明显提升，多层次社会保障体系更加健全；城乡人居环境明显改善，美丽中国建设成效显著；国家安全更为巩固，建军一百年奋斗目标如期实现，平安中国建设扎实推进；中国国际地位和影响进一步提高，在全球治理中发挥更大作用。"[①]

当前，世界正处于百年未有之大变局的加速时期，新冠疫情的冲击影响深刻且长远，逆全球化的势头日渐凸显，单边主义和保护主义的倾向明显上升，全球经济复苏动力不足，局部冲突和动荡频发，全球已经进入一个充满动荡和变革的新时代，外部势力的打压和遏制可能随时加剧。伴随着中国经济进入新的发展常态，经济已从高速增长转向高质量发展时期，但同时这一时期也是战略机遇与风险挑战交织、不确定性和难以预料的因素增多的阶

---

① 《高举中国特色社会主义伟大旗帜　为全面建设社会主义现代化国家而团结奋斗》，https：//www.gov.cn/xinwen/2022-10/25/content_5721685.htm。

段。过去的历史经验表明，对外开放是过去中国经济发展的关键策略。过去
40多年，中国经济的迅猛增长很大程度上要归功于对外开放，而未来中国经
济的高质量发展同样需要在更为开放的条件下推进。在全球产业重组和经济
贸易调整的背景下，新一轮科技与产业革命正在深入展开，党中央从我国国
情实际出发，指出要坚持不懈地实施高层次对外开放策略，通过加强制度型
开放、构建新发展格局、强化创新驱动，才能在新一轮国际合作与竞争中塑
造新的优势，实现经济的高质量发展。高水平开放的提出，实际是为了达成
经济结构的优化升级以及推动经济发展的创新驱动。

　　实现高质量发展是全面建设社会主义现代化国家的首要任务，推进发展
新质生产力是高质量发展的本质需求和关键抓手。高水平开放是为更有效地
协调国内国际两个市场、两种资源，为培育发展新质生产力提供更优质的要
素供给和更广阔的市场需求。通过完善高水平开放体制机制，立足联通国内
国际双循环构建新发展格局，大力发展新质生产力，推动经济向创新驱动的
高质量发展转型，这是迈向2035年实现社会主义现代化，以及在本世纪中
叶建成社会主义现代化强国的第二个百年奋斗目标迈进的关键步骤。这一进
程不仅是为了实现国家的富强和民族的复兴，也是为了推动经济全球化与构
建人类命运共同体，以及为世界和平与稳定这一全人类的共同目标做出贡
献。

　　当国家层面的高水平开放策略具体应用于东北地区时，其宏观目标呈现
出特定的转变。东北地区的高水平开放，基于国家的整体规划和战略安排，
是为了推动东北地区的现代化进程以实现东北振兴。同时，这一开放策略还
承担着保障国家"五大安全"的重要目标，扮演着为国家稳定提供粮食"压
舱石"作用的关键角色。除此之外，还担负着成为国家向北开放的"窗口"
和维护东北亚地区和平与稳定等重要目的。

四、高水平开放新任务

　　"十四五"规划纲要明确了"十四五"时期实行高水平对外开放的主要

任务：一是"加快推进制度型开放"，即构建与国际贸易通行规则相衔接的制度体系和监管模式；二是"提升对外开放平台功能"，即统筹推进各类开放平台的建设，打造一个开放层次更高、营商环境更优、辐射作用更强的开放新高地；三是"优化区域开放布局"，即鼓励各地基于自身比较优势扩大开放，加强区域间的开放联动，形成陆海内外联动、东西双向互济的开放格局；四是"健全开放安全保障体系"，即构建与更高水平开放相匹配的监管和风险防控体系等。[①]党的二十大和二十届三中全会强调要"完善高水平对外开放体制机制"，党的二十届三中全会指出要"依托我国超大规模的市场优势，在扩大国际合作中提升开放能力，建设更高水平的开放型经济新体制。要稳步扩大制度型开放，深化外贸体制改革，深化外商投资和对外投资管理体制改革，优化区域开放布局，完善推进高质量共建'一带一路'机制"[②]。

而对于东北地区，"十四五"规划纲要对于东北地区的开放与振兴做了具体要求，即需要"从维护国家国防、粮食、生态、能源、产业安全的战略高度出发，加强政策统筹，实现重点突破。加快政府职能的转变，深入推进国有企业改革攻坚，着力优化营商环境，大力发展民营经济。打造辽宁沿海经济带，推进长吉图开发开放先导区建设，提高哈尔滨对俄合作的开放能级。加速现代农业发展，打造保障国家粮食安全的'压舱石'。加大生态资源的保护力度，筑牢祖国北疆的生态安全屏障。改造提升装备制造等传统优势产业，培育发展新兴产业，大力发展寒地冰雪、生态旅游等特色产业，打造具有国际影响力的冰雪旅游带，构建新的均衡发展产业结构和竞争优势。实施更有吸引力的人才集聚措施。深化与东部地区对口合作"[③]。除此之外，经国务

---

① 《中华人民共和国国民经济和社会发展第十四个五年规划和 2035 年远景目标纲要》，https：// www.gov.cn/xinwen/2021-03/13/content_5592681.htm。

② 《中国共产党第二十届中央委员会第三次全体会议公报》，https：//www.gov.cn/yaowen/ liebiao/202407/content_6963409.htm。

③ 《中华人民共和国国民经济和社会发展第十四个五年规划和 2035 年远景目标纲要》，https：// www.gov.cn/xinwen/2021-03/13/content_5592681.htm。

院批准，国家发展改革委还发布了《东北全面振兴"十四五"实施方案》，旨在通过高水平开放等一系列具体措施实现东北地区的全面振兴，体现了党中央、国务院对于东北地区发展的关切之心。

党中央、国务院关于扩大高水平开放的任务部署为全国各地区各部门提供了参考，其中关于东北地区的任务部署也迅速得到响应，东北地区各级政府及相关部门迅速领会，深入贯彻并制定各项政策，将任务狠抓落实。

根据 2024 年东北三省的政府工作报告，黑龙江省 2024 年的重点任务安排包括：推进对俄贸易提质增效，实施"买全俄卖全国、买全国卖全俄"的方案；积极参与东北亚区域的合作，推动与日本和韩国在电子信息、新材料、健康养老、创意设计等领域合作，扩大与东盟在先进制造、农业食品加工、生物医药等领域合作；持续提升口岸的运行效能；深入实施绥芬河口岸运力提升、同江铁路口岸设施升级和黑河公路口岸大桥畅通行动。[①] 吉林省 2024 年的重点任务安排包括：加快推进新一轮长吉图开发开放先导区发展规划的实施，争取尽快获批延吉—长白重点开发开放试验区，积极推进口岸基础设施的建设和升级改造，提升口岸的通关能力和便利化水平；扩大跨境电商的进出口规模，推进"税路通·北吉兴"跨境税费服务体系的建设等。[②] 辽宁省 2024 年的重点任务安排包括：致力于打造营商环境升级版，深入推进"高效办成一件事"改革，深入开展营商环境问题"万件清理"的专项行动；深化国资国企改革，加快国有资本向重要行业和关键领域的集中；提高开放平台的功能层级，支持沈阳创建国家临空经济示范区，支持丹东创建沿边重点开发开放试验区等。[③]

2024 年是中华人民共和国成立 75 周年，这一年是达成"十四五"规划目

---

① 《政府工作报告——2024 年 1 月 24 日在黑龙江省第十四届人民代表大会第二次会议上》，https://www.hlj.gov.cn/hlj/c108465/202401/c00_31706519.shtml。

② 《政府工作报告——2024 年 1 月 24 日在吉林省第十四届人民代表大会第三次会议上》，https://www.jl.gov.cn/zcxx/gzbg/202401/t20240128_3031250.html。

③ 《2024 年省政府工作报告——2024 年 1 月 23 日在辽宁省第十四届人民代表大会第二次会议上》，https://www.ln.gov.cn/web/zwgkx/zfgzbg/szfgzbg/20240128083263260077/index.shtml。

标与任务的关键年份，同时也是推进全面振兴新突破三年行动的攻坚之年。在全球经济持续低迷、外部环境充满不稳定与不确定性的背景下，我国经济展现出巨大的韧性、充盈的活力和强盛的潜力，保持了持续回升和长期向好的发展态势。东北三省正处于一个至关重要的战略机遇期，政策效应叠加释放，发展动力加速聚集，产业结构转型升级，正是跨越式发展的重要窗口期。我们将坚持不懈深化改革，坚决践行高水平的开放策略，完成中央和各级政府部署的具体任务，努力推动产业结构的优化调整和升级，旨在达成东北全面振兴的宏伟目标。

第三节　RCEP 催生制度性合作新要求

RCEP 催生了制度性合作的新要求，为各成员国带来了新的机遇，这一协定的签署是区域经济一体化进程的重要里程碑，旨在通过规则合作的引领、服务贸易的突破和制度合作的约束，推动区域经济的高质量发展。既为成员国提供了一个共同的规则框架，又通过降低服务贸易壁垒，为成员国企业提供了更多的机会和便利。同时，还建立争端解决机制、技术合作、能力建设等一系列的制度性合作机制，为成员国之间的合作提供了一个框架和约束。

一、RCEP 带来新机遇

RCEP 协议最初于 2011 年在东盟经济部长会议上提出，并在同年东盟峰会上启动谈判，旨在应对逆全球化趋势，通过区域一体化推动成员国高质量发展。自 2012 年起，RCEP 谈判历时 8 年，期间进行了 31 轮谈判、11 次部长级会晤、8 次部长级会议、3 次特别贸易谈判委员会会议和 3 次领导人会议。2020 年 11 月 15 日，RCEP 正式签署，包括东盟十国和中国、韩国、日本、新西兰、澳大利亚，形成了全球最大的自贸区，覆盖全球约 30% 的人口和经济总量。该协定规定，至少需要 6 个东盟国家和 3 个非东盟国家的批准才能生效，而中国作为先批准该协定的非东盟国家之一，同时也是首批 RCEP 生效的国家。2022 年 1 月 1 日，RCEP 正式生效实施，随后各国相继完成批准程序，韩国、马来西亚、缅甸、印尼和菲律宾分别在 2022 年 2 月 1 日、3 月 18 日、5 月 1 日和 2023 年 1 月 2 日、6 月 2 日相继加入实施行列。

（一）RCEP 为中国对外开放带来的新机遇

根据国务院新闻办 2023 年全年进出口情况新闻发布会公布的数据，RCEP 实施两周年来，2023 年我国对 RCEP 其他 14 个成员国的进出口总额达到了 12.6 万亿元，较协定生效前的 2021 年增长 5.3%。

RCEP 使得中国与各成员国之间产业链供应链合作不断深入。2023 年，我国向 RCEP 其他成员国的出口额达到了 6.41 万亿元，较 2021 年增长了 1.1 个百分点，占比达到 27%。特别是装备制造业出口，增长了 32.8%，在对 RCEP 成员国出口中的比重上升了 6.5 个百分点。锂电池、汽车配件、平板显示模组等产品均实现了快速增长。在同一时期，我国从 RCEP 成员国进口的商品价值为 6.19 万亿元，占我国进口总额的 34.4%。能源产品进口量比 2021 年增长了 31.2%，在我国能源产品进口中的比重增加了 2.5 个百分点，达到了 32.4%。

RCEP 使得中国与各成员国之间贸易成本大幅降低。2023 年，依据 RCEP 协议，我国的享惠进口总额达到了 905.2 亿元，减免税款达 23.6 亿元，塑料及其制品、机械器具及零件、有机化学品等为主要进口享惠品。在出口方面，享惠出口额为 2700.7 亿元，可享受的成员国关税减免为 40.5 亿元，主要出口产品涵盖无机化学品、服装附件和塑料制品等。

RCEP 显著降低了中国与成员国之间的贸易成本，加强了产业链和供应链的联系，促进了贸易往来，为中国开放型经济扩展了更宽广的舞台，并创造了更多机遇。

（二）RCEP 对东北地区对外开放带来的新机遇

RCEP 不仅为我国的整体发展提供了机遇，同时也为正处于新一轮开放发展和振兴进程中的东北地区带来了宝贵的机遇。2023 年前三季度，东北三省与 RCEP 成员国合计进出口 2279.2 亿元，占东北地区外贸总额的 24.9%。这一数据体现了东北地区与 RCEP 国家之间紧密的贸易联系。

东北地区与 RCEP 成员国之间构筑了坚实的合作基石，彼此产业结构相辅相成，尤其在农业、石油化工、机械设备等行业存在深入合作的广阔空间。RCEP 的原产地累积规则为东北地区更深入和广泛地融入区域价值链提供了便利。RCEP 的实施对东北地区融入全球化进程、推动区域开放发展、适应国内高质量发展新格局具有重大促进作用。随着 RCEP 的生效，成员国间的合作水平得到全面提高，区域内的自由贸易水平大幅提升，有效促进了产业合作和贸易往来的顺畅发展，为东北地区深化与日本、韩国等国家的合作创造了关键机会。

二、规则合作的引领

RCEP 在规则领域签订的内容包括投资章规则、原产地规则、电子商务规则、货物贸易规则、服务贸易规则、知识产权保护规则等核心条款（见表4-1）。

投资章的规则主要包括投资自由化、投资便利化、投资促进和投资保护这四个关键领域的规则措施。其中投资保护包括资金转移、资本自由化、征收补偿、公平公正待遇等保护措施；投资自由化、投资促进和便利化旨在提高投资政策的透明度，以及通过一系列促进和便利投资的措施，例如提供投资信息、简化投资程序等，为区域内营造优良的投资氛围。

原产地规则所在章节规定了在 RCEP 协议下，哪些原产货物有资格获得优惠关税待遇的认定标准。原产地规则主要可以分为产品特定原产地规则、区域成分累积规则和完全获得或生产规则（见表4-1）。原产地累计规则包括实体性判定标准和程序性要求。这些规则的目的是确保货物享受

RCEP 优惠关税待遇。其中，区域成分累积规则允许成员国在生产流程中采用其他成员国的原料，以确定货物的原产地。除此之外，原产地累计规则还包括背对背原产地规则、直接运输规则、微小加工和处理和微小含量规则等。

表 4-1　RCEP 原产地规则分类 [①]

RCEP 原产地规则				
完全获得或生产	区域成分累积	产品特定原产地		
完全在一个国家（地区）获得的货物，以该国（地区）为原产地	两个以上国家（地区）参与生产的货物，以最后完成实质性改变的国家（地区）为原产地	两个以上国家（地区）参与生产的货物，以最后完成实质性改变的国家（地区）为原产地		
		区域价值成分标准	税则归类改变标准	化学反应规则
		计算所得的货物的区域价值成分不少于百分之四十，即可视为 RCEP 原产货物	RCEP 成员国在使用非原产材料时，其生产加工的货物有无在税则归类上实现改变，如果实现了改变，则视为原产；否则，仍然是非原产	若货物在生产过程中发生了符合 RCEP 定义标准的化学反应，则该货物可被认为原产

电子商务规则主要包括电子签证、跨境电信传输、个人数据在线保护、在线消费者权益保护以及网络安全等条款。除此之外，我国还首次加入了信息储存和数据流动等规定。

货物贸易规则主要通过实施关税自由化来实现最终 90% 以上货物零关税的目标，包括 20 年内降税到零、10 年内降税到零和立刻降税到零的不同降税措施。

服务贸易规则包括市场准入承诺表、国内法规、当地存在、最惠国待

①《详解 RCEP 协定之"产品特定原产地规则"》，https://www.customslawyer.cn/index.php/portal/lssf/detail/id/65106.html。

遇、国民待遇等规则。除此之外，还包括专业服务附件、电信服务附件以及金融服务附件的相关条款。其中金融服务附件包括直接保险、再保险、保险中介、金融资产交易等范围条款，电信服务附件包括电信服务的技术标准、数据处理和传输等方面的规定，专业服务附件包括法律、会计、医疗和教育等关于市场准入、职业规则等方面的规定。

知识产权保护规则所在章节包含 83 项条款，以及技术援助和过渡期安排附件，构成了协议中内容最为丰富、篇幅最长的部分。同时，这也是我国迄今为止签署的自贸协议中最为综合的知识产权章节。包括商标、著作权、专利、知识产权执法、合作以及透明度等多个方面的规定，它不仅包含了传统知识产权的核心议题，也反映了知识产权保护的新动向。过渡期安排和技术援助的相关条款，旨在缩小成员国之间的发展水平和能力差距，协助成员国更有效地履行协议中的职责。

RCEP 无论在货物贸易的最终零关税产品整体占比上，还是服务贸易的市场准入和投资开放水平方面相比之下都显著超越了原有的"10+1"自贸协定。[①] 除此之外，RCEP 中还新加入了电子商务、知识产权保护等方面的规定与议题，促进了区域之间跨境电商和知识产业的发展。在面对不同国家的国情不同这一点上，RCEP 通过特殊规定切实满足不同发达水平国家各自的实际需求，可以说，RCEP 在最大程度上平衡了各方的利益诉求，这将推动本地区的包容性和均衡发展，确保所有参与方都能充分受益于 RCEP 的成果。

三、服务贸易的突破

服务贸易是指国际服务的买卖和交易，也是继货物贸易以来中国二次开放的象征。根据中国海关总署的数据，2023 年我国的进出口总值达到 41.76 万亿元人民币，同比微增 0.2%。具体来看，出口额为 23.77 万亿元，增长

---

① "10+1"自贸协定指的是在 RCEP 签署之前，东盟与包括中国在内的 10 个对话伙伴国之间达成的自由贸易协定。

0.6%；进口额为 17.99 万亿元，略有下降，减少 0.3%，体现出我国货物贸易促稳提质，扎实推进高质量发展的现状。根据商务部统计，2023 年，我国服务贸易的进出口总额达到 65754.3 亿元人民币，同比增长了 10%。其中，服务贸易出口 26856.6 亿元，同比下降 5.8%，服务贸易进口 38897.7 亿元，同比增长 24.4%；服务贸易的逆差达 12041.1 亿元，这显示出我国服务贸易稳中有增，规模不断创下历史新高，呈现出良好的发展趋势。服务贸易的快速增长是整个国家经济贸易转型升级的重要标志，也是全球化的重要特征之一，它体现了我国不断践行高水平对外开放，融入全球经济体系的坚定决心和实际行动，为全球经济的繁荣与稳定贡献中国力量。

2023 年 9 月，第九届中国国际服务贸易交易会（服贸会）在京举行，该服贸会是目前为止服务贸易领域全球最大、最全面的展会，主题为"开放引领发展 合作共赢未来"，其内容涵盖了教育服务、文旅服务、金融服务、电信及计算机与信息服务等多个领域。同时，本届服贸会还首次推出"投资中国年"服务业扩大开放推介会，进行了项目对接和投资洽谈。在 2023 年服贸会期间，还于北京国家会议中心举办了服务贸易发展高峰论坛，该论坛围绕"服务贸易开放发展新趋势"与"服务贸易便利化"等主题进行了深入的交流和研讨。2023 年 11 月，第六届中国国际进口博览会（进博会）在上海国家会展中心举办，主题为"新时代，共享未来"，会议内容在服务贸易领域涵盖金融服务、旅游服务、教育服务、物流服务等多个方面。2023 年 12 月，粤港澳大湾区服务贸易大会于珠海国际会展中心召开，以"服务数字化策源地 贸易数字化领航区"为主题，涵盖了人工智能、数字贸易、跨境电商等多个领域。从服贸会到进博会，再到粤港澳大湾区服贸会，不仅展示了我国服务贸易领域的高质量发展和不断突破的交流与合作，也为参与者提供了了解中国市场、寻找合作伙伴以及拓展合作业务的机会。

从货物贸易的持续增长到服务贸易的不断创新，都体现了我国贸易结构的不断优化与升级。快速增长的服务进出口不仅展现了我国在全球贸易中的领先地位，同时也显现出我国不断提升的国际竞争力。服务贸易除了在京津冀、长三角以及珠三角地区存在突破性进展之外，也在东北地区展现出了蓬勃生机，为地区经济的高质量发展注入了新动力。

2022年，东北地区服务贸易进出口总额达到218.8亿美元，同比上升了8.8%，占全国服务贸易进出口总额的2.5%。具体来看，服务出口额为86.5亿美元，增长了18.8%，而服务进口额为132.3亿美元，增长了3.1%（见表4-2）。在大连市，服务贸易进出口总额达到了87亿美元，增长了19.1%，这个增速比全国平均水平高出10.8个百分点。细分来看，服务出口额为57亿美元，增长了24.8%，比全国平均水平高出17.2个百分点；服务进口额为30亿美元，增长了9.6%，比全国平均水平高出0.7个百分点。

表4-2 2022年东北三省服务贸易进出口情况

（单位：亿美元）

占全国服务进出口比例	服务进出口总额	同比增长	服务进口额	同比增长	服务出口额	同比增长
2.5%	218.8	8.8%	132.3	3.1%	86.5	18.8%

数据来源：东北对外开放调研报告。

2023年8月，第十四届中国—东北亚博览会在吉林省长春市举行，主题为"共建东北亚，合作向未来"，着重展示了现代装备与新能源合作、数字生活、东北亚商品等领域的相关内容。还举办了一系列会议和论坛活动，如俄罗斯商务日、2023（吉林）中日经济合作会议、第十二届东北亚合作高层论坛等，会议活动丰富求实，范围广泛。在服务贸易方面，本次大会首次设立了现代服务业展馆，聚焦医药健康服务、医疗服务、智慧养老及康养服务等领域，通过东北亚博览会平台，整合医疗健康业的资源，以发挥协同效应。除此之外，包括信息技术服务、教育服务、环境保护服务、金融服务等在内的一系列现代服务业项目也在整个博览会上得到了充分展示。除此之外，2023年7月，中国国际数字和软件服务交易会（软交会）于大连举办，其主题为"数字创新，融合发展"，500余家国内外知名数字和软件服务企业参展。

随着东北地区服务贸易的持续增长和未来更多如东北亚博览会、软交会等促进东北亚地区服务贸易的平台涌现，服务贸易在东北地区的巨大潜力正在逐步被激发和充分利用。

四、制度合作的约束

RCEP 制度框架下国际合作的约束主要体现在三个方面：一是贸易活动中面临的规则性约束，二是成员国遵守 RCEP 协议承诺履行相应义务的约束，三是各国自己的法律法规、制度性约束。

（一）贸易活动中的规则性约束

RCEP 贸易活动中的规则性约束主要包括 RCEP 成员国在认定关税优惠过程中的一般性程序，涵盖投资、原产地、电子商务、货物贸易、服务贸易和知识产权保护等多个方面。

具体来看，包括例如各成员国之间进行投资的一般性程序，认定有资格享受优惠关税待遇的货物原产地规则与程序，海关程序，跨境电商的电子签证的认证规则与程序，跨境电信服务的技术标准规定，数据传输和处理的安全保障协议，商标、专利、著作权的保护性规定等等。

（二）成员国承诺的义务性约束

成员国遵守 RCEP 协定承诺，履行其涉及的约束性义务，这些义务涵盖了多个领域，包括关税减让承诺、市场开放承诺以及促进贸易便利化的承诺等等。

具体来看，RCEP 缔结的关税减让承诺表分为两大类：其一是"国别减让"，即按照国别进行不同的降税安排。以各省重点商品关税减让清单的形式实施，我国分别与韩国、日本、新西兰和东盟各自签订关税承诺，形成 5 份独立关税承诺表；其二是"统一减让"，指同一产品对其他各方使用相同的降税安排，澳大利亚等 8 个国家对同一产品适用统一的降税安排，体现在一张共同的关税承诺表上，确保不同来源的同一产品在这些国家进口时税率一致。中方对其他缔约方降税情况见表 4-3。

表 4-3　中方对其他缔约方降税一览表

降税模式	日本	韩国	东盟	新西兰
协议生效立即降为零	25%	38.6%	67.9%	66.1%
10 年降为零	46.5%	41%	12.7%	13.9%
过渡期降为零 15 年降为零	11.5%	3.1%	3%	0%
20 年降为零	3%	3.2%	6.9%	10%
最终零关税比例	86%	86%	90.5%	90%
部分降税	0.4%	1%	5.4%	5.6%
例外产品	13.6%	13%	4.1%	4.4%

数据来源：《RCEP 政策解读之关税减让篇》[①]。

除关税承诺之外，我国的市场开放承诺主要以投资负面清单的形式呈现，明确列出限制或禁止外国投资者进入的领域，未列出的领域则默认对外开放。而各国促进贸易便利化的承诺则体现在原产地证书全流程数字化服务的推进工作以及增加 RCEP 国家的外贸班轮、航班以提升互联互通水平和扩大对外贸易等。

（三）成员国法律相关的制度性约束

国际经贸规则持续演进，从早期的传统规则演变为如今的高标准规则。这些规则始终具有制度性质，它们主要通过约束国家的法律、法规等相关制度，间接影响国家的贸易与投资，旨在推动各国制度的趋同。对于 RCEP 成员国而言，它们必须保证国内的法律体系与 RCEP 的条款保持一致，并将 RCEP 的争端解决机制融入各自的法律体系中。例如，RCEP 对透明度的提升

---

① 《RCEP 政策解读之关税减让篇》，https://sw.wuhan.gov.cn/ztzl_26/swzt/kfxjj/202112/t20211213_1871697.shtml。

要求各国在法律法规的监督和执行上下功夫，这样才能有效推动区域内的国家共同追求更高水平的开放标准。

在 RCEP 制度框架下，东北地区作为中国的一个重要组成部分，自然被纳入这一多边贸易协定。由于其地理位置特殊，位于东北亚的中心地带，并与包括日本和韩国在内的其他 5 个国家接壤，其中日韩是 RCEP 的成员国，这使得东北地区在遵循 RCEP 规则时面临一些特有的合作约束。因此，东北地区在 RCEP 框架下的制度约束合作需要注意以下几个关键方面：

一是多层级政策叠加，但合作基础有待夯实。东北地区除了面临 RCEP 框架下的制度约束之外，还面临为中、日、韩三国自贸协定扫清障碍、充当先锋的作用，因此要增强政策透明度和扩大市场准入，持续适应 RCEP 的高标准规定。这样的措施将有助于为外国投资者创造一个更加清晰和可预见的投资环境，特别吸引日本和韩国等 RCEP 成员国在东北地区的投资和合作。

二是区域产业链完备，但产业有待协同发展。东北地区应充分利用 RCEP 框架下的产业链协同效应，在 RCEP 制度约束下扩大与成员国之间在产业上的技术合作和产业相关人才培养规模，推动与日韩产业形成优势互补，更好与国际市场对接。

三是法律法规完善，但执行有待有效落实。东北地区需要在法律法规的执行上下功夫，确保 RCEP 相关规则得到有效落实。这包括提高政府部门的工作效率，简化审批流程，加强监管能力，以及提升法律法规的适用性和灵活性。同时，建立健全法律法规的反馈和评估机制，及时调整和优化政策，以适应 RCEP 框架下的制度约束和市场需求。通过这些措施，为东北地区的经济发展创造一个稳定、公平、透明的法治环境。

第四节　东北三省特色开放形成新支撑

辽宁、吉林、黑龙江三省正在凭借各自的现实基础与区位优势，以各自的特色型开放共同构建东北地区对外开放的新支撑体系。不仅为推动东北地区高质量发展、高水平开放助力，还为提升东北地区在全国乃至区域经济体系中的地位做出贡献。

一、辽宁省的特色开放

近年来，辽宁省经济发展持续向好，稳中有进。根据辽宁省统计局统计数据，2023 年，辽宁省地区生产总值达到 30209.4 亿元，以不变价格计算，较上年增长 5.3%，比全国平均水平高 0.1 个百分点。从对外贸易看，2023 年，辽宁省进出口总额为 7659.6 亿元，同比下降了 3.1%，全国排名第 12 位。其中，出口 3535.6 亿元，下降 1.1%；进口 4124.0 亿元，下降 4.6%。根据大连海关统计，2023 年，辽宁省外贸进出口来源国家（地区）中日本、韩国、沙特阿拉伯是其前三大贸易伙伴。

辽宁省地处渤海之沿，与韩国、朝鲜、日本隔海相邻，其中日本、韩国更是辽宁省对外进出口第一和第二大的国家。2023 年辽宁省对日本进出口额 901.2 亿元人民币，同比下降 1.38%，占辽宁省对外贸易总额的比重为 11.76%；2023 年辽宁省对韩国进出口额 634.1 亿元人民币，同比增长 8.6%，占全省贸易总额的 8%。因此，辽宁省对外的特色开放主要是对日本、韩国两大主要贸易往来国家的开放。

2022 年底，辽宁现存日资企业 1851 家、韩资企业 1250 家。日、韩对辽投资主要集中在制造业，具体包括新能源、信息产业、石化、装备制造等领域。以新能源领域为例，2023 年前三季度，辽宁省的电动汽车、太阳能电池和锂电池等"新三样"产品出口额达到 145.5 亿元，同比大幅增长 74.7%，对全省出口增长贡献率达 2.3 个百分点。大连新日本工业园地、沈抚新区中日产业园、沈阳万科中日产业园、中日（大连）地方发展合作示范区，作为深化日韩合作的重要载体，推动了辽宁省在汽车、电子产业、医药等领域高质量发展。辽宁省企业赴日、韩开展经贸洽谈活动取得正面成果。在与日、韩的人文交流上，辽宁省与日本神奈川县、韩国京畿道等开展缔结友城关系纪念活动，加强了彼此的友好往来。

此外，辽宁省沿海港口运能日益提升。辽宁沿海港口拥有的集装箱海运航线数量已达到 193 条，联通了 160 多个国家和地区的 300 多个港口，实现了对日、韩核心港口的全覆盖，海铁联运量连续 6 年突破百万标箱。2023 年全年，辽宁港口完成货物吞吐量 7.53 亿吨、外贸吞吐量 2.6 亿吨、集装箱吞吐量 1290 万标准箱，同比分别增长 1.7%、7.2%、7.9%。对外开放平台能级实现了新提升，带动开放的功能和作用明显增强。截至 2024 年，辽宁自由贸易试验区三大片区（沈阳、大连、营口）新增注册企业已突破 10 万户，注册资本突破 2 万亿元，累计使用外资达 49.9 亿美元，实现了 10.5% 的税收年均增长、12.9% 的固定资产投资年均增长。辽港集团在俄罗斯建设运营别雷拉斯特物流中心，沈阳市建成中欧班列集结中心。2023 年 3 月，中欧班列（沈阳）集结中心正式投入运营。该中心具备 2150 个标准集装箱位堆存能力，每年可满足 1500 列中欧班列的作业需求。2024 年 8 月，辽宁省开行中欧班列达 1000 列，运输货物超 8 万标箱。[①] 在一些特色商品出口上，2022 年，辽宁省乙烯出口 440 万吨，列全国第一位，生铁出口 0.7 亿吨、粗钢出口 0.75 亿吨、钢材出口 0.78 亿吨，均列全国第四位。

党的二十大提出高水平开放，辽宁省积极响应并布局了一系列特色开放措施：沈阳、大连、丹东、营口获批国家级外贸转型升级基地；太平湾合作创新区的建设取得新进展；第九届中国—中亚合作论坛成功举办；首届中俄地方投资发展与贸易合作大会圆满落幕；第四届辽洽会、首届全球辽商大会取得丰硕成果等。辽宁省始终坚持创新驱动经济发展和可持续发展的战略，推动协同开放创新，既深入挖掘省内具有优势的传统特色产业，又在新兴领域和赛道上奋力攻坚，实现突破。

二、吉林省的特色开放

近年来，吉林省的经济状况持续改善，保持稳定增长的趋势。根据吉林

---

① 《中欧班列（沈阳）集结中心往返开行班列达千列》，https://www.ln.gov.cn/web/ywdt/jrln/wzxx2018/20240803070 24152478/index.shtml。

省统计局统计数据，2023年，吉林省地区生产总值达到了13531.19亿元人民币，同比增长率为6.3%。这个增长率高于全国平均水平1.1个百分点，显示出吉林省经济的强劲增长势头。从对外贸易看，2023年，吉林省进出口总额1679.1亿元，同比增长7.7%，增速居全国第9位，高于全国7.5个百分点。其中出口627亿元，较上年增长24.9%，增速居全国第5位，高于全国24.3个百分点；进口1052.1亿元，同比下降0.5%。根据长春海关统计，2023年，吉林省外贸进出口来源国家（地区）中，德国、俄罗斯、墨西哥、斯洛伐克、韩国、日本分别是其前六大贸易伙伴。

吉林省地处东北中央，东临朝鲜和俄罗斯，西接内蒙古自治区，南接辽宁省，北与黑龙江省相邻。在整个东北亚地区国家中，俄罗斯、韩国、日本分别是吉林省的第二、第五以及第六大贸易国家。2023年，吉林省对俄罗斯进出口总额为2972783亿元人民币，同比增长71.5%，高于全国38.8个百分点；其中，出口增长210.7%，高出全国156.8个百分点。2023年，吉林省对韩国进出口总额为598981亿元人民币，同比增长0.5%，出口增长15.1%。2023年，吉林省对日本进出口总额为574756亿元人民币，同比下降30.8%，出口增长8.4%。

从进出口产品来看，2022年，吉林汽车出口229万辆，其中轿车出口122万辆，列全国第三位，汽车等相关制造业产品是吉林省的特色产业。在吉林省与包括德国在内的欧洲国家的贸易往来中，进口商品主要包括机械装备、汽车零部件、化工产品、农产品、纺织品等，出口商品包括粮食、汽车、电子产品和化工原料等；与俄罗斯的贸易往来中，进口商品主要集中在能源领域，如液化气、石油和煤炭，还包括矿产品、木材制品、食品、植物产品、海产品等，而出口至俄罗斯的产品则涵盖了汽车零部件、机械制造品、电子仪器、化工产品、纺织品、农产品和水海产品等；在对韩国的贸易中，吉林省的出口主力为汽车及其零部件、化工产品和农副产品，而从韩国进口的主要是高新技术产品、机电产品、高端化工产品和日常消费品；而与日本的贸易往来中，吉林省出口的产品包括农副产品、汽车及零部件、石化产品、木材制品、医药产品和轻纺产品等，而从日本进口的产品则以汽车及零部件、高新技术产品为主。吉林省的外国企业主要以日企和韩企为主，截至 2023 年，吉林省共吸引了 124 家日本企业入驻，其直接投资总额达到了13.7 亿美元。这些日本企业的投资主要分布在制造业、农业、批发零售业以及采矿业等领域。至 2024 年上半年，吉林省内的韩国企业数量达到 378 家，位居全省外资企业数量的第二位，其中四分之一的外资企业来自韩国，吉林省累计吸收韩国投资额为 22.5 亿美元。

2022 年，长吉图开发开放先导区的生产总值达到了 9101.32 亿元人民币，达到了 6.2% 的年增长率，占全省经济总量的 70%。同时，该地区的进出口总额达到了 1455.33 亿元，占据了全省进出口总额的 93.4%。此外，跨境电商作为对外贸易的创新模式和新兴业态，已成为吉林省外贸转型升级的实际依托。2023 年，吉林省跨境电商进出口总额达到 53.2 亿元，同比增长达88.9%，高出全国平均水平 73.3 个百分点。珲春跨境电商综试区建立了东北亚跨境电商产业园，构建了"直播电商 + 实体零售"业态模式，珲春跨境电商的进出口贸易额从 2018 年的 1700 万元猛增至 2023 年的 51 亿元人民币，成为了拉动吉林省外贸增长的新动力。

自党的二十大以来，吉林省积极响应高水平开放的号召，并布局了一系列特色开放措施：从举办汽博会、农博会、雪博会、房交会、航空展到世界寒地冰雪经济大会、东北亚博览会、东北亚地方合作圆桌会议、全球吉商大会等，连续三年举办中国新电商大会，农村网络零售额、网络零售额分别增长 31%、24%，增速均居全国和东北地区首位。吉林省始终坚持深化改革开放，不断优化营商环境，提振市场活力，培育新的经济增长点，加快转型升级步伐，为全面实现高质量发展奠定坚实基础。

三、黑龙江省特色开放

近年来，黑龙江省的经济形势逐步好转，呈现持续稳定的增长态势。根据黑龙江省统计局统计数据，2023 年，黑龙江省地区生产总值为 15883.9 亿元人民币，同比增长 2.6%，稳中有增。从对外贸易看，2023 年，黑龙江省进出口总额 2978.3 亿元人民币，同比增长 12.3%，进出口增速居全国第 6 位，连续三年进出口增长率保持在两位数水平。其中，出口额为 760.6 亿元，同比增长 39.4%；进口额为 2217.7 亿元，同比增长 5.3%。根据哈尔滨海关统计，2023 年，黑龙江省外贸进出口来源国家（地区）中，俄罗斯、巴西、美国、澳大利亚、韩国、日本分别是其前六大贸易伙伴。

黑龙江省地处中国最北，与俄罗斯隔江相望，在整个东北亚地区国家中，俄罗斯稳坐黑龙江省第一大贸易伙伴宝座，其次是韩国、日本，分别是其第五、第六大贸易伙伴。2023 年，黑龙江省对俄罗斯进出口总额为 21039492 亿元人民币，同比增长 13.5%，其中出口额为 2888374 亿元人民币，同比增长 67.1%，进口额为 18151118 亿元人民币，同比增长 8.0%。2023 年，黑龙江省对韩国进出口总额为 423049 亿元人民币，同比增长 23.0%，其中出口额为 388427 亿元人民币，同比增长 22.0%，进口额为 34622 亿元人民币，同比增长 35.6%。2023 年，黑龙江省对日本进出口总额为 355405 亿元人民币，同比增长 10.6%，其中出口额为 163658 亿元人民币，同比增长 2.7%，进口额为 191747 亿元人民币，同比增长 18.3%。

从进出口产品来看，黑龙江省向俄罗斯出口的主要产品包括机电产品、农产品、纺织服装和鞋类；而从俄罗斯进口的产品则主要由能源产品如原油和天然气、原材料如铁砂矿和木材、农产品以及机电产品等构成。黑龙江省向韩国和日本的出口主要集中在农副产品、机电产品、木制品、纺织服装、鞋类等传统产品；而从日本和韩国进口的主要是机电产品，如汽车零件、汽轮机零件、无线电导航雷达、遥控设备，以及高新技术产品。总的来看，近年来，黑龙江省对外出口产品结构得到优化，机电产品的比重显著增加。2023 年，黑龙江省机电产品出口额达 315.4 亿元人民币，同比增长 65.9%，在全省出口总额中的占比上升至 41.5%，同比增长 6.6 个百分点。其中，汽车出口额为 56.6 亿元，增长了 67%。同时，劳动密集型产品的出口额为 145.4 亿元，增长了 57%，在全省出口总额中的占比为 19.1%。农产品出口额为 79.8

亿元，增长了 6.4%，占全省出口总值的 10.5%。另外，"新三样"产品的出口成绩斐然，出口额为 12.2 亿元，增长了 68.8%。

2023 年前三季度，黑龙江省跨境电商贸易额增长 65.9%，绥芬河跨境电商综试区围绕打造对俄合作新模式，已经建立了九大区域化、特性化电商平台，自 2017 年以来，绥芬河海关验放跨境电子商务出口商品额合计超过 2200 万美元。中国（黑龙江）自由贸易试验区累计生成 300 多项制度创新成果，发布 6 批 140 个省级创新实践案例，2024 年上半年，黑龙江自由贸易试验区进出口总值 332.7 亿元，同比增长 38.6%，开放成效明显。

党的二十大召开以来，黑龙江省紧跟高水平开放的政策导向，制定并实施了一系列具有地方特色的对外开放措施。从中俄博览会、哈洽会、亚布力论坛到第十四届中俄文化大集、第六届旅发大会以及高标准高质量筹办第九届亚冬会，再到高水平建设绥芬河进口贸易促进创新示范区、中国—上合组织冰雪体育示范区、哈尔滨临空经济区、黑瞎子岛中俄国际合作示范区等，黑龙江省始终坚持深化改革开放，提升企业经营环境，提振市场活力，培育新的经济增长点，同时，加大科技创新力度，促进区域协调发展，推动产业结构调整，全面提升开放型经济水平，确保在新时代的征程中，实现经济社会持续健康发展，助力构建新发展格局。

四、东北特色开放新支撑

2023 年 9 月，习近平总书记在哈尔滨主持召开新时代推动东北全面振兴座谈会时指出，东北是我国向北开放的重要门户，在我国加强东北亚区域合作、联通国内国际双循环中的战略地位和作用日益凸显。[1]

2023 年，东北三省地区生产总值为 59624.5 亿元人民币，同比增长

①《习近平主持召开新时代推动东北全面振兴座谈会强调：牢牢把握东北的重要使命　奋力谱写东北全面振兴新篇章》，https://www.gov.cn/yaowen/liebiao/202309/content_6903072.htm#:~:text=%E7%89%A2%E7%89%A2%E6%8A%8A%E6%8F%A1%E4%B8%9C%E5%8C%97%E7%9A%84%E9%87%8D。

4.8%，经济实现小幅增长。2023 年，东北三省进出口总额为 12317.0 亿元人民币，同比增长 1.66%（见表 4-4）。其中，对日本进出口总额为 9942181 万元人民币，对韩国进出口总额为 7363048 万元人民币，对俄罗斯进出口总额为 29502316 万元人民币，东北三省对日、韩、俄三国进出口总额占全部进出口总额的比重为 38.17%，接近四成（见表 4-5）。东北地区通过加强对东北亚各国，尤其是日、韩、俄三国的贸易往来，助力东北地区对外贸易发展跃上新台阶，我国向北、向东开放的新态势正在逐渐形成。

表 4-4　2023 年东北三省进出口贸易情况

地区	进出口总额（单位：亿元人民币）	同比增长
辽宁	7659.6	−3.10%
吉林	1679.1	7.70%
黑龙江	2978.3	12.30%
东北三省	12317	1.66%

数据来源：哈尔滨、长春、沈阳海关。

表 4-5　2023 年东北三省对日、韩、俄三国进出口情况

（单位：万元人民币）

产终国	进出口总额	同比（%）	出口	同比（%）	进口	同比（%）
韩国	7363048	8.34	4552975	16.01	2810074	−2.14
日本	9942181	−3.41	6534228	2.25	3407953	−12.69
俄罗斯	29502316	23.59	6364451	81.90	23137865	13.58

数据来源：哈尔滨、长春、沈阳海关。

东北三省的特色开放在产业上有所体现。2022 年，东北三省进出口产品前 10 位分别是：机电产品、高新技术产品、钢材、农产品（水产品）、食品、

基本有机化学品、服装及衣着附件、电动载人汽车、陶瓷产品、木及其制品。长期以来，东北三省进口产品以煤炭、机电产品、高新技术产品为主，出口产品以钢材、农产品、化工产品、木制品等低附加值的劳动密集型产品为主，高新技术产品的出口一直是个痛点。然而，随着地缘政治局势的变动，以及东北产业结构的不断转型和升级，东北三省对外出口显著增加，尤其以电动汽车为代表的新能源领域正在朝着"弯道超车"前进。2023年，东北进出口重点商品结构分析见表4-6。

表4-6　2023年东北进出口重点商品结构分析

（单位：亿美元，%）

序号	重点商品	进出口额	增幅（%）	占比（%）
1	机电产品	583.4	−10.5	32.1
2	汽车	50.6	−8.3	2.8
3	电动载人汽车	15.2	21.4	0.8
4	汽车零配件	124	−18.3	6.8
5	高新技术产品	173.9	−7.5	9.6
6	钢材	58.9	−3.6	3.2
7	农产品	133.2	−11.7	7.3
8	粮食	33.4	−21.2	1.8
9	食用植物油	0.3	−11.7	—
10	服装及衣着附件	32.4	4.5	1.8
11	原油	187.9	−41.4	10.3
12	成品油	15.1	62.2	0.8

数据来源：哈尔滨、长春、沈阳海关。

东北地区的特色开放还体现在与东北亚地区的政府、企业以及民间不断深入的交流与合作。从大图们倡议政府间协商委员会、中日韩领导人峰会、东北亚地区地方政府联合会等政府间的高级别高规格会议到中国—俄罗斯博览会（哈洽会）、中国—东北亚博览会、中日韩投资贸易博览会、中蒙博览会、大连日本商品展览会等企业间的贸易洽谈会议再到大连赏槐会、中俄文化大集、哈尔滨国际冰雪节、吉林国际雾凇冰雪节等民间人文交流，东北地区的全方位开放不断为东北亚地区提供交流平台，拓展合作领域。除此之外，跨境电商、边境口岸、基础设施互联互通等也在不断开放，为东北亚地区合作创造更加方便快捷的沟通与合作的媒介。例如，黑河—布拉戈维申斯克、同江—下列宁斯阔耶、绥芬河—波格拉尼奇内等边境口岸的通关便利化水平不断提高，绥芬河、珲春等跨境电商综合试验区的加快建设，中俄同江铁路桥、中俄黑河—布拉戈维申斯克公路大桥、"西伯利亚力量" 1 号天然气管道等重要基建项目，将进一步提供交通物流优势。

一直以来，东北地区的特色开放都是围绕东北亚各个国家和地区的开放，其中、日、韩俄一直是东北主要贸易和投资伙伴，未来东北地区的特色开放将进一步以 RCEP 为契机，深化东北与日、韩的合作，积极推动与俄远东地区开展经贸合作。

一是增加与日韩企业的沟通，重振其东北投资信心，巩固合作基础，并推出优惠政策，吸引日、韩企业增量投资，促进东北新兴产业产业链和供应链构建。利用 RCEP 政策，深化东北与日、韩制造业产业链融合，探索缩短过渡期和扩大"零关税"商品范围，优化原产地累积规则应用，布局面向日、韩的开放平台。

二是推动东北利用战略机遇，以元首外交为引导，有效运用中俄总理定期合作委员会等机制，为企业合作提供制度保障。遵循市场原则和世贸规则，推进中俄经济合作。统筹规划中俄远东地区开放合作，确立战略目标、原则、重点任务和保障措施，加速制定东北与俄地方互利合作的战略规划。

高水平特色开放为东北地区注入了新的动能，通过与东北亚国家不断拓宽合作领域，提升合作水平，不仅促进了资源优势的互补和产业升级，也为东北地区带来了全新的发展机遇，共同推动区域经济迈向高质量发展。

第五章
东北地区高水平开放面临新挑战

当前，国际局势变乱交织，全球力量对比深刻调整，世界经济增长动能不足、复苏步伐缓慢。地缘冲突、大国博弈和供应链重组等多重因素叠加，使全球面临前所未有的巨大挑战。在外部环境深刻变化的背景下，东北地区在推进高水平对外开放的道路上面临一系列新挑战。这些挑战不仅源自全球地缘政治冲突和全球经济的脆弱性，也源于东北亚区域内国家间安全风险与合作关系的日益复杂化。同时，随着全国经济中心的南移，区域板块间开放的竞争与东北地区内部的竞争已日益加剧，以及东北地区开放内生动力激活不足的压力，共同构成了东北地区推进高水平对外开放的新难题。

第一节　全球地缘和经济出现新变化

目前，全世界范围内依然存在诸多不确定性与战略风险。地缘政治冲突严重扰乱全球产业链与供应链，对世界经济的稳定和复苏、全球贸易和投资造成了显著的负面影响，地缘政治紧张局势升级可能会引发新的通胀压力。同时，激烈地缘冲突导致大宗商品价格剧烈波动，增加了全球能源和粮食危机的风险，对全球治理和国际合作造成冲击。在东北周边的东北亚区域，地缘环境恶化与合作面临的挑战加剧，特别是朝鲜半岛局势的动荡反复，以及未来可能形成的大国竞争的"阵营化"对立，这些地缘政治风险加大了中国东北周边区域合作发展的挑战。

一、全球经济恢复基础脆弱

当前，全球经济增长乏力。从新冠疫情后供应链出现扰动，到俄乌冲突导致全球能源和粮食供应受到冲击，再到通胀的大幅飙升，以及全球货币政策的同步收紧，这些情况共同构成了当前全球经济增长面临的复杂局面。同时，利率的持续高企、地缘冲突的加剧、国际贸易的疲软以及气候灾害的频发，都给全球经济恢复带来了巨大挑战。经济全球化也面临贸易保护主义、单边主义持续升温的挑战，全球经济增长面临的不确定性与风险性显著增加，全球经济恢复的基础依然脆弱。

根据联合国 2024 年 1 月发布的《2024 年世界经济形势与展望》报告，全球经济增长速度预计将在 2023 年的 2.7% 的基础上，放缓至 2024 年的 2.4%[①]，预期值低于新冠疫情前增长率的历史平均水平。虽然世界经济在 2023 年表现超出预期，但短期风险和结构脆弱性问题依然存在。发达经济体和发展中经济体增长乏力。预计美国等大型发达经济体在 2024 年的增长会因利率高企、劳动力市场疲软等原因放缓；许多东亚、西亚、拉丁美洲地区的发展中国家在短期内的增长前景也遭遇财政空间缩小、外部需求不振以及金融条件收紧等挑战；对于低收入国家和脆弱国家而言，不断增大的债务可持续性风险和国际收支平衡压力导致其经济增长前景依然疲弱，全面恢复新冠疫情造成的损失变得更加渺茫。2024 年的全球通胀率预计将降至 3.9%。其中，2024 年东亚的通胀率预计将由 2023 年的 1.2% 上涨至 1.9%。

根据国际货币基金组织（IMF）2024 年 4 月的最新预测，2024 年与 2025

[①]《联合国旗舰报告：2024 年全球经济增长预计放缓至 2.4%，中国经济复苏面临阻力》，https://www.un.org/zh/desa/protracted-period-low-growth-looms-large-undermining-progress-sustainable-development-zh。

年全球的经济增速将保持在 3.2% 左右。[①] 其预测值远低于 2000—2019 年间 3.8% 的历史平均水平，经济增长依然处于疲软状态。预计到 2025 年底，总体通胀中位水平将从 2024 年底的 2.8% 下降至 2.4%。全球通胀预计将从 2023 年的 6.8% 下降至 2024 年的 5.9% 和 2025 年的 4.5%。总体来看，预计核心通胀将下降得更慢。通胀率回落主要系因能源价格下跌、商品通胀率低于历史平均水平。通货膨胀呈下降趋势，但劳动力市场复苏仍呈现不均衡的态势。将通胀降至目标水平仍然存在来自地缘政治冲突进一步升级等多重挑战。

全球经济恢复乏力对东北高水平开放产生了多方面的影响。首先，全球经济复苏的缓慢和不均衡将直接影响东北地区的对外贸易和投资。目前，经济下行风险日益加大，投资贸易增速持续放缓，加之全球经贸摩擦不断加剧，东北地区面临更加复杂的对外开放环境。尽管旅游业等服务出口呈现强劲复苏势态，但外部需求的减弱势必对东北地区的出口产生影响。对东北地区而言，工业研发和关键环节上的国际竞争力尚未成为全球产业链上的必需品，更容易受到产业链调整的冲击。对部分贸易伙伴的出口下降，以及经济衰退与国际地缘冲突等叠加因素的持续发酵，一定程度上会对东北地区产业链上游和产业结构升级造成影响。其次，全球经济增长放缓会影响东北地区的内需市场。以新冠肺炎疫情为例，其造成的负面效应一定程度上放大了需求收缩、供给冲击方面的压力。一方面，生产、销售、物流、劳动供给、劳动意愿等供给方面受的冲击尚未完全缓解。许多中小企业现金流枯竭，面临信心不足和预期减弱的发展问题。另一方面，新冠肺炎疫情后的消费报复性反弹的强烈程度不及预期，消费意愿不强烈，且消费者风险偏好降低、预防性储蓄倾向明显上升。[②]

---

① 《世界经济展望——平稳但缓慢：分化中的韧性》，https://meetings.imf.org/zh/IMF/Home/Publications/WEO/Issues/2024/04/16/world-economic-outlook-april-2024。

② 参见闫修成：《东北蓝皮书中国东北地区发展报告（2022—2023）》，社会科学文献出版社，2023 年版。

二、地缘冲突放大经济安全

当前，国际局势变乱交织，世界进入新的动荡变革期。地缘政治纷争与军事冲突多点爆发，乌克兰危机的长期化、巴以冲突的持续延宕以及其他区域的地缘冲突，加之难以遏制的外溢性效应，都使全球发展和安全形势日益错综复杂。尽管2023年也出现了沙特与伊朗和解、金砖机制历史性扩容等国际政治缓和的新气象，但地缘政治紧张局势依然再度加剧，当前全球地缘冲突的数量、强度、结构化和长期化已经达到了冷战结束以来的最高水平。加之大国竞争与地缘政治在战略上的角逐、民族主义与保护主义的持续升温等诸多因素，放大了世界经济安全的不确定性与不稳定性。

从亚欧看，乌克兰危机持续成为焦点，博弈愈演愈烈。自2022年初俄罗斯和乌克兰爆发大规模军事冲突以来，俄罗斯与美国等西方国家之间的地缘政治角力日渐激烈，且呈现复杂化和长期化的态势，体现了冷战后国际秩序出现的重大调整。2024年，乌克兰危机进入第三年，尽管一些西方国家在某种程度上出现"援乌疲劳"，但双方在战场攻防态势上陷入僵持，短期内尚未看到和平解决的前景。一方面，冲突直接导致乌克兰国内生产总值大幅下降，工业设施、生产设施和基础设施遭到严重损坏、经济活动受到严重干扰，三分之一的人口流离失所，另一方面，俄罗斯军费开支显著增加，且西方国家对俄罗斯实施了包括金融制裁、能源禁运、高科技产品禁售等在内的前所未有的经济制裁，这些孤立与打压对俄罗斯经济造成了冲击。随着俄罗斯与美国等西方国家的地缘政治对抗的尖锐化，"全球南方"在俄外交中的重要性日益凸显，俄罗斯加强与发展中国家的经济等多领域合作。俄乌的激烈冲突，引发大宗商品价格剧烈波动，提升了全球能源、粮食危机和经济复苏的风险，也给全球治理体系和国际合作带来了冲击。

从中东看，巴以冲突暂难停息，人道主义危机加剧。巴以冲突一直是中东地区长期存在的热点问题，因其深层次的历史、宗教、政治和民族矛盾而充满了复杂性和持续性。2023年，新一轮巴以冲突爆发，以色列宣布进入战争状态，对加沙地带发起大规模地面入侵。截至 2024 年 10 月，双方尚未达成任何协议，停火谈判陷入停滞状态，且存在冲突进一步恶化升级的风险，战事走向仍不明朗。重要的是，此轮巴以冲突外溢效应显著，战火已经蔓延至周边国家，巴以冲突扩大化为区域冲突的风险正在逐步上升。[①] 地区局势日趋复杂。冲突的持续升级对巴以双方、中东地区乃至国际局势都带来严重冲击，从对政治、安全到对经济、社会等领域的影响都十分大，国际原油价格和全球经济增长预期首当其冲。红海商业航运的贸易通道受阻使货运成本大大增加，作为全球航运动脉的苏伊士运河面临关闭的风险，全球海运行业和大宗商品的跨境运输受到严重影响。

此外，在世界其他地区，国家间的内乱、内战和武装冲突亦不时上演。2023 年，长期遭受战争摧残和恐怖主义影响的地区再次陷入战乱与动荡，特别是萨赫勒地带的动荡局势尤为严重。相对而言，亚太地区总体稳定但局部风险尚存，全球地缘政治态势持续失序的战略风险依然不容乐观。紧张的外部环境势必会加大东北地区产业和外贸结构调整的难度。

三、粮食能源安全风险凸显

从全球看，根据 2024 年最新发布的《全球粮食危机报告》（GRFC）数据，2023 年，全球共有 59 个国家和地区的约 2.82 亿人曾遭遇过突发重度饥饿问题，同比增加了 2400 万人。[②] 其中，有 44 个国家被确定为存在重大粮食危机。过去 4 年间，遭受重度突发粮食不安全的人口占报告评估总人口的比例一直保持在约 22% 的高位，远远超出新冠疫情暴发之前的水平。且自 2016 年以来，有 36 个国家在《全球粮食危机报告》中持续出现，占全球最饥饿人口的比例高达 80%，说明其存在持续性饥饿问题。这其中，阿富汗、

---

① 《动荡与变革：复旦国际战略报告 2023》，https：//iis.fudan.edu.cn/04/c4/c37808a656580/page.htm。

② 《最新〈全球粮食危机报告〉发布｜促进粮食体系转型，打破饥饿恶性循环》，https：//zh.wfp.org/news/global-report-food-crises-acute-hunger-remains-persistently-high-59-countries-1-5-people。

刚果民主共和国、埃塞俄比亚、尼日利亚的情况尤为严重。2023 年，超过 70.5 万人处于灾难级别的粮食不安全状况，相比于 2016 年增加了 4 倍之多。一些脆弱地区更是面临极其严重的粮食危机，其中 80% 来自加沙地带，以及南苏丹、布基纳法索、索马里和马里等国家。此外，如日本等发达国家也同样面临粮食短缺的问题。2024 年 8 月 26 日，大阪府向日本中央政府发出紧急呼吁，请求迅速投放国家储备大米，以减轻市场的供应压力。

造成粮食安全急剧恶化的关键因素，一是地缘冲突不断加剧，对全球产业链、供应链造成了重大影响，粮食价格普遍出现上涨，加之印度、阿联酋、俄罗斯等国家的出口限制禁令，导致全球米价飙升，严重威胁全球粮食安全；同时，冲突也导致 20 个国家近 1.35 亿人处于突发性粮食不安全状态，尤以苏丹最为严重，相比于 2022 年，该国遭遇突发性粮食不安全的人数增长了 860 万；俄乌冲突也对全球粮食供应链造成了一定的影响。二是极端天气频发，2023 年，作为有记录以来温度最高的一年，干旱、洪水、风暴、野火和病虫害的严重暴发，波及 18 个国家超 7700 万人面临严重突发性粮食不安全问题，较上年增长了约 2000 万人。三是经济冲击影响，由于部分国家对粮食进口和农业投入的高度依赖，以及承受货币贬值、物价飙升和高债务负担等长期的宏观经济压力，21 个国家近 7500 万人遭受了严峻的突发性粮食不安全问题。

除粮食危机以外，国际能源署（IEA）指出，全球能源安全也正遭遇持续性的挑战。地缘政治的紧张局势加剧了能源价格波动。新冠疫情后的经济快速复苏等因素导致 2021 年能源市场趋紧，2022 年，俄乌冲突后局势演变升级成全球能源危机，天然气和电价创历史新高，油价则达到 2008 年以来的最高值。俄罗斯减供欧洲天然气的同时遭受美欧严厉制裁，多国计划停购俄气。同时，欧洲高价竞购美国、澳大利亚、卡塔尔等其他出口国的天然气，推升了天然气价格并影响亚洲供应。加之以沙特为首的中东产油国不顾美国的反对宣布石油减产，与 20 世纪 70 年代的石油危机相比，此次危机涵盖多种化石燃料，且在全球经济更紧密联系的背景下，影响更为广泛。全球能源供应面临供应量不足、价格波动、交货延迟、成本增加，对地缘邻近国家的采购依赖等多重问题。能源价格的持续攀升推动了其他大宗商品价格上升，给本就复苏缓慢的全球经济带来了更大的压力。

从东北亚看，中国作为世界上最大的发展中国家和能源粮食进口国，也承担着完善能源和粮食治理、实现双循环优化发展的任务。俄罗斯作为全球粮食出口大国，对中国、日本、韩国等高度依赖粮食进口的东北亚国家造成显著的影响。一是俄乌冲突严重冲击了全球粮食供应链，导致全球粮食价格持续走高，间接影响了东北亚地区的粮食价格。二是东北亚地区的一些国家依赖从俄罗斯和乌克兰进口粮食以保障本国的粮食安全，俄乌冲突无疑对粮食供应系统的稳定性带来长期性影响。东北作为中国重要的产粮基地，对国家粮食安全的贡献稳步提升，但在保证国家粮食安全方面也面临一些风险因素：一是全球气候变迁显著影响东北三省的主要粮食作物，气候变暖带来的温度上升和热量资源增多带来了诸多新的挑战；二是黑土地耕地地力持续衰退，长期过度利用和不当施肥导致土壤层变薄，结构恶化，风化和水蚀现象加剧；三是灾害频发，粮食生产损失惨重，作物布局的科学性有待提高；四是土地规模化经营水平有待提高，农业基础设施不健全，防灾减灾能力较弱。存在农业可持续发展和粮食安全风险。

东北亚地区的能源安全风险显著，不仅要应对国际能源市场的"亚洲溢价"现象，还要承受中美战略竞争下的结构性压力、新冠疫情后的调整以及乌克兰危机带来的新挑战。东北亚区域作为大国地缘政治与战略博弈的重点区域，能源安全合作对地缘政治和区域安全合作具有持续影响。[1] 俄罗斯为全球能源市场上的主要能源供应国，中国、日本、韩国是对能源需求量较大的能源消费大国。乌克兰危机导致俄欧能源关系持续紧张，俄罗斯能源出口策略重新调整。一方面，俄罗斯作为中国最大油气进口国，据海关数据，其2023年原油出口占中国进口总量近19%。中俄能源合作在油

---

[1] 和春红、张璟：《乌克兰危机对东北亚能源安全合作的冲击》，https：//www.cssn.cn/zkzg/202306/t20230614_5645132.shtml。

气、核能和可再生能源等领域成果丰硕，如东线天然气管道项目增强了中国的能源供应稳定性，促进了两国深度合作。然而中俄能源合作也面临风险与挑战，既存在政治引导经济合作模式的负面效应，也存在国际政治经济格局变动的影响，还存在信任不足、价格分歧、政策沟通与认知局限等长约合同的弊端。[1]另一方面，日本、韩国在一定程度上依赖俄罗斯能源，但日本、韩国跟随美欧制裁俄罗斯，俄罗斯的反制措施加剧了东北亚地区的能源安全分歧。俄罗斯与日本、韩国的能源供需关系面临破裂，为东北亚区域能源安全合作带来巨大挑战和阻碍。

四、东北周边合作挑战加大

东北亚地区的安全与稳定是东北振兴和东北高水平开放的关键。历史规律显示，在东北亚地缘政治缓和与合作利好因素叠加上升时期，东北地区迎来发展机遇增多；反之，在东北亚区域地缘政治紧张、冲突加剧与复杂不利因素交织时期，东北振兴与东北对外开放面临的外部挑战则更为严峻。目前，东北周边的东北亚区域地缘环境恶化、合作面临更多挑战，特别是朝鲜半岛局势动荡反复，以及未来可能形成的大国竞争"阵营化"对立，这些因素直接影响中国东北与俄罗斯、日本、韩国等区域合作，地缘政治风险加大了中国东北周边区域合作发展的挑战。

首先，朝鲜半岛问题仍是东北亚地区最复杂的难题。作为冷战遗留下来的典型东西方对立历史遗留问题，朝鲜半岛至今仍处于分裂与敌对状态，短时间内无法和平解决。近年来，朝鲜积极推进核导开发，地区安全紧张形势持续升级。2023年，朝鲜半岛经济发展失速、政治动荡和军事紧张持续加剧，不仅影响了朝韩两国的内政外交演变，还对整个的东北亚地区政治安全环境产生了深远的影响。朝鲜方面，经济社会发展面临严峻考验。尽管面临不利环境，朝鲜仍充分展示了其核导能力，旨在实现其战略目标。朝鲜通过频繁

---

[1] 李兴、韩燕红、陶克清：《"一带一路"框架下中俄能源合作：成就、问题与对策》，《人文杂志》2023年第4期。

导弹试验等军事手段高调展示其威慑力，并采取与韩国相仿的策略，试图从外围对美国、韩国、日本施加压力，同时切断与美国、韩国的所有联系。韩国方面，政治与经济面临着内外部因素共同作用的持续性挑战。韩国政府的经济政策收效甚微。2024 财年预算案增长率仅为 2.8%，甚至低于 3% 的通胀率，创下有记录以来最低的增幅。① 韩国政府颠覆了与朝鲜的和解政策，彻底推翻了前政府与朝鲜的协议，并对涉朝和解的机构和人士进行起诉和处理。同时，废弃了 "919 平壤军事协议"，取消了为防止朝鲜战争重燃而设置的机制，韩国与朝鲜的对峙不断升级，加剧了核问题的紧张局势。朝鲜也解除了导弹试验限制，重启开城工业园区。韩国政府加强了对朝鲜的制裁，重拾了过去从政治基础和体制上颠覆朝鲜的政策。朝鲜半岛的紧张局势将持续对东北亚地区的和平与安全构成威胁。

其次，美国、日本、韩国由伴而盟的进程加快，大国竞争和 "阵营化" 现象在东北亚地区产生影响。美国在东北亚地区企图遏制中俄，进而限制东北亚区域经济体一体化发展，引发地缘政治和经济焦虑，严重扰乱地区发展态势，使得东北亚地区地缘政治环境日趋复杂。一方面，推动军事情报共享化和联合军演的常态化，使东北亚地区成为全球军备竞赛最激烈的地区之一。另一方面，经济安全成为美国、日本、韩国加强合作的新焦点，美国、日本、韩国经济技术合作持续深化：一是美国通过拉拢日本、韩国建立多边合作机制，在特定议题上对中国施加限制和压力；二是美国、日本、韩国夸大所谓的 "中国风险"，企图削弱中国在产业链和供应链上的优势地位。尤其是在芯片等高科技行业，美国联合日本、韩国对中国施加压力。在 "阵营化" 趋势加强的背景下，美国的 "去风险" 和 "脱钩断链" 策略得到日本与韩国积极响应。一系列因素叠加作用，导致东北地区在其周边东北亚区域内的合作挑战与日俱增。

---

① 《动荡与变革：复旦国际战略报告 2023》，https：//iis.fudan.edu.cn/04/c4/c37808a656580/page.htm。

第二节　东北亚合作关系日益复杂化

东北亚区域逐渐成为大国博弈与秩序重构的核心焦点。传统的地缘竞争与新的现实矛盾相互交织，使得该区域的合作关系日益复杂化。地缘局势的复杂变化使区域内各国间的关系更加微妙，合作与协调的难度随之增加。中日韩经贸合作受到冲击，也对三国间的经济往来及区域内供应链稳定造成影响。同时，东北亚区域的地缘安全风险日益显现，或将成为长期挑战。以及国际政治经济形势的变化、地区内外的竞争加剧等东北地区外部发展环境的持续恶化，都增加了东北地区高水平可开放发展的不确定性。

一、东北亚地缘局势复杂化

从东北亚整体看，东北亚地区拥有强大的经济实力与战略能量，其在国际舞台上的影响力与日俱增。[1] 然而，东北亚的地缘政治结构呈现出碎片化和复合化的特点。在东北亚这一地理区域内，两种截然不同的社会制度和意识形态并存。东北亚早在冷战时期便是大国对垒博弈的前沿阵地，尽管冷战已经结束超过 30 年，但在该区域的政治安全领域仍然存在冷战遗留的产物，冷战结束后所形成的国际格局也持续对该区域内的国家政治与经济合作产生深远影响。一方面，东北亚地区涉及中日、俄日、韩日、中韩之间的多起领土、岛屿和海域主权争议等历史遗留问题始终难以得到解决。另一方面，地缘政治环境及国家间关系日益错综复杂，不断涌现新的现实矛盾，该地区阵营对抗的格局趋势加剧。在乌克兰危机背景下，东北亚地区各方在区域内的阵营化趋势也愈加明显。日本、韩国同美国在制裁俄罗斯问题上协调一致，使得三边关系更为紧密。同时，朝鲜对俄罗斯的支持以及中国一贯反对非法单边制裁立场呈现了东北亚区域分歧加剧的局面。在诸多因素的叠加作用下，东北亚地缘局势日趋错综复杂。

---

[1] 杨伯江：《当前东北亚地区安全风险的几大表征》，《东北亚学刊》2024 年第 2 期。

从双边关系看，在东北亚地区，双边关系呈现出冷热不均的复杂态势。其中，中俄和中蒙的关系较为密切，中朝之间也保持了一定的友好往来。然而，中日和中韩的关系有所变化，而朝鲜半岛与日俄的关系则显得尤为紧张。东北亚范围内难以调和的固有历史问题与新兴现实矛盾，持续对双边和多边关系的发展构成巨大挑战。

一方面，一是中俄两国在多领域的深入合作，增强了在东北亚地区格局中的影响力与操控力。中俄之间的新时代全面战略协作伙伴关系已达到历史最高水平，展现出持续向前向好的发展态势。2024 年 5 月，俄罗斯总统普京对中国进行国事访问期间，中俄两国元首就双方在各领域深入合作的全方位发展作出战略部署，明确了未来的发展方向。二是中蒙近年来关系发展迅速，彼此强调互为重要伙伴，高层交往频繁，政治互信不断增强。中国一直是蒙古国最大贸易伙伴，双方经济合作不断拓宽，发展战略对接持续深化。"一带一路"大框架下的中蒙俄经济走廊建设稳步推进。三是中朝关系取得了新的进展，双方采取一系列积极措施。朝鲜着重加强与中国的经贸联系，实施开关政策、简化货物通关程序以及人员通关协商等措施，以促进社会经济的改善与发展。同时，朝鲜通过言辞与行动持续强调中朝传统关系，从血盟联系和传统友谊等层面展示两国历史悠久的深厚友谊关系。四是日韩之间尽管因历史与领土等问题争议不断，但在美国的积极推动下达成了妥协让步，实现了双边关系的正常化，进一步消除了美日韩国同盟关系的障碍与短板，日韩在军事和经济领域展开了密集合作。五是俄朝进一步巩固了友好关系。朝鲜明确展示了其亲俄立场，不仅首先承认了东乌克兰两个独立共和国的地位，而且通过与俄罗斯总统普京的会晤及后续的一系列声明，对美韩施加反制措施。在 2024 年 6 月普京访问朝鲜期间，双方签署了《全面战略伙伴关系条约》。①

另一方面，一是朝鲜半岛难解僵局。朝鲜通过频繁的导弹试验等军事手

①《普京 24 年后再访朝鲜　互相承诺：若被犯，需相助》,《重庆晨报》, 2024 年 6 月 20 日。

段高调展示其威慑力，同时，韩国政府颠覆了前政府与朝鲜的和解政策，韩美频繁开展军事演习，进一步加剧了韩国与朝鲜的对峙，从而使朝鲜半岛问题的紧张局势不断升级。二是日俄之间南千岛群岛（北方四岛）的领土主权问题。主权问题在第二次世界大战后70年来一直是双方博弈的焦点，也是两国关系难以进展的主要障碍。日俄围绕太平洋安全问题的地缘政治博弈的历史更是已长达百余年，至今仍在继续。三是中日长期以来的领土争端、历史认知问题尚无破解之力。中日关系发展依然面临重重困难。四是中韩关系陷入更加困难和复杂局面。

二、中日韩经贸合作受到冲击

中国、日本、韩国三国作为东北亚地区的核心力量与全球重要经济体，其三边合作，以及中日、中韩、日韩双边经贸合作，对亚太区域经济发展的走向及世界经济的格局演变都具有举足轻重的影响。中日韩合作不仅有助于三国经济的互补与共同增长，而且在科技创新、人文交流、应对地缘政治挑战等多个关键领域发挥重要作用，进而对促进东北亚区域的稳定与繁荣，以及全球的和平与发展具有不可估量的重要意义。

2023年11月，第十次中国、日本、韩国外长会在韩国举行，中国强调，中日韩合作基础深厚、潜力巨大，是东亚地区机制化最高、覆盖面最广、内涵最丰富的多边合作架构，能有效促进三国发展与地区人民福祉。[①] 三国应积极推动合作回归正轨，重启自贸协定谈判，推进区域经济一体化，实现健康稳定发展。要坚持深化科技创新，加强大数据和区块链、人工智能等前沿科技领域合作，共同维护和升级产供链，增强区域生产网络韧性。日韩亦积极肯定合作成就，认同三国作为永久邻居，深化多领域合作的重要性。三方均提出，不仅限于东北亚地区，还要以开放态度积极推动"中日韩+X"合作，惠及更多国家和地区，为地区与世界的和平繁荣发挥积极作用。2024年5月，

---

① 《第十次中日韩外长会在韩国釜山举行》，http://www.news.cn/2023-11-26/c_1129994692.htm。

适逢中日韩合作机制建立 25 周年之际，第九次中国、日本、韩国领导人会议在韩国顺利召开，三方发布《第九次中日韩领导人会议联合宣言》《中日韩知识产权合作十年愿景联合声明》等重要文件，并宣布将 2025—2026 年定为中日韩文化交流年。三方就全面重启合作、恢复中日韩自贸协定谈判达成共识，深化经贸互联互通，强化协同创新和前沿领域的合作、增进人文交流、促进可持续发展。此外，三方还强调加强气候变化、低碳转型、老龄化和应对流行病等多个领域的交流与合作。致力于推动机制化合作，在多边框架内保持密切沟通合作，推进东盟与中日韩（10+3）合作，共同为维护世界和平稳定与发展繁荣做出贡献。

然而，当前全球化进程受阻，全球产业链供应链加速重构，大国博弈愈演愈烈，东北亚区域内政治环境复杂多变，这些都直接影响了东北亚地区双边和多边的经济合作。中日韩合作面临的不稳定、不确定因素持续增多，合作进程遭受了一定程度的冲击。

一方面，中日韩经贸合作受到美国因素的制约。中美大国之间的利益冲突与彼此关系的战略调整成为东北亚区域合作交流的重要变量。

另一方面，中日韩经贸合作受到历史因素的影响。中国、日本、韩国之间长期存在复杂的历史恩怨与领土争端，诸多领土争议与历史遗留问题，破坏了中国、日本、韩国之间的和平与稳定，从而对中日韩经贸合作的进展产生严重影响。

三、地缘安全风险日益显现

东北亚地区不仅地缘局势日趋复杂严峻，中日韩合作受到严重冲击，随着美国的战略干涉，区域内阵营对抗日益激化，历史纠葛与现实矛盾交织，和平发展环境持续遭到破坏，东北亚地区的地缘安全风险显著增加。

首先，朝鲜半岛紧张局势的加剧恶化，使东北亚地区的地缘风险长期挥之不去。朝鲜半岛作为东北亚地区的传统安全热点，各方在朝鲜半岛问题上的分歧与矛盾尤为突出，防范与管控危机的难度持续加大。随着全球地缘冲突与区域大国博弈的愈演愈烈，诸多不确定因素或将朝鲜半岛的地缘安全风险进一步推高。

其次，美日韩同盟安全合作不断加强，使东北亚地区的"阵营化"对抗成为常态。美日韩安全合作是造成东北亚地区安全风险和困扰的核心。"阵营化"对抗的趋势加剧，使东北亚地区安全局势不确定性进一步上升。

再次，域外冲突外溢效应的持续作用，使东北亚地区的协调机制变得遥不可及。俄乌冲突、巴以冲突等地缘政治和地缘经济的外溢影响不断加快，中美关系变化的溢出性效应也在不断涌现。在乌克兰危机背景下，日本、韩国选边站队使各方围绕地区秩序的安全利益、安全观上的分歧与对立进一步凸显。东北亚尚未形成有效、全面的安全协调机制。[①] 美国同盟体系的强化又进一步加剧了集团对抗和地区分裂。美国、日本、韩国建立的以军事为重点、涵盖经济、政治、技术等多领域的三边安全合作机制，不仅指向应对朝鲜问题，还以期应对乌克兰危机与台海问题，试图将全球局势、东北亚态势与台海问题联动化。在争议、竞争和冲突难以缓解的背景下，随着俄乌战局与巴以冲突外溢效应的持续作用，以及美国、日本、韩国或将深度介入未来台海局势的可能，诸多不确定因素使东北亚协调机制进一步走向碎片化，加剧了东北亚区域的紧张和对峙，东北亚地区的地缘政治与安全局势更加扑朔迷离。

四、东北外部发展环境恶化

从东北亚地缘局势看，不断失序的国际关系和安全态势使东北地区面临着持续的战略风险，多个双边关系陷入僵局，其复杂性导致东北地区外部发展的政治和经济环境出现了恶化趋势。具体来说，对于黑龙江省而言，与俄罗斯接壤使其发展深受俄罗斯政治、经济变动的影响。俄罗斯的政策走向和国际立场对黑龙江省的边境贸易、资源开发以及地区安全构成

---

① 《中国社会科学院国际形势报告（2024）》，https://www.icc.org.cn/publications/booksandjounals/2256.html。

了直接影响。同时，对俄远东合作的敏感性与复杂性也存在面临第三方经济政策武器化的制裁风险。对于吉林省和辽宁省而言，朝鲜半岛局势则成为主要影响因素。半岛局势持续紧张，朝韩关系、美日韩合作机制都将直接冲击吉林省和辽宁省的经济活动和安全稳定。对于东北三省整体而言，东北亚地区的领土和主权争议等历史问题，以及霸权持续介入等现实因素，使东北亚地区地缘政治环境日趋复杂，阵营对抗不断加剧，对整个东北地区的稳定发展造成了重要影响。此外，东北地缘政治环境又与域外国家的战略部署紧密相关，同时与俄乌冲突等外溢效应交织在一起。这些因素共同导致东北地区的外部发展环境受到极大影响，不仅破坏了东北地区高水平开放的氛围，也限制了东北地区在特色发展战略之外，与东北亚及其他国家进行合作发展的空间。

中日韩经贸合作面临诸多不稳定与不确定因素，美国鼓动"脱钩断链""去风险"与拉拢日韩、推动亚太版"小北约"等挑战与阻碍不仅对东北亚区域合作机制构成了压力，也一定程度上影响了东北地区的区域开放与国际合作。一方面，东北地区的经济发展和区域一体化进程因此受到了制约。东北地区作为中国重要的工业基地，与日本和韩国的经贸合作联系密切，已经形成相互依赖、不可分割的区域网络，在制造业领域有着紧密的产业链合作。中日韩合作受到冲击，将直接导致贸易额下降、投资环境恶化、产业链断裂或重组，从而影响东北地区的经济增长、招商引资，一定程度上也会影响东北地区的产业升级和结构调整。另一方面，中日韩经贸合作遭遇冲击，直接导致东北地区的高水平开放氛围受损，与日本、韩国的区域合作受阻，面临国际合作、技术交流和人文交流等方面的严峻考验。不仅影响东北地区的科技创新和产业升级，不利于吸引海外人才和促进人才交流，增加了生产、经贸与融资成本，还阻碍了东北亚地区的经济合作和一体化进程以及东北亚区域共同应对全球性挑战和推动地区的繁荣与进步。

从东北亚地缘风险看，东北亚国家或地区之间错综复杂的国际关系和大国力量的介入使得东北亚地区的安全形势高度不稳定。历史问题与现实矛盾叠加涌现，东北亚地缘安全面临持续失序的战略风险。东北地区在国防安全、粮食安全、生态安全、能源安全和产业安全等方面的战略地位十分突出。因此，东北亚地缘安全的紧张局势和大国博弈，大大增加了东北地区高水平开放过程中的不确定性和多重风险。在乌克兰危机、中美博弈、科技革命与产业变革等背景下，东北亚区域内国家军备竞赛日益激烈，阵营化趋势与自主安全、竞争安全观念更加凸显，亚太地区正面临安全因素与经济因素相互交织的双重安全挑战。特别是美国主导的盟伴体系持续对东北亚安全构成威胁，成为影响东北地区和平发展最突出的潜在风险。综合来看，未来一段时间，东北地区的外部发展环境或将持续恶化，东北地区高水平开放和发展的安全环境变得愈加不稳定。

第三节　全国区域开放布局竞争加剧

东北地区在高水平开放过程中面临的多重挑战，不仅来源于全球范围内地缘政治和经济格局的新变化，也来自于周边东北亚国家合作的复杂化等制约因素。此外，东北地区还面临着来自国内其他地区和东北区域内部的竞争压力，全国区域开放布局的竞争日益加剧。全国经济重心的南移和区域板块之间的竞争因素加大使得资源、投资和人才等要素更多地流向南方地区。同时，东北地区的开放竞争优势逐渐减弱，传统的工业基础和资源优势在新的经济环境下不再明显。东北区域内部的同质化竞争也在加剧。这些因素共同作用，使得东北地区在推进高水平开放的过程中遭遇了更多的挑战。

一、全国经济重心南移趋势

中国经济发展长期受制于气候、地理、政治和社会等多重因素，呈现出显著的不平衡特征。自夏商时代起，黄河流域的关中平原和华北地区便成为经济重心；至唐朝，经济重心开始向南迁移；至明清时期，伴随经济全球化的展开推进，经济重心由内陆转向东南沿海转移，这一转变的深远影响延续至今。改革开放之前，东北地区凭借丰富的煤炭、石油资源和坚实的工业基础，作为资源型城市占据举足轻重的地位。随着改革开放的深入和中国加入世界贸易组织，东南沿海城市迅速崛起，粤、苏、浙、闽等省份率先进行制造业转型，融入全球产业链与价值链，展现出市场化和全球化的经济特征，引领了东南地区的发展热潮。改革开放40余年来，全国经济重心南移趋势不断加速，对东北地区产生的多重影响更为剧烈。

一是在区域的经济布局上，在改革开放初期，东部沿海地区凭借开放优势，实现了经济迅猛增长，形成"东快西慢"的经济布局。金融危机后，外部环境恶化引发对外开放格局调整，产业开始自东部沿海地区逐渐向中西部地区再转移，呈现"西快东慢"的发展趋势。自2013年，我国经济步入新常态，区域间经济发展呈现出显著的南北分化，全国经济重心持续南移，南北省份之间的经济差距日益扩大，呈现出"南快北慢"的新格局，从"东西差距"变成"南北差距"。以2023年数据为例，南北地区间的国内生产总值差距高达37.20万亿元，北方地区生产总值占中国国内生产总值的比例为34.86%，南方地区生产总值几乎是北方的2倍（见表5-1）。其中，东北三省地区生产总值占全国的比重仅为4.73%，货物贸易进出口占全国的比重仅为2.95%。南北经济分化源于新动能培育差异，北方以能源化工为主，国有经济比重高，经济转型压力大。东北地区的产业结构和政府体制转型方面劣势明显，南北差距短期内尚难扭转，或将持续影响东北地区的发展动力，深化东北地区产业结构升级停滞的困境。

表5-1　2023年中国31个地区生产总值数据

（单位：亿元人民币）

地区	地区生产总值	地区生产总值同比增速	地区	地区生产总值	地区生产总值同比增速
北京市	43760.7	5.20%	江苏省	128222.2	5.80%

续表

地区	地区生产总值	地区生产总值同比增速	地区	地区生产总值	地区生产总值同比增速
天津市	16737.3	4.30%	安徽省	47050.6	5.80%
河北省	43944.1	5.50%	浙江省	82553	6.00%
山西省	25698.18	5.00%	湖北省	55803.63	6.00%
陕西省	33786.07	4.30%	湖南省	50012.85	4.60%
河南省	59132.39	4.10%	江西省	32200.1	4.10%
山东省	92069	6.00%	福建省	54355	4.50%
内蒙古自治区	24627	7.30%	云南省	30021	4.40%
辽宁省	30209.4	5.30%	广东省	135673.16	4.80%
吉林省	13531.19	6.30%	广西壮族自治区	27202.39	4.10%
黑龙江省	15883.9	2.60%	海南省	7551.18	9.20%
甘肃省	11863.8	6.40%	上海市	47218.66	5.00%
青海省	3799.1	5.30%	重庆市	30145.79	6.10%
宁夏回族自治区	5315	6.60%	贵州省	20913.25	4.90%
新疆维吾尔自治区	19125.91	6.80%	西藏自治区	2392.67	9.50%
四川省	60132.9	6.00%			

数据来源：人民网。[①]

二是在区域产业的转移上，东北地区以重工业、传统工业和资源型产业为主，产业结构偏中低端。东北地区间的竞争多于合作，缺乏区域协同，经

[①]《31省份2023年GDP数据出炉》，http://finance.people.com.cn/n1/2024/0131/c1004-40170326.html。

济韧性较低。随着经济重心南移，东北地区的传统制造业逐渐衰落，而新兴产业的发展又相对滞后。在互联网、生物医药、电子科技等高新产业领域发展不足，经济活力不够。这使得东北地区在新经济常态下难以适应快速变化的市场需求，进一步陷入产业结构升级困境。同时，地理位置偏远导致对内开放和动能梯度传导处于劣势，难以紧密联系经济发达地区、吸引产业链布局。此外，中心城市的集聚效应也抑制了周边中小城市的发展，资源枯竭型城市面临更大的生存压力。随着南北经济分化与经济中心南移的持续加深，北方的资本和人才等生产要素向南方集中，不仅扩大了南北经济差距，也将进一步削弱东北地区的发展资源和经济基础，降低东北地区的经济地位，对东北高水平开放产生不利影响。

三是在区域人口的流动上，随着经济重心南移，人口持续向东部与南部迁移。根据 2020 年第七次全国人口普查数据显示，东北三省总人口比 2010 年减少了 1101 万人。[①] 从 2013 年开始，东北地区常住人口持续 7 年净流出，2015—2019 年，东北三省常住人口总共累计减少 182.4 万。根据国家统计局发布的全国常住人口数据，2022 年东北三省年末常住人口共减少 86 万人左右。其中，辽宁比上一年减少 32.4 万人，是常住人口降幅最大的省份。东北沿边地区人口人才流失问题愈加严重。2021—2022 年，黑龙江省沿边 18 个市县流失人口 7.4 万人，珲春市常住人口由 21 万人减至 14 万人，延边州朝鲜族人口流向韩国和南方发达地区比重进一步上升。尽管 2023 年东北人口流动出现逆转，辽宁、吉林人口出现净流入，但这一变化依然未能缓解东北地区长期面临的人口流失问题。人口持续向南部迁移，导致东北地区的劳动力资源减少，特别是高素质劳动力的大量流失。这不仅削弱了生产力，还影响了经济增长的质量和速度。同时，由于人口老龄化加剧和生育率长期低于全国平均水平，进一步加剧了劳动力短缺的问题。随着大量人口流出，许多城市面临空心化风险，基础教育等

①《29 省份常住人口数据出炉：浙江增量领跑全国，东三省负增长》，https：//www.thepaper.cn/newsDetail_forward_22640606。

基本公共服务运营面临困境，人口南移对东北的社会保障体系也带来了巨大压力。

二、区域板块竞争因素加大

中国过去的区域板块设定主要遵循从东南沿海向西部地区逐步推移的原则，强调区域间的经济协作和优势互补。改革开放初期，东部沿海地区凭借其开放政策和外资引入，通过设立特区、沿海开放城市、沿海经济开发区、经济技术开发区、保税区、新技术开发区等政策倾斜区域，迅速崛起为中国经济最活跃的区域；经济快速发展时期，随着我国加入世界贸易组织，全面融入世界经济体系，国家对中西部以及东北地区的重视和支持力度加大，区域发展战略开始调整，相继实施西部大开发、东北振兴、中部崛起等战略；党的十八大以来，中国适时提出了加快构建"双循环"新发展格局的战略安排，进一步优化了区域发展战略，形成了东部沿海、中部、西部和东北地区"四大板块"，以及"一带一路"建设、京津冀协同发展、长江经济带发展"三大战略"的格局，陆续实施粤港澳大湾区建设、黄河流域生态保护和高质量发展等重大战略，设立了 19 个国家级新区和 22 个自由贸易试验区，形成了统筹沿海沿江沿线经济带为主的纵向横向经济轴带，塑造了要素有序自由流动、主体功能约束有效、基本公共服务均等、资源环境可承载的高水平区域开放新格局[1]；党的二十大关于促进区域协调发展明确指出，要深入实施区域协调发展战略、区域重大战略、主体功能区战略、新型城镇化战略，优化重大生产力布局，构建优势互补、高质量发展的区域经济布局和国土空间体系。不仅涵盖了各大区域板块经济社会发展的协调，也涉及各区域发展战略的融合与协同，为我国接下来区域发展格局的深度优化提供了科学指导和实践遵循。[2]

然而，"一带一路"倡议提出后，我国区域板块的布局发生了变化，区域

---

[1]《深入实施三大战略 推动区域协调发展》，https：//www.gov.cn/xinwen/2016。
[2] 郝宪印、张念明：《新时代我国区域发展战略的演化脉络与推进路径》，《管理世界》2023年第1期。

板块之间的关系由过去的优势互补转变为竞争关系。"三大战略"的深入推进，完善了政策体系，加速优化升级了资源空间配置，丰富了我国区域经济发展总体战略布局，快速形成了区域经济增长新引擎。但以"一带一路"为中心，从南至北的珠三角、长三角、京津冀和东北四大板块实际上逐渐形成了竞争关系，区域板块之间的竞争因素也在不断加大。这种竞争进而体现在经济规模较量、人口人才争夺、吸引外资能力、资源空间调配等多个方面。特别是粤港澳大湾区建设战略的提出，产生了显著的虹吸效应，吸引了东北地区、京津冀地区和长三角地区的人才、经济资源。一方面，区域之间因资源禀赋、产业基础和政策支持的不同，导致发展速度与效益存在差异。各地通过强化政策支持力度，推动产业升级和提升创新能力以增强竞争力，争取更多的市场份额与投资资源。区域间的制度竞争因素也日益显现。另一方面，随着全国市场的逐步统一，地区间的市场壁垒和行政限制逐渐减少，企业可以更加自由地选择投资和发展的地区。企业能够根据地区优势，优化产业布局和资源配置，提升经济效益。因而各地区需不断提升自身的竞争力和吸引力，以留住和吸引更多的优质企业和资本。

总的来说，区域竞争压力持续增加对东北经济发展产生了深远影响。在竞争程度方面，区域经济发展分化和极化态势依然明显，区域比较优势和发展潜能持续发生变化，劳动力、人才、技术资金等生产要素和产品市场竞争愈发激烈。京津冀、长三角、珠三角等经济圈发展优势不断增强，具有强劲的对人才、资源等要素的吸引能力。随着东北地区人口老龄化程度加深以及人口流失加剧，优质生产要素可能会加速向南流失，各地区之间的竞争将更加激烈，对于东北地区发展极其不利。在竞争领域方面，竞争既存在于传统的制造业和基础设施等领域，也体现在人工智能、大数据、生物科技等前沿领域的新兴产业和高科技领域，以及绿色发展和可持续发展领域。区域竞争焦点不断扩展和转移，东北地区面临的来自各区域板块间竞争的挑战更加多元化和全面化。

三、东北开放竞争优势减弱

（一）经济实力有所下降

从占比来看，东北地区生产总值占全国比重近年来一直呈下降的趋势（见图5-1）。早在重工业蓬勃发展的20世纪中期，东北地区作为"新中国工业的摇篮"，为推进改革开放和社会主义现代化建设做出了历史性贡献，辽宁、吉林、黑龙江三省的地区生产总值总量占全国国内生产总值的比重曾一度高达20%。尽管东北地区生产总值从1952年的84亿元提升至2023年的59624亿元，但因未及时摆脱传统重工业的路径依赖，现代产业发展进程缓慢，其地区生产总值占全国占比降至不足5%。近10年来，占比更是由2014年的6.55%下降到2023年的4.73%（见表5-2）。而东部地区生产总值由1952年的257亿元增至2023年的652084亿元，占全国比重从41.9%升至52.1%；中部地区从1952年的146亿元增至2023年的269898亿元，占比超20%；西部地区也从1952年的127亿元增至2023年的269325亿元。[①] 相比之下，东北地区总体经济实力较弱。

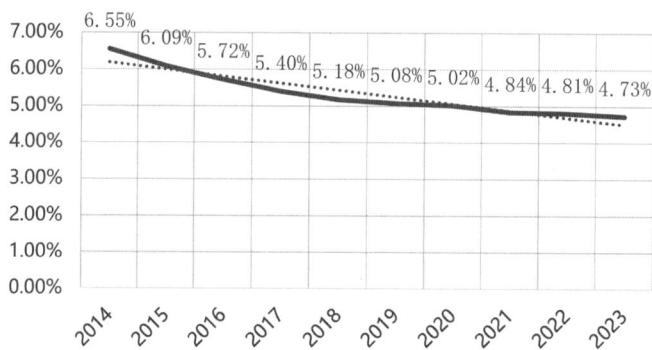

图5-1 2014—2023年东北三省地区生产总值总量占全国比重趋势图

数据来源：根据国家统计局及辽宁、吉林、黑龙江省统计局公布数据计算。

从排名来看，2023年全国31个省级行政区地区生产总值排名中，辽宁省

[①]《区域协调发展迈向高水平 重大战略实施取得新进展——新中国75年经济社会发展成就系列报告之九》，https：//www.stats.gov.cn/sj/sjjd/202409/t20240912_1956416.html。

位列第 16，相比 10 年前下降了 9 位；吉林省排第 26，较 10 年前下降 4 位；黑龙江省排第 25 位，较 10 年前下降 5 位。呈现出明显的下降趋势。

从城市来看，自 2016 年以来，东北城市生产总值全国排名持续下跌，吉林市、鞍山市、大庆市陆续跌出全国地区生产总值百强名单。2023 年，东南沿海地区江苏、山东、广东、浙江和福建的地区生产总值百强市总和占全国总数的一半之多[①]，而东北地区仅有大连、沈阳、哈尔滨、长春 4 个城市入围全国地区生产总值百强市名单，且名次连年下跌。大连、沈阳、长春、哈尔滨分别排名第 25 位、第 30 位、第 40 位、第 56 位，较 2014 年分别下降 10 位、12 位、13 位、28 位。

表 5-2　2014—2023 年东北三省地区生产总值统计

（单位：亿元人民币）

年份	辽宁省	吉林省	黑龙江省	东北三省总量	地区生产总值	东北三省占全国比重
2014	20025.65	9966.54	12170.8	42162.99	643563.1	6.55%
2015	20210.26	10018	11690	41918.26	688858.2	6.09%
2016	20392.48	10427	11895	42714.48	746395.1	5.72%
2017	21692.97	10922	12313	44927.97	832035.9	5.40%
2018	23510.54	11253.81	12846.5	47610.85	919281.1	5.18%
2019	24855.26	11726.82	13544.4	50126.48	986515.2	5.08%
2020	25011.4	12255.98	13633.4	50900.78	1013567	5.02%
2021	27569.5	13163.84	14858.2	55591.54	1149237	4.84%
2022	28975.1	13070.24	15901	57946.34	1204724	4.81%
2023	30209.4	13531.19	15883.9	59624.49	1260582.1	4.73%

数据来源：根据国家统计局及辽宁、吉林、黑龙江省统计局公布数据计算。

[①]《2023 年中国百强城市排行榜》，http://www.warton.com.cn/Uploads/ueditor/file/20230718/64b667b68755a.pdf。

（二）对外开放水平降低

东北地区进出口额占全国的比例近 30 年来呈现持续下降的态势（见图 5-2），东北地区的进出口总额也持续走低（见表 5-3），一定程度上反映出其对外贸易能力和参与国际分工的能力低于全国平均水平。以 2023 年数据为例，东北三省进出口总额 1.23 万亿元，占全国对外贸易总额的 2.95%。其中，辽宁省进出口总值 7659.6 亿元，在全国 31 个省级行政区中位列第 12 名，占全国进出口总值的 1.83%；黑龙江省与吉林省进出口额分别为 2978.3 亿元、1679.3 亿元，尽管两省同比增速分别居于全国第 6、第 9 位，达到 12.3% 和 7.7%，高于全国平均水平，但进出口额占全国进出口总值的比重仅有 0.71% 和 0.4%，在全国排名第 21 位和第 26 位。而同时期，长三角地区外贸进出口达 15.16 万亿元，占全国货物进出口总额的比重达 36.3%；大湾区九市的进出口总额达 7.95 万亿元，占全国进出口总值的 19%。由此可见，东北地区整

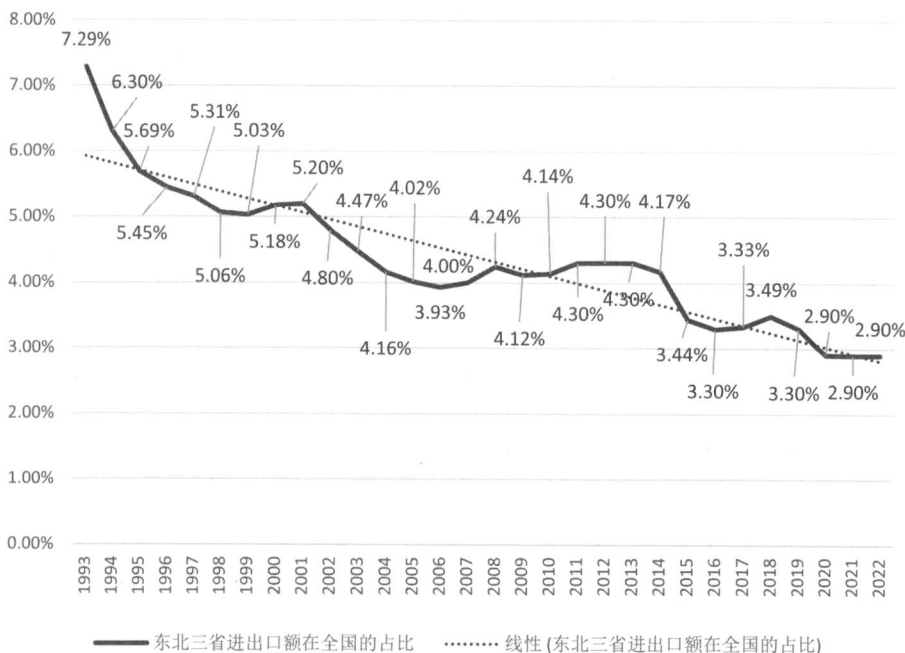

图 5-2 1993—2022 年东北三省地区进出口总额占全国总量的比重趋势图

数据来源：根据国家统计局及辽宁、吉林、黑龙江省统计局公布数据计算。

体对外贸易能力和竞争优势不足，黑龙江省和吉林省的对外贸易占比几乎排
在全国末尾。此外，东北地区对外资、人才的吸引力和海外投资水平均相对
而言也呈现减弱趋势。东北地区作为"一带一路"倡议北上的关键节点区域
与面向东北亚区域开放合作的重要窗口，其开放能力与定位不相匹配，开放
竞争优势减弱。

表5-3　1993—2022年东北三省进出口总额

（单位：亿美元）

年份	东北三省进出口总额	全国进出口总额	东北三省进出口额在全国的占比
1993	142.65	1957.0	7.29%
1994	149.16	2366.2	6.30%
1995	159.83	2808.6	5.69%
1996	158.03	2898.8	5.45%
1997	172.77	3251.6	5.31%
1998	164.02	3239.5	5.06%
1999	181.34	3606.3	5.03%
2000	245.51	4743.0	5.18%
2001	265.02	5096.5	5.20%
2002	297.92	6207.7	4.80%
2003	380.38	8509.9	4.47%
2004	480.2	11545.5	4.16%
2005	571.08	14219.1	4.02%
2006	691.66	17604.4	3.93%
2007	870.66	21761.8	4.00%
2008	1086.72	25632.6	4.24%

年份	东北三省进出口总额	全国进出口总额	东北三省进出口额在全国的占比
2009	908.82	22075.4	4.12%
2010	1230.15	29740.0	4.14%
2011	1565.31	36418.6	4.30%
2012	1663.73	38671.2	4.30%
2013	1789.92	41589.9	4.30%
2014	1792.41	43015.3	4.17%
2015	1359.57	39530.3	3.44%
2016	1215.13	36855.6	3.30%
2017	1369.03	41071.4	3.33%
2018	1615.19	46224.4	3.49%
2019	1512.64	45778.9	3.30%
2020	1351.85	46559.1	2.90%
2021	1736.02	59957.9	2.90%
2022	1818.33	62701.1	2.90%

数据来源：根据国家统计局及辽宁、吉林、黑龙江省统计局公布数据计算。

（三）产业竞争优势减弱

以工业为例，东北地区工业竞争优势明显衰弱。新中国成立初期，为兼顾国家安全与经济发展，我国实施了以工业化为主轴，通过高度集中的计划经济体制，向中西部内陆地区布局生产力的国民经济循环体系。这一时期的区域发展战略为重工业优先、内陆地区为主要空间载体的均衡发展战略。东北老工业基地成为国家工业建设的重点。东北地区钢铁、石化、能源等基础原材料为主的资源型产业及传统重工业、传统工业，为国内经济建设提供了设备和基础原材料，成为东北地区开放发展的优势。但改革开放后，重工业产品迅速过剩，南方沿海经济特区率先大力发展轻工业，而东北的产业结构调整缓慢。供求关系逆转，东北地区已不具备资源产业、装备制造业不可或缺的时代优势。随着沿海地区和国外同类产业的快速发展与竞争力的提高，以及资源、成本和市场变化导致的传统工业技术装备水平低、工艺老化、设备陈旧、更新慢和产品竞争力下降等因素，东北地区依赖资源的产业持续萎靡，基础原材料产业竞争力逐渐削弱，汽车、石化和农产品加工行业均显现出不同程度的衰退现象。仅从工业企业数量看（见表5-4），2013—2022年10年间，全国规模以上工业企业数量增加了102196个，而东北三省规模以上工业企业数量减少了10408个，规模以上工业企业数占全国的比重由7.32%下降至3.53%。

表5-4　2013—2022年东北三省及全国规模以上工业企业情况

（单位：个）

年份	全国	辽宁	吉林	黑龙江	东北三省	东北三省在全国占比
2013	369813	17305	5376	4398	27079	7.32%
2014	377888	15707	5311	4305	25323	6.70%
2015	383148	12304	5682	4162	22148	5.78%
2016	378599	8025	6003	3946	17974	4.75%
2017	372729	6626	5971	3731	16328	4.38%
2018	374964	6621	5963	3251	15835	4.22%
2019	377815	7610	3042	3531	14183	3.75%
2020	399375	7755	3043	3830	14628	3.66%
2021	441517	8499	3328	4355	16182	3.67%
2022	472009	8923	3216	4532	16671	3.53%

数据来源：根据国家统计局及辽宁、吉林、黑龙江省统计局公布数据计算。

东北地区的产业优势逐步弱化，进而直接影响当地的经济发展速度与发展效益，造成东北开放竞争的优势大大削弱。开放竞争优势不足，又限制了其吸引外资、引进先进技术和管理经验的能力，从而影响了整体竞争力。例如，东北地区作为我国向北开放的重要门户，面对来自同样具有东北亚开放优势的山东省与天津市的竞争，这两个地区近年来在打造现代化世界级港口群建设与东北亚国际航运枢纽方面取得了显著成效。同时，江浙地区、西安、成都等地在吸引日本和韩国的贸易和投资领域具有明显比较优势，成为日、韩企业在华新一轮产业链布局的优先选地。这些因素共同构成了东北地区对外开放竞争优势减弱的挑战。

四、东北区域内部竞争加剧

全国经济重心南移和区域板块竞争因素加大，使我国地区发展的不平衡日益凸显。计划经济体制改革使各地方政府成为相对独立的经济主体。这一转变催生了各地区间相互竞争和赶超的现象，经济欠发达地区赶超发达地区成为区域竞争的鲜明特征，区域内部的竞争也日趋激烈，东北地区内部竞争也尤为明显。

首先，东北三省之间的经济规模和体量存在显著差异。辽宁省、吉林省和黑龙江省在经济发展水平、产业结构和资源配置上各有不同，这种差异导致了三省之间在争取投资、产业项目和市场份额上的竞争愈发激烈。在经济规模上，辽宁省作为东北经济的龙头，其地区生产总值最高，而吉林省和黑龙江省则相对较低。2023 年，辽宁省地区生产总值为 30209.4 亿元，而吉林省和黑龙江省分别为 13531 亿元和 15883.9 亿元，均不足 2 万亿，两省之和不及辽宁一省的地区生产总值。且这种差异不仅体现在总量上，还反映在人均地区生产总值和其他经济指标上。在贸易规模上，辽宁省的对外贸易总额几乎达到两省之和的二倍。2023 年，辽宁省进出口总值 7659.6 亿元，黑龙江省与吉林省进出口额分别为 2978.3 亿元、1679.3 亿元，辽宁省进出口总额比黑、吉两省之和多 3002 亿元；2024 年上半年，辽宁省进出口总值 3702.9 亿元，黑龙江省与吉林省分别为 1563.8 亿元和 872 亿元，辽宁省进出口总值依然高于黑、吉两省之和 1267.1 亿元。这种对外贸易发展能力极度不平衡限制了东北地区的整体对外贸易的协调和发展，在两极分化的情况下，黑龙江与吉林两省的对外开放发展面临更大挑战。

其次，东北地区在吸引产业的相关政策上存在雷同。自我国开启市场化方向的经济体制改革以来，经济发展环境发生了转变，市场竞争日益普遍化，导致地区间以及区域内部的竞争愈发激烈。东北三省既具有相似的资源优势与工业优势，同时也面临传统产业优势衰弱和新兴产业不足、人口萎缩、产业转型升级滞后、城市群中心城市辐射能力较弱、金融和资本市场长期低增长等相似的问题与发展挑战。因此，在对外开放招商政策等方面往往采取相似的手段、措施和优惠条件，缺乏差异化策略。这导致了东北三省彼此之间低水平且重复的直接竞争，出现了发展路径、发展举措同质化和同构化的尴尬局面，减少了区域合作的可能。[1]各省的对外开放策略虽都秉持着因地制宜的思路，但从全局来看，极大地限制了资金、技术等要素在东北地区、全国及全球范围内的合理流动，市场作用受区域发展诉求所限，行政区划间的隔阂加剧，限制了东北地区的规模化发展。以汽车产业为例，长春、沈阳、哈尔滨即存在着竞争关系。吉林省以汽车产业著称，长春市素有"汽车城"之誉，其汽车专业化产业园区集汽车研发、零部件制作以及市场服务等多项功能于一体，正为打造万亿级汽车产业集群基地发力；辽宁省同样作为汽车制造重镇，众多品牌在此设厂，虽产量不及吉林，但销量上却是吉林的强劲对手。再比如，长春市冰雪新天地和哈尔滨市的冰雪大世界在冰雪产业和冰雪旅游面临的同质化竞争，相似的宣传与产品内容也亟须用特色化、差异化、创新化的协调策略加以改善。这种东北区域省际间的同质化竞争直接影响了整个东北地区该领域的发展能力，一定程度上抑制了东北地区整体产业的竞争力与资源整合能力的提升。

再次，东北地区在统一协调的相关机制上意识不强。东北地区的一体化意识不强是导致东北区域内部竞争加剧的重要原因之一。东北三省之间的区域合作层次并不高。尽管国家层面提出了加强区域经济一体化发展的要求，

---

[1] 参见高立伟：《中国东北地区对外开放研究》，哈尔滨工程大学出版社，2023年版。

东北地区也曾签署关于共建新发展格局的相关合作框架，但协商机制并未取得理想的成绩，对东北地区统一对外开放思路与东北一体化发展的推动作用并不强劲。东北三省之间依然缺乏有效的协同机制和合作平台，在推动区域协调发展、资源共享和互利共赢方面缺乏足够的共识和行动。在产业链供应链创新链对接等方面，未能形成有效的联动发展态势。总的来看，东北三省依然是各自为战，未能形成有效协作的合力。东北地区在对外开放和国际合作中的开放程度仍然不高，从而影响了整个东北地区的整体竞争力和发展潜力。

第四节　东北开放内生动力面临激活

2018 年 9 月，习近平总书记在深入推进东北振兴座谈会上曾指出，东北地区还存在体制机制、经济结构、对外开放、思想观念方面的"四大短板"。[1]强调东北广大干部群众要解放思想、锐意进取，瞄准方向、保持定力，深化改革、破解矛盾，扬长避短、发挥优势，以新气象新担当新作为推进东北振兴。东北地区的高水平开放正面临着激发内生动力的紧迫任务。体制机制缺乏足够的内生动力，一些陈旧的观念和思想顽疾在东北地区时而显现。同时，东北地区的开放创新思维总体落后，直接影响了区域竞争力的提升。人口减少的问题也日益严重，随着劳动力与人才的减少，区域发展的压力与日俱增。这些因素不仅加剧了经济结构调整的难度，也对东北地区的长期可持续发展与高水平开放构成了严峻挑战。

一、体制机制内生动力不足

新中国成立之初，东北地区依靠其相对完善的工业体系优势，奠定了新

---

[1]《奋力书写东北振兴的时代新篇——习近平总书记调研东北三省并主持召开深入推进东北振兴座谈会纪实》，http://news.cnr.cn/native/gd/20180930/t20180930_524374456.shtml。

中国工业核心的地位。计划经济时期，东北地区凭借其丰富的黑土、石油和林业等资源优势，成为国家资源配置的重心，国家集中力量在东北地区布局建设了一批关系国民经济命脉的战略产业和骨干企业，大量国有企业入驻东北。然而，随着改革开放的深化和东部沿海地区的快速发展，东北老工业基地开始暴露出体制性、机制性和结构性的问题：市场化程度不高、经济发展活力不足、民营经济发展不充分、科技与经济发展融合不够、传统支柱产业竞争力下降、战略性新兴产业发展偏慢、一些骨干企业运营困难、历史遗留问题和民生保障压力等问题成为难以打破的体制枷锁，为东北地区高水平开放发展埋下了隐患，导致其与沿海地区差距不断扩大。

一方面，计划经济因素至今影响着东北地区的政府体制，习惯于通过行政手段干预市场运作，导致了官本位思想的滋生，政府职能经常出现错位、越位、缺位现象。其长期固化且缺乏弹性的体制机制，呈现出显著的计划性、政企不分、强政府弱企业等特点。制度改革动力不足、难度大，导致市场经济难以发挥有效的作用，造成资源的浪费和错配，阻碍了要素的自由流动和资源效率的提高。一是政务服务能力不足。部分部门服务效率不高，政务人员专业能力和服务意识有待提高，以及政务服务基础设施不甚完备；在招商引资方面，存在税费收缴额度高和全程服务不到位等问题。[①]二是法治规范能力不强。法律法规在维护市场秩序方面存在滞后化和工具化等问题，一些地方法规滞后于经济发展需要，包容审慎监管未有效实施，对投资者的法律保护也存在不足，对行政人员的行为约束还不到位。三是营商环境有待改善。政商沟通机制不完善和联动不足，影响投资者信心；社会诚信意识还需提升，对政府失信问题的整治力度不够；惠企政策执行不力，企业面临高成本压力；政府采购招标投标透明度不高，存在准入门槛和不平等对待行业主体等问题。

为针对性地解决这些问题，2002 年，党的十六大报告首次提出支持东北

---

① 参见闫修成：《东北蓝皮书中国东北地区发展报告（2021—2022）》，社会科学文献出版社，2022 年版。

地区等老工业基地加快调整和改造。2003年，党中央作出实施东北地区等老工业基地振兴战略的重大决策。自东北振兴战略和"放管服"改革实施以来，尽管东北地区的行政机制有所优化，但问题依旧突出。简政放权推进艰难，多地仅于形式上简化，实际行政流程未变。部分地区监管脱节，网络服务不足，信息共享度差、办理率低、企业和群众办事难等问题依然存在。

另一方面，东北地区市场经济体制发展相对落后，区域资源配置高度依赖行政手段。当地企业普遍存在"等靠要"思维，企业发展趋于保守。企业对市场经济意识不足，市场化进程缓慢，缺乏有利于民营经济发展的社会氛围和成长空间，经济增长缺乏自主动力。垄断行业多，行业准入门槛过高，公平竞争的市场环境尚未形成。同时，东北地区因物流成本、效率低、区域管理成本大，导致交易成本上升，延缓了区域市场一体化进程，影响了东北地区融入全国统一大市场的步伐。现代流通网络不完善，区域内人流、物流、信息流的流通模式尚未畅通，内在发展动力不足。市场监管存在盲区和死角，亟须升级监管形态，推进监管体制改革。

尽管东北振兴取得了阶段性成果，体制机制改革初见成效，但由于长期累积的深层次体制性机制性结构性问题，加之周期性因素和国际国内需求的变化，东北地区部分行业和企业生产经营困难，经济发展面临新的困难与挑战。唯有通过深化市场体制机制改革、激发市场活力，才能充分释放改革成效、提升创新能力和扩大开放合作，进而逐步解决东北地区面临的深层矛盾和问题，增强东北地区高水平开放发展动能。

二、观念思想顽疾时隐时现

自新一轮东北全面振兴战略实施以来，东北地区的经济社会发展表现出积极趋势，经济总量、财政收入和居民收入等均有显著增长，营商环境得到明显改善，东北三省四市的经济形势趋稳向好。然而，东北地区的观念思想顽疾问题仍然突出，成为制约其振兴发展的一个重要因素。习近平总书记强调，思想观念是影响和阻碍东北地区振兴发展的"四大短板"之一，东北经济增长的根本制约因素是那些陈旧、落后且不符合经济发展趋势的思想观念。其根源涉及历史、体制、现实和文化等多方面因素，并与当地文化特性、社会风气及体制机制等深层次矛盾密切相关。因此，东北地区的观念思想顽疾不仅仅局限于意识形态层面，还涉及到制约东北地区发展的最突出的体制机制等深层次矛盾，它们成为东北地区高水平开放发展过程中的挑战：

一是部分干部依然依赖中央政策支持，思想不够开放，缺乏创新思维，过于强调东北的历史贡献与成就，将问题归咎于外部因素，着力于寻求中央的特殊政策、项目和资金，而忽视结合本地实际创造性地开展工作，缺乏主动贯彻中央决策的思考和行动。二是仍持有"官本位"思想与管制意识，缺乏主动为市场服务的主体意识，更倾向于强调自己的管辖能力，也存在"多干多错、少干少错、不干无错"的消极心态，主动作为的积极性不足。三是各地区间的合作意识不强，地方保护主义较为严重，协调发展机制相对滞后。未能摆脱短视思维，过于关注眼前的得失，忽视了长远利益和可持续的发展，导致区域资源价值未能得到充分利用。

东北地区是我国计划经济开始最早、退出最晚、执行最彻底的地区。市场经济转型后，东北人的思想观念有了显著的变化，但仍与东部沿海地区存在差距。东北地区的社会和文化观念对经济发展也产生了负面影响，表现在与计划经济意识形态结合形成的惰性特征，即不思进取、怕变求稳。这些观念上的特点和存在的问题，对东北地区的经济社会发展和对外开放水平的提高产生了深远的影响。因此，推动实现东北高水平开放发展，要削弱落后的观念思想顽疾对区域经济的影响。

习近平总书记强调，冲破思想观念的障碍、突破利益固化的藩篱，解放思想是首要的。[①] 解放思想是全面深化改革的基础，思想的解放是深化改革开放的重要前提。这一原则不仅适用于国家层面，也同样适用于地区发展。习近平总书记在多次视察东北讲话中要求东北解放思想、更新观念，并强调

[①]《思想解放深度决定东北振兴高度》，http://www.qstheory.cn/llwx/2019-04/22/c_1124396900.htm。

解放思想是开拓前进的重要法宝，思想解放深度决定着东北振兴的高度。东北地区迫切需要更新观念，以适应新时代的高水平开放发展要求。为此，必须坚持问题导向，对症下药，聚焦薄弱环节，解决实际问题，并在解决思想观念顽疾的突出矛盾问题上下功夫，以激发基层改革创新活力，形成创新思路、创新政策与创新环境。

三、开放创新思维总体滞后

东北地区的开放创新思维总体相对滞后。因经济起步较早且结构稳定，东北地区形成了对传统发展模式的依赖，新旧动能转换相对落后于其他地区，新兴产业和高技术产业的发展相对缓慢，创新对经济的驱动作用较弱。此外，民营经济占比不高，市场竞争能力不强，经济与科技的融合度不足，创新相关的投融资渠道狭窄，以及体制机制和观念上的障碍，共同导致了东北地区创新不足和发展水平不高的恶性循环。

首先，创新技术研发投入不足。从科技创新看，东北地区虽有一批高水平的高校和科研院所，但科技与经济的结合不够紧密，科技创新投入较少，处于全国中下游水平。2022 年，辽宁省、黑龙江省、吉林省的研究与试验发展（R&D）支出分别为 620.9 亿、217.8 亿元和 187.3 亿元；而 2022 年，全国共投入研究与试验发展经费 30782.9 亿元，有 12 个省（市）的研究与试验发展经费投入超过千亿元，其中，广东省达到 4411.9 亿元，是东北三省总和的 4 倍之多。[①] 同时，东北三省的研究与试验发展经费投入强度（与地区生产总值之比）分别为 2.14%、1.37%、1.43%，低于全国 2.54% 的平均水平（见表 5-5）。此外，东北三省高技术产业规模、企业数量、主营业务收入及利润总额占比也均低于全国平均水平。东北地区的研究与发展投入与发达地区仍有一定的差距，一定程度上也限制了东北地区科学技术环境的持续改善。

---

① 《2022 年全国科技经费投入统计公报》，https://www.stats.gov.cn/sj/zxfb/202309/t20230918_1942920.html。

表 5-5　2022 年各地区研究与试验发展经费情况

地　区	R&D 经费（亿元）	R&D 经费投入强度（％）
全　国	30782.9	2.54
北　京	2843.3	6.83
天　津	568.7	3.49
河　北	848.9	2.00
山　西	273.7	1.07
内蒙古	209.5	0.90
辽　宁	620.9	2.14
吉　林	187.3	1.43
黑龙江	217.8	1.37
上　海	1981.6	4.44
江　苏	3835.4	3.12
浙　江	2416.8	3.11
安　徽	1152.5	2.56
福　建	1082.1	2.04
江　西	558.2	1.74
山　东	2180.4	2.49
河　南	1143.3	1.86
湖　北	1254.7	2.33
湖　南	1175.3	2.41
广　东	4411.9	3.42
广　西	217.9	0.83
海　南	68.4	1.00

续表

地 区	R&D 经费（亿元）	R&D 经费投入强度（%）
重 庆	686.6	2.36
四 川	1215.0	2.14
贵 州	199.3	0.99
云 南	313.5	1.08
西 藏	7.0	0.33
陕 西	769.6	2.35
甘 肃	144.1	1.29
青 海	28.8	0.80
宁 夏	79.4	1.57
新 疆	91.0	0.51

数据来源：国家统计局官方网站。

其次，技术创新成果不多。随着科技的持续发展和国家改革开放的不断深入，东北地区以重工业科技为主导的科技发展在市场经济体制中逐步失去了竞争优势。从东北地区专利申请授权数看，2023 年，辽宁、黑龙江、吉林省的发明专利申请授权量分别为 75548 件、27588 件和 26637 件，发明专利占全国总数的比重分别为 8.2%、0.87% 和 0.83%。较低的专利授予比例一定程度上表明，东北地区科技创新力的竞争水平相对较低。2003 年至 2023 年期间，虽然东北地区每万人国内专利申请量逐步上升，但从 2010 年开始上升的幅度明显小于全国平均水平。截至 2023 年底，中国国内高价值发明专利拥有量达 166.5 万件，且每万人口高价值发明专利拥有量达到 11.8 件。然而，东北三省中整体水平最高的辽宁省，其每万人口高价值发明专利拥有量也仅为 7.05 件，尚未达到全国平均水平。与发达地区相比，东北三省仍存在较大的差距。

再次，创新成果转化率较低。东北地区拥有丰富的科技创新资源和基础，包括多所"985"和"211"高校，以及"双一流"世界一流大学和学科建设高校，这些教育科研机构成为我国基础研究的重要基地，并产出大量科技成果，其中辽宁和黑龙江的科技成果产出能力位居全国前列。但东北地区的科技创新资源优势多停留在初期阶段，创新转换能力不足，导致科研成果转化率低，难以转化为实际生产力和产业优势。这主要是受较低的发展水平、制度环境和市场环境等因素影响，如并不完善的创新资金链、处于初级阶段的科技中介服务机构和尚不健全的科技服务体系等。东北地区在创新链前端的试验和试制等阶段缺乏足够的资金支持，以及许多东北三省的科研成果外流到其他的省市区实现了转化，一定程度上使东北新兴产业的发展与传统产业技术升级受到影响。2021—2023 年东北三省技术市场成交额见表 5-6。

表 5-6　2021—2023 年东北三省技术市场成交额

（单位：亿元人民币）

地区	2021 年	2022 年	2023 年
辽宁省	778.6	1000.2	1308.3
黑龙江省	352.9	463.5	116.1
吉林省	108.0	52.6	99.33
东北三省合计	1239.5	1516.3	1523.73

数据来源：2021—2023 年辽宁省、黑龙江省、吉林省《国民经济和社会发展统计公报》。

四、人口减少压力与日俱增

（一）人口流失情况严峻

东北地区自 2011 年前后开始显现人口负增长问题，这一现象引起了广泛关注。从人口净迁移率看，东北地区近些年来持续下降，人口外流问题日益严重。经济发达地区由于民营经济活跃和平台经济迅猛发展，创造了大量的就业机会，加之户籍制度等改革的持续优化和公共服务体系的日趋完善，对

人口的吸引力不断增强，以至于东北地区人口流失严重。在 2003 年至 2021
年期间，东北地区的人口累计净迁移数量达到了惊人的 1117 万人，东北地区
成为全国人口净迁移最多的地区之一。在 2013 年至 2021 年期间的人口净流
出达到了 1029.25 万人，平均每年净迁移人口高达 128.66 万人。① 这一现象于
2023 年出现缓解，吉林和辽宁两个省份出现人口回流趋势，共同结束了持续
超过 10 年的人口净流出趋势。其中，辽宁省自 2012 年以来一直处于人口净
流出状态，2022 年辽宁省净流出人口在 11 万人以上；而 2023 年，辽宁全省
人口净流入 8.6 万人，扭转了连续 11 年人口净流出的局面。吉林省自 2011 年
以来一直处于人口净流出状态，净流出人口超过 30 万人甚至 40 万人，仅在
2022 年，吉林省就有 18.07 万人的人口净流出，此前历年净流出人口也多在
15 万人以上；2023 年，吉林省人口净流入 4.34 万人。

然而，人口净流入不代表人口正增长。东北三省总人口数持续走低（见
图 5-3），截至 2023 年末，辽宁省常住人口为 4182 万人；吉林省 2339.41 万
人，人口减少数量 8.28 万人；黑龙江省 3062 万人，较 2022 年的 3099 万人减
少了 37 万人。同时，东北沿边地区人口流失问题愈加严重。根据第七次全国
人口普查数据，东北沿边地区常住人口相比第六次全国人口普查数据减少了
447.58 万人，占东北 10 年间减少人口总量的 40.7%。仅黑龙江省沿边 18 个
市县在 2021 年至 2022 年间就流失了 7.4 万人。尽管短期内辽宁和吉林人口出
现回流趋势，但从长远来看，受东北地区老龄化严重、自然增长率长期持续
走低且人口自然负增长数据不断扩大的影响，不足 10 万人的净流入人口尚无
法填平这一差距，东北地区人口形势依然严峻。外流的人口主要是具有较高
知识和技能的中青年人，这一现象不仅导致了劳动力有效供给的持续减少，
还减少了物资资本和人力资本的存量。这不仅对东北地区的消费能力和房地
产市场投资规模产生了冲击，还削弱了地区经济发展的活力和潜力。2013—
2022 年全国总人口数见表 5-7。

① 参见闫修成：《东北蓝皮书中国东北地区发展报告（2022—2023）》，社会科学文献出版社，2023 年
版。

单位：万人

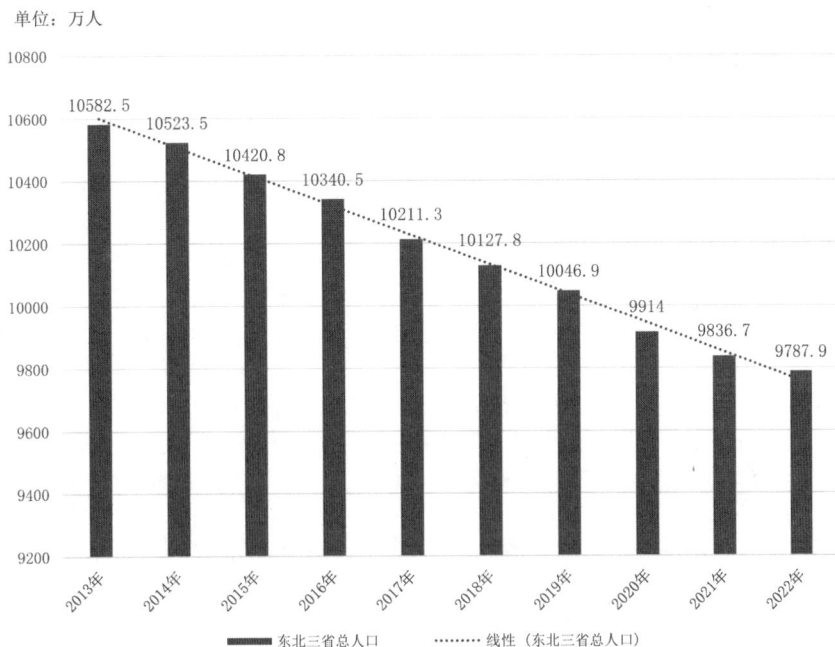

图 5-3 2013—2022 年东北三省常住人口总量变化

数据来源：2013—2023 年辽宁省、黑龙江省、吉林省统计年鉴。

表 5-7 2013—2022 年全国总人口数

（单位：万人）

地区	2013	2014	2015	2016	2017	2018	2019	2020	2021	2022
全国	136726	137646	138326	139232	140011	140541	141008	141212	141260	141175
北京	2125	2171	2188	2195	2194	2192	2190	2189	2189	2184
天津	1410	1429	1439	1443	1410	1383	1385	1387	1373	1363
河北	7288	7323	7345	7375	7409	7426	7447	7464	7448	7420
山西	3535	3528	3519	3514	3510	3502	3497	3490	3480	3481
内蒙古	2455	2449	2440	2436	2433	2422	2415	2403	2400	2401

续表

地区	2013	2014	2015	2016	2017	2018	2019	2020	2021	2022
辽宁	4365	4358	4338	4327	4312	4291	4277	4255	4229	4197
吉林	2668	2642	2613	2567	2526	2484	2448	2399	2375	2348
黑龙江	3666	3608	3529	3463	3399	3327	3255	3171	3125	3099
上海	2448	2467	2458	2467	2466	2475	2481	2488	2489	2475
江苏	8192	8281	8315	8381	8423	8446	8469	8477	8505	8515
浙江	5784	5890	5985	6072	6170	6273	6375	6468	6540	6577
安徽	5988	5997	6011	6033	6057	6076	6092	6105	6113	6127
福建	3885	3945	3984	4016	4065	4104	4137	4161	4187	4188
江西	4476	4480	4485	4496	4511	4513	4516	4519	4517	4528
山东	9746	9808	9866	9973	10033	10077	10106	10165	10170	10163
河南	9573	9645	9701	9778	9829	9864	9901	9941	9883	9872
湖北	5798	5816	5850	5885	5904	5917	5927	5745	5830	5844
湖南	6600	6611	6615	6625	6633	6635	6640	6645	6622	6604
广东	11270	11489	11678	11908	12141	12348	12489	12624	12684	12657
广西	4731	4770	4811	4857	4907	4947	4982	5019	5037	5047
海南	920	936	945	957	972	982	995	1012	1020	1027
重庆	3011	3043	3070	3110	3144	3163	3188	3209	3212	3213
四川	8109	8139	8196	8251	8289	8321	8351	8371	8372	8374

续表

地区	2013	2014	2015	2016	2017	2018	2019	2020	2021	2022
贵州	3632	3677	3708	3758	3803	3822	3848	3858	3852	3856
云南	4641	4653	4663	4677	4693	4703	4714	4722	4690	4693
西藏	317	325	330	340	349	354	361	366	366	364
陕西	3804	3827	3846	3874	3904	3931	3944	3955	3954	3956
甘肃	2537	2531	2523	2520	2522	2515	2509	2501	2490	2492
青海	571	576	577	582	586	587	590	593	594	595
宁夏	666	678	684	695	705	710	717	721	725	728
新疆	2285	2325	2385	2428	2480	2520	2559	2590	2589	2587

数据来源：国家统计局官方网站、历年《中国统计年鉴》。

（二）人口自然增长率为负

东北地区受城镇化水平较高、计划生育执行严格、劳动力供给不足等因素影响，其生育率长期低于全国平均水平，这也是东北地区常住人口和户籍人口负增长的关键因素。随着年轻劳动力持续外流，东北三省的人口自然增长率继续快速下降，辽宁、黑龙江、吉林三省人口自然增长率分别在 2011 年、2015 年和 2018 年由正转负，此后下降趋势愈发明显（见图 5-4）。辽宁省 2023 年全年出生人口 17.0 万人，出生率为 4.06‰；死亡人口 40.6 万人，死亡率为 9.69‰；人口自然增长率为 -5.63‰。吉林省 2023 全年出生人口 8.84 万人，出生率为 3.77‰；死亡人口 21.46 万人，死亡率为 9.16‰；自然增长率为 -5.39‰。黑龙江省未公布 2023 年的人口自然增长率，结合其 2022 年的数据推算，该省人口自然增长率为 -5.11‰。东北三省人口自然增长率远远低于 -1.48‰的全国平均水平，均处于全国下游。

单位：‰

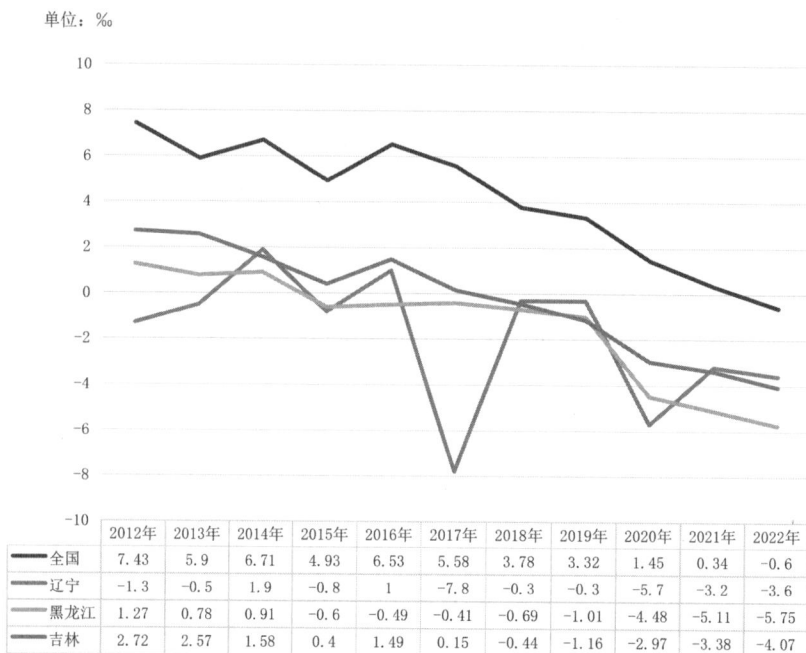

	2012年	2013年	2014年	2015年	2016年	2017年	2018年	2019年	2020年	2021年	2022年
全国	7.43	5.9	6.71	4.93	6.53	5.58	3.78	3.32	1.45	0.34	-0.6
辽宁	-1.3	-0.5	1.9	-0.8	1	-7.8	-0.3	-0.3	-5.7	-3.2	-3.6
黑龙江	1.27	0.78	0.91	-0.6	-0.49	-0.41	-0.69	-1.01	-4.48	-5.11	-5.75
吉林	2.72	2.57	1.58	0.4	1.49	0.15	-0.44	-1.16	-2.97	-3.38	-4.07

图 5-4　2012—2022 年东北地区与全国人口自然增长率变动情况

数据来源：2013—2023 年国家、辽宁省、黑龙江省、吉林省统计年鉴。

（三）老龄化程度加深

东北地区正面临着老龄化加剧的严峻挑战。低生育率、少子化、人口预期寿命的延长，以及中青年劳动力的大量外流，导致东北地区老龄化速度、程度均快于高于全国平均水平。根据第七次全国人口普查数据，辽宁、黑龙江、吉林省 60 岁及以上人口占比分别为 25.72%、23.22%、23.06%，均高于全国 18.7% 的平均水平，分别位列全国第一、第三和第四位。相比于第六次全国人口普查数据，三省 60 岁及以上人口比重分别上升了 10.29、10.19 和 9.85 个百分点。以黑龙江省为例，截至 2023 年底，黑龙江省 65 岁及以上人口占全省总人口的比重从 17.8% 上升到了 18.8%，而 0—14 岁人口比重从 2022 年的 9.3% 下降到 2023 年的 8.8%，凸显了其人口深度老龄化问题的持续加剧。儿童和青少年比例的下降预示着未来劳动力供给将面临更大压力，对社会保障体系和养老服务提出了更高要求。老龄化对经济增长产生了较大的负面作用，东北地区老龄化加剧，导致消费市场活力不足，年轻人又难以在低迷市场中找到合适的工作和成长机会，从而大量向南迁徙，加速了人口外流。同时，老龄化加重了养老和财政负担，辽宁、吉林、黑龙江三地的社会保障和就业支出占预算支出的比重高于全国，社会医疗、社会养老等社会保障压力正不断加大，社保支出正成为各级财政的沉重负担，影响了经济活力。

第六章

东北地区高水平开放的方向选择

2020 年，习近平总书记在中央财经委员会第七次会议上提出，要构建以国内大循环为主体、国内国际双循环相互促进的新发展格局。更高水平、制度性、规则性的开放是融入双循环格局的必要选择。东北地区是我国面向东北亚国家开放的重要窗口，近年来随着诸多因素的变化，东北地区与东北亚各国经济关系产生新的变化。2022 年 1 月 1 日，区域全面经济伙伴关系协定正式生效，亚洲地区区域合作进入新阶段。抓住 RCEP 正式生效的机遇，深化东北地区对日韩、东盟国家的制度型开放，深度融入"一带一路"倡议，摸索与上合组织国家资源型合作，拓展与中东欧、拉美、非洲、中东等新兴市场合作，有利于推进高水平对外开放，打造对外开放新前沿，形成东北振兴新动力。

第一节　推进对东北亚国家深度开放

一、辽宁省与东北亚国家合作

辽宁省内接东北地区腹地和环渤海经济圈，对外与韩国、朝鲜、日本隔海相望，是欧亚大陆通往太平洋的重要通道，是东北地区对外开放的重要陆海门户。凭借其地缘优势，日本和韩国是辽宁省主要贸易伙伴和投资来源国。辽宁省近年来对东北亚主要国家贸易情况见表6-1。

表6-1　辽宁省近年来对东北亚主要国家贸易情况

（单位：亿元人民币）

国家	年份	2018	2019	2020	2021	2022	2023	2024年1—6月
	全省贸易总额	7545.92	7255.10	6544.00	7724.04	7907.34	7659.63	3702.87
俄罗斯	进出口额	269.91	238.20	220.10	286.59	359.08	549.00	209.30
	占全省比重	3.6%	3.3%	3.4%	3.7%	4.5%	7.2%	5.6%
	进口额	197.58	159.30	157.70	210.85	247.50	405.10	134.68
	出口额	72.33	79.00	62.40	75.74	111.58	143.90	76.62
日本	进出口额	1077.29	982.90	843.50	927.53	914.12	901.20	421.84
	占全省比重	14.3%	13.5%	12.9%	11.2%	11.5%	11.7%	11.4%
	进口额	430.33	354.30	283.60	332.08	316.57	291.84	121.42
	出口额	647.96	628.60	559.90	595.45	597.55	609.35	300.42
韩国	进出口额	639.07	587.50	406.00	571.14	585.64	634.10	297.77
	占全省比重	8.4%	8.1%	6.2%	7.4%	7.4%	8.3%	8.0%
	进口额	323.98	242.80	168.90	254.90	257.13	254.64	113.00
	出口额	315.09	344.70	237.10	316.24	328.51	379.46	187.77

数据来源：根据辽宁省历年统计年鉴及海关数据整理制作。

（一）辽宁省与日本经贸合作现状

日本是辽宁省第一大对外贸易合作伙伴国家，也是辽宁省第二大投资来源国。2023年，辽宁省对日本进出口额901.2亿元人民币，同比减少1.38%，占辽宁省对外贸易总额的比重为 11.76%，与 2022 年占比持平；进口额 291.8 亿元人民币，同比减少 7.74%；出口额 609.3 亿元人民币，同比增加 2.0%。2024 年上半年，辽宁省对日本进出口总值 421.83 亿元人民币，较 2023 年同期下降 6.2%；其中出口 300.42 亿元，下降 1.0%；进口 121.42 亿元，下降 17.0%。

辽宁省对日本出口以机电产品、钢材、纺织服装、农产品、水海产品、成品油等为主，自日进口产品中机电产品、汽车零件、医药产品占比较高。2024 年一季度辽宁省对日进出口从贸易方式看，一般贸易方式进出口下降 7.8%，占 48.7%；加工贸易下降 8.8%，占 39.2%。从企业性质看，外商投资企业进出口下降 9.8%，占 53.7%；民营企业下降 2.6%，占 41.5%。从商品种类看，对日出口机电产品下降 1.9%，占 50.8%；劳动密集产品下降 8.8%，占 16.8%。同期，自日进口机电产品下降 19.4%，占 44.0%；进口高新技术产品下降 28.1%，占 15.8%。[①]

从吸引外资情况来看，2023 年日本在辽宁新设企业 74 家，截至 2023 年底，累计共有 8000 多家日资企业在辽投资，投资 246 亿美元。从投资领域来看，主要集中在制造业和服务业，包括电器、软件、电子机械、船舶、化学医药、服装、零售等行业，同时积极拓展在高端装备、人工智能、新能源、现代农业、养老等领域深化合作。2019 年 4 月，日本电产株式会社与大连金普新区签订投资协议在新日本工业园区建设电动汽车电机生产与研发基地，发展新能源汽车、智能网联汽车、高分子新材料产业等，2021 年 6 月正式开始投入生产，达到日本电产海外开发基地中的最大规模。2020 年，大连市正式获批为国家级中日地方发展合作示范区，这标志着辽宁省与日本的合作进入了一个新的阶段。2021 年，沈阳万科中日产业园全面进入建设阶段，到 2023 年已与东芝、三菱、松下、罗森等 36 家企业签订多产业的战略合作协议。

---

① 《一季度辽宁省对日进出口下降 6.6%》，http://dalian.customs.gov.cn/dalian_customs/zfxxgk75/460678/lgtj/4013383/5834191/index.html。

辽宁省在金融领域也进行了多项创新和探索。例如，高水平建设中日（大连）地方发展合作示范区，探索开展中日跨境双向融资，输入境外低成本资金，并在示范区内开展对日元的货币结算。同时，辽宁省还出台了一系列优化投资环境的政策措施，朝着市场化、法治化、国际化方向推进。从双方的经贸合作来看，辽宁省十分重视与日本的友好交流和务实合作。

辽宁省积极举办各种经贸推介活动，2023年9月，第四届辽宁国际投资贸易洽谈会和辽宁—日本新能源合作交流会在沈阳举办，进一步拓展双方在新能源领域的合作空间。2024年4月，辽宁省、日中经济协会在东京共同举办辽宁—日本经济贸易合作说明会，深化拓展双方在经贸、产业、人文等领域的合作。在中日地方交流方面，辽宁省已经与日本缔结了19对省、市级友好城市和28对友好伙伴关系，通过人员互访、信息交流、文化和教育交流等促进两地人民的相互理解与友谊。2023年10月，"山海有情 天辽地宁"辽宁文化和旅游海外交流活动（日本专场）在日本东京和岐阜举办，通过展示辽宁的自然风光和人文景观，向日本民众介绍辽宁的旅游资源，促进两地人文交流。这些活动不仅巩固了双方的友谊，也为进一步深化合作奠定了基础。尽管存在诸多贸易摩擦因素，辽宁和日本高层互访频繁，地方民间积极交流，深化合作意愿强烈，双方经贸发展前景广阔。

（二）辽宁省与韩国经贸合作现状

韩国是辽宁省最重要的传统贸易伙伴和主要投资来源国。2023年，辽宁省对韩国进出口额634.1亿元人民币，同比增长8.6%，占全省对外贸易总额的8%，与2022年基本持平。其中，进口额254.6亿元，同比下降0.9%，出口额379.5亿元，同比增长16.1%。2024年（1—6月）辽宁省对韩国进出口297.77亿元人民币，比2023年同期下降8.6%。其中，进口额113.0亿元，同比下降7.4%，出口额184.77亿元，同比下降9.4%。

辽宁省对韩国出口产品主要包括机电产品、金属矿产、化工产品、农副产品、成品油等，进口产品主要包括高新技术产品、钢铁产品、汽车及零部件。2023年出口机电产品192.7亿元人民币，增长52.3%，占同期辽宁省对韩国出口总值的 50.8%；其中，出口集成电路 111.6 亿元人民币，增长 1.2 倍，占 45.3%。[①] 韩国《东亚日报》根据联合国贸易数据得出，2023 年中国进口韩国半导体设备比上年下降 20.3%，虽然存在贸易摩擦因素，辽宁省和韩国双方贸易关系仍呈持续稳定增长趋势，有望进一步深化互利共赢的合作关系。

在投资方面，韩国是辽宁省重要的外资来源地。2022 年，韩国对辽宁实际投资额 12.82 亿美元，在全省吸引外资中所占份额较大。有 1000 多家韩国企业在辽宁省投资，如 SK、乐天、浦相、希杰等韩国企业。不仅涵盖了传统制造业，还扩展到高端制造业、信息产业、人工智能、生物科技等新兴领域。2021 年，建成辽宁（沈抚示范区）韩国产业园，有效推动双方全面深入合作，形成具有跨国优势的特色产业集群和对外开放新高地。2024 年 4 月，由港中旅华贸国际物流与大连辣苹果科技公司合作运营的辽宁省韩国海外公共服务仓项目启动，计划 3 年内在韩国仁川、釜山、大邱等地设立 10 个公共海外仓，通过密集的营销网络和全链条出口服务体系，帮助包括辽宁企业在内的国内企业做大海外贸易、拓展海外市场。"飞龙"号轮船项目由韩国大仁轮渡有限公司运营，该公司由中远海运大连投资有限公司等中国企业与多家韩国企业合资组建。"飞龙号"轮船在新冠疫情期间暂停客运，2024 年实现客运复航。辽宁省与韩国之间的投资合作正在逐步增加。

辽宁省积极举办和参与各种国际交流活动以促进与韩国的合作。例如，2023 年，辽宁省政府和韩国驻沈阳总领事馆共同主办了 2023 年辽宁国际投资贸易洽谈会中国（沈阳）韩国周，包括多项经贸活动及人文交流活动，吸引了大量韩国企业和机构参与，促进了双方的商业合作与文化交流，其中，中韩（皇姑）经贸产业园首批入园企业集中签约，投资总额 80 亿元。2024 年 4 月，中国（沈阳）韩国周活动举办 20 届后首次在韩国举办，辽宁省经贸代表团密集访问韩国政商界人士，积极宣传推介辽宁，巩固深化双方经贸人文领域友好合作基础。双方在先进装备制造、数字经济、科技创新、绿色发展、服务贸易等领域合作潜力巨大。

---

① 《2023 年辽宁省对韩国进出口小幅增长》，http://dalian.customs.gov.cn/dalian_customs/zfxxgk75/460678/lgtj/4013383/5699875/index.html。

（三）辽宁省与俄罗斯经贸合作现状

俄乌冲突导致西方对俄罗斯经济制裁加剧，俄加快向东开辟市场，中俄贸易额显著增长。近几年，辽宁省对俄贸易呈迅速上升趋势，俄罗斯成为辽宁省最重要的新兴市场之一。2022 年，辽宁省对俄罗斯进出口总额 359.1 亿元人民币，同比增长 25.2%；其中，出口额为 111.6 亿元人民币，同比增长 47.3%，进口额 247.5 亿元人民币，同比增加 17.2%。2023 年，辽宁省与俄罗斯进出口额 549 亿元人民币，同比增加 52.9%；其中，出口额 143.9 亿元人民币，同比增加 29.4%，进口额 405.1 亿元人民币，同比增加 63.5%。2024 年上半年，辽宁对俄进出口额 209.3 亿元人民币，同比减少 24.5%；其中，出口额 74.6 亿元人民币，同比增加 6.4%，进口额 134.68 亿元人民币，同比减少 35.0%。对俄进口明显强于对俄出口，对俄罗斯市场仍然有很多空白领域，尤其是新能源汽车和高科技产品发展空间巨大。

辽宁省对俄罗斯的主要出口产品包括机电产品、高新技术产品、钢材、氧化铝、化工产品、陶瓷产品和纺织服装等。从俄进口产品主要是原油及成品油、煤及褐煤、天然气及烃类气等能源产品、矿石、木制品等原材料产品、水海产品等。辽宁省从俄罗斯进口能源类商品占进口总值的 78.5%，在进口中占有重要地位，出口产品则集中在机电产品和消费品，机电产品占出口总值的 54.7%，贸易具有明显的互补性，促进了双边贸易的稳定。

从投资来看，2023 年前 9 个月，辽宁有俄资企业 91 家，累计在辽投资 9400 万美元，俄罗斯在辽宁省新设立投资企业 40 家，同比增长 700%。辽宁省与俄罗斯的合作重点包括装备制造、能源电力、航空及发动机、船舶制造、海洋航运、农林渔业和旅游等领域。在"一带一路"倡议推动下，为扩大对俄贸易，推进民航、铁路、港口等通道互联互通。辽宁省积极构建对俄及欧洲贸易集散中转基地。2017 年，辽宁港口集团和俄罗斯铁路股份公司共同投资了莫斯科的大型铁路综合物流中心——别雷拉斯特物流中心，这是中俄两国第一个大型物流基础设施合作项目，2019 年 12 月成功开始运营，几年来物流规模持续增加。2021 年，辽宁徐大堡核电站正式开工建设，是"十四五"期间辽宁省投资建设最大的清洁能源项目。2022年，中俄东线天然气（辽宁段）管线正式投产通气，标志着中俄两国在能源领域的合作进一步深化。2023年10月，开通了从俄罗斯符拉迪沃斯托克（海参崴）飞往辽宁大连的直航航线，为大连打造中俄航空枢纽城市提供了有力支撑。同时，辽宁中俄数字贸易港和沈阳俄罗斯特色商品馆正式启动，沈阳市辽中保税区物流集货分拨中心提供跨境物流和保税仓储保障，搭建了辽沈产品入俄的网上通道，引入了俄罗斯特色产品"线上展示"与"线下展销"，促进双方贸易往来。

辽宁省积极拓展与俄罗斯的经贸合作与人文交流。2023年10月，辽宁省首次举办中俄地方投资发展与贸易合作大会，提升经贸合作水平，深度融入共建"一带一路"，加快打造向北开放新高地。辽宁省委、省政府高度重视对俄工作。辽宁省与俄罗斯的多个州建立了友好省州关系，市级友城10对、省市友好伙伴关系6对，辽宁省多所高校与俄方签订了20多个科技合作协议。这些活动显示了辽宁省在拓展与俄罗斯的贸易合作方面的积极努力。

二、吉林省与东北亚国家合作

吉林省近年来对东北亚主要国家贸易情况见表6-2。

表6-2 吉林省近年来对东北亚主要国家贸易情况

（单位：亿元人民币）

国家	年份	2018	2019	2020	2021	2022	2023	2024年1—6月
	全省贸易总额	1363.10	1302.17	1280.12	1503.77	1559.42	1679.10	872.0
俄罗斯	进出口额	62.43	57.71	57.76	104.37	173.33	297.28	131.21
	占全省比重	4.5	4.4	4.5	7.0	11.0	17.7	15.0
	进口额	49.73	40.91	40.80	74.92	107.77	93.57	39.10
	出口额	12.70	16.80	16.96	29.45	65.56	203.71	92.11

续表

国家	年份	2018	2019	2020	2021	2022	2023	2024年1—6月
日本	进出口额	119.39	103.80	130.24	106.98	83.08	57.47	27.55
	占全省比重	8.8	8.0	10.2	7.1	5.3	3.4	3.2
	进口额	93.23	81.52	108.30	82.19	57.53	29.77	13.02
	出口额	26.16	22.28	21.94	24.78	25.55	27.70	14.53
韩国	进出口额	50.61	73.06	51.10	56.76	59.60	59.90	33.21
	占全省比重	3.7	5.6	4.0	3.8	3.9	3.6	3.8
	进口额	20.57	36.22	22.10	25.26	27.47	22.90	14.71
	出口额	30.04	36.84	29.0	31.50	32.13	36.40	18.50

数据来源：根据吉林省历年统计年鉴及海关数据整理制作。

（一）吉林省与日本经贸合作现状

日本是吉林省最重要的贸易合作伙伴之一。2022年，吉林省对日贸易进出口总额83.08亿元人民币，同比下降22.3%。其中，出口额25.55亿元人民币，同比增加3.1%；进口额57.53亿元人民币，同比下降30.0%。2023年吉林省对日进出口额57.47亿元人民币，同比下降30.8%。其中，出口额27.70亿元人民币，同比增长8.4%；进口额29.77亿元人民币，同比下降48.2%。2024年上半年，吉林省对日贸易进出口额27.55亿元人民币，同比增加3.9%。其中，出口额14.53亿元人民币，同比增加0.5%；进口额13.02亿元人民币，同比增加7.9%。2020年之前，日本是吉林省最大贸易合作国。2021年以来，由于新冠疫情及国际形势因素，吉林省与日本贸易额呈持续下降趋势，占吉林省外贸额比重连年下跌。其中，受中美贸易摩擦影响，自日本进口额呈断崖式下跌，2024年上半年进口额同比增加 7.9%，呈现小幅反弹趋势。对日本出口额近几年来较稳定，呈小幅增长趋势。

从双方贸易进出口产品来看，吉林省对日本出口以汽车及零部件、农副产品、轻纺产品、木制品及家具石化产品和医药产品等为主，自日本进口产品以汽车及零部件产品、高新技术产品为主。从投资情况来看，截止到 2023 年，吉林省现有日企 124 家，累计直接投资金额为 13.7 亿美元。从投资领域来看，日本企业在吉林省的投资主要集中在制造业、批发和零售业、农业和采矿业。劳动密集型行业占据了绝大份额，高新技术产业、现代服务业及资本密集型产业所占比例较小，产业合作层次偏低。[①]2023 年 8 月，2023（吉林）中日经济合作会议在长春举行。吉林省政府积极与日本政商界代表交流与洽谈，推动双方在汽车制造业、新能源、现代农业、冰雪产业、数字经济等领域拓展合作，同时加深民间组织和地方政府交流，持续推动友好合作。吉林省与日本多个县市互为友城关系。2024 年 7 月，"机遇中国，开放吉林" 2024吉林文化旅游周在日本东京、大阪等地举行，促进两地人文交流，为两地带来更多发展机遇。

（二）吉林省与韩国经贸合作现状

韩国是吉林省最重要的贸易合作伙伴之一。2022 年，吉林省对韩国贸易进出口额 59.60 亿元人民币，同比增加 5.0%。其中，出口额 32.13亿元人民币，同比增加 2.0%；进口额 27.47 亿元人民币，同比增加8.7%。2023 年，吉林省对韩国贸易进出口额 59.90 亿元人民币，同比增长 0.5%，占全省贸易总额比重为 3.6%。其中，出口额 36.40 亿元人民币，同比增加 15.1%；进口额 22.9 亿元人民币，同比下降 16.6%。2024 年上半年，吉林省对韩国贸易进出口额 33.21 亿元人民币，同比增加 26.2%。其中，出口额 18.50 亿元人民币，同比增加 13.0%；进口额14.71 亿元人民币，同比增加 47.8%，贸易顺差较大。新冠疫情之后，对

---

① 参见邵汉明：《吉林蓝皮书：2020 年吉林经济社会形势分析与预测》，社会科学文献出版社，2020年版。

韩国出口呈稳步上升趋势。从韩国进口呈波动状态，2023 年下跌幅度较大，2024 上半年呈加速恢复趋势。

从进出口产品来看，对韩国出口以汽车及零部件、化工产品、农副产品为主，自韩国进口以高新技术产品、机电产品、高端化工产品、日常消费品等为主，吉林省对韩国的贸易进出口产品结构正逐渐向高附加值和高新技术产品转型，同时保持了传统产业的出口优势，这也是因为韩国较发达产业与吉林省的支柱优势产业关联度较高。

从投资方面，截至 2024 年上半年，吉林省现有韩企 378 家，数量位列全省外资企业总数第二，吉林省四分之一的外资企业来自韩国，累计利用韩资22.5 亿美元。近几年来，吉林省积极借助中韩 FTA 和 RECP，利用中韩（长春）国际合作示范区、珲春海洋经济发展示范区等平台，实施对韩市场开拓计划，积极探索数字贸易领域服务，着力提升双方在新能源、生物医药、现代农业、冰雪产业等领域的合作。未来，随着更多政策的实施和新项目的启动，吉林省与韩国的经贸合作有望进一步加强。

（三）吉林省与俄罗斯经贸合作现状

目前，俄罗斯已经成为吉林省第二大贸易合作伙伴。2022 年，吉林省对俄贸易进出口额 173.27 亿元人民币，同比增长 65%。其中，出口额65.57 亿元人民币，同比增加 122.7%；进口额 107.70 亿元人民币，同比增加 42.6%。2023 年，吉林省对俄贸易进出口额 297.28 亿元人民币，同比增加 71.5%，在全省外贸中所占份额为 17.7%。其中，出口额 203.71 亿元，同比增加 210.7%；进口额 93.57 亿元人民币，同比减少 13.2%。2024年上半年，吉林省对俄贸易进出口额 131.21 亿元人民币，同比下降 0.5%；其中，出口额 92.11 亿元人民币，同比增加 14.5%，进口额 39.10 亿元人民币，同比下降 23.9%。近年来，吉林省对俄贸易呈现井喷式增长。2021年，进出口额达 104.4 亿元人民币，同比增长 80.6%，首次突破百亿元大关。此后，持续保持强劲增势；其中，进口额在 2022 年到达阶段性最高，2023 年和 2024 年上半年呈回落趋势。出口方面，从 2020 年起，连年呈增长趋势，2024 年增长幅度回落。此外，从 2023 年起，吉林对俄贸易从贸易逆差变为贸易顺差。

从进出口产品结构来看，双方贸易产品结构存在很强的互补性。近几年从俄罗斯进口的产品主要有液化气、石油、煤炭等能源产品、海产品、矿产品、植物产品、木材及木材制品、食品等，对俄出口产品主要包括汽车零部件、机械制造产品、电子仪器、化工产品、纺织品、农产品、水海产品等。跨境电商在吉林省对俄贸易中占据重要地位，特别是珲春跨境电商监管中心的生活用品、服装、3C 电子产品等商品通过珲春口岸大量进入俄罗斯市场，2023 年，吉林省跨境电商进出口同比增长 88.9%，对俄贸易再上新台阶。

从投资来看，近几年，吉林省积极深度融入"一带一路"建设，推动中蒙俄大通道建设，加强公路、铁路、海运基础交通设施、国际仓储物流、口岸建设，基本形成了对外开发开放综合交通运输体系。中俄珲春—哈桑跨境经济合作区、"滨海 2 号"国际运输走廊等项目稳步推进，进一步畅通了从俄罗斯远东经中国东北至中国东南部及东南亚各国的跨境运输通道。目前，吉林省有"长满欧""长珲欧""长同欧"三条国际铁路通道。2023 年 8 月，中国·吉林（长春—莫斯科）TIR 跨境公路货运线路的首发填补了吉林省中欧公路直达运输的空白。2023 年 5 月，吉林省被批准进一步扩大内贸货物跨境运输业务范围，新增俄罗斯符拉迪沃斯托克港（海参崴港）作为内贸货物中转口岸。2020 年，珲春海洋经济发展示范区正式挂牌，为在滨海边疆等远东地区进口水海产品开辟了广阔前景。在地方政府交流方面，吉林省与俄方缔结友好城市 12 个。2023 年 10 的吉林文化旅游周和 2024 年 6 月的旅游推介会在俄罗斯符拉迪沃斯托克（海参崴）开展，深化和巩固了双方人文交流。

三、黑龙江省与东北亚国家合作

黑龙江省近年来对东北亚主要国家贸易情况见表 6-3。

表6-3 黑龙江省近年来对东北亚主要国家贸易情况

（单位：亿元人民币）

国家	年份	2018	2019	2020	2021	2022	2023	2024年1—6月
	全省贸易总额	1747.73	1865.91	1537.0	1995.0	2651.55	2978.26	1563.81
俄罗斯	进出口额	1220.59	1270.67	973.26	1313.40	1854.74	2103.95	1149.39
	占全省比重	89.3	68.0	63.6	65.9	69.5	70.6	73.5
	进口额	1146.04	1170.68	878.06	1206.54	1682.01	1815.11	995.47
	出口额	74.55	99.99	95.20	106.86	172.73	288.84	153.92
日本	进出口额	24.22	26.32	26.62	30.61	32.15	35.54	18.82
	占全省比重	1.7	1.4	1.7	1.5	1.2	1.2	1.2
	进口额	12.93	14.06	16.12	19.06	16.21	19.17	10.94
	出口额	11.29	12.26	10.50	11.55	15.94	16.37	7.88
韩国	进出口额	15.66	18.88	24.01	23.76	34.38	42.30	17.35
	占全省比重	1.1	1.0	1.5	1.2	1.3	1.4	1.1
	进口额	4.72	4.05	6.39	2.70	2.55	3.46	0.93
	出口额	10.94	14.83	17.62	21.06	31.83	38.84	16.42

数据来源：根据黑龙江省历年统计年鉴及海关数据整理制作。

（一）黑龙江省与俄罗斯经贸合作现状

凭借其地缘优势，俄罗斯是黑龙江省第一大贸易合作伙伴。2016年后，中俄双方经贸合作关系升温，黑龙江省全力推进对俄跨境基础设施建设，进出口额大幅增长。多年来，双方贸易规模持续稳步上升。2022年，黑龙江省对俄贸易进出口额1854.74亿元人民币，同比增加41.3%，占全国对俄贸易的14.5%。其中，出口额172.73亿元人民币，同比增加61.7%；进口额1682.1亿元人民币，同比增加39.5%。2023年，对俄进出口2103.94亿元人民币，同比增加13.5%，对俄贸易占全省对外贸易总额的70%以上。进口额1815.11

亿元人民币，同比增加 8%；出口 288.84 亿元人民币，同比增加 67.1%。
2024 年上半年，对俄进出口额 1149.4 亿元人民币，同比增加 16.2%。其中，
出口额 153.92 亿元人民币，同比增加 26.1%；进口额 995.48 亿元人民币，同
比增加 14.8%。进口额与出口额都呈逐年上升趋势。从贸易差额来看，黑龙
江对俄贸易一直是贸易逆差而且呈上升趋势。

从进出口产品结构来看，对俄出口产品以机电产品、农产品、纺织服
装、鞋类为主，高新技术产品和机电产品比重逐步提升。2023 年，黑龙江省
出口机电产品 315.4 亿元，增长 65.9%，占全省出口总值的 41.5%，比重较上
年提升 6.6%。[①] 自俄进口产品主要包括原油、天然气等能源产品，铁砂矿、
木材等原材料产品，农产品，机电产品等。资源型商品贸易稳定增长，农产
品种类及进出口量大幅提高，高附加值产品进口增加。随着科技发展和市场
需求变化，跨境电商、冷链物流等新兴领域快速发展，促进了新的贸易模式
和业态的出现。黑龙江省积极进行跨境电商平台建设，拓展海外仓和边境
仓，加快推进对俄大通道建设，基础设施建设互联互通不断发展，全面建设
沟通陆海、联通内外的对俄开放通道。近几年来，对俄贸易结构正从单一的
传统商品向多元化、高附加值商品方向发展。

2022 年，黑龙江省对俄实际投资 7365.7 万美元，增加 87.4%。投资领域
包括基础设施、物流服务、能源化工、清洁技术、机械制造、生物医药、农业
产业链等多个行业。2023 年 4 月，俄罗斯远东和北极发展集团与黑龙江省龙
媒投资集团签署了战略合作协议，在俄罗斯远东地区投资大型文教商旅综合体
项目。黑龙江省积极推动地方政府与俄罗斯各州区的友好往来，举办各种经贸
推介会和人文交流会，深化中俄全面战略协作伙伴关系。2023 年 8 月，在哈
尔滨举办了"2023 年中俄经贸合作交流会"。2024 年 5 月，在哈尔滨举办了第
八届中国—俄罗斯博览会暨第三十三届哈尔滨国际经济贸易洽谈会和第四届中
俄地方合作论坛，落实中俄两国元首重要共识，推动双方经贸和人文交流。

[①]《2023 年黑龙江省进出口总值 2978.3 亿元，规模再创历史新高》，https://www.hlj.gov.cn/hlj/
c107856/202401/c00_31703995.shtml。

（二）黑龙江省与日韩经贸合作现状

日本是黑龙江省重要的贸易合作伙伴。2022 年，黑龙江省对日贸易进出口额 32.15 亿元人民币，同比增长 5%。其中，出口额 15.94 亿元人民币，同比增长 37.9%；进口额 16.21 亿元人民币，同比下降 14.8%。2023 年，对日本进出口额 35.54 亿元人民币，同比增加 10.6%。其中，进口额 19.17 亿元，同比增加 18.3%；出口额 16.36 亿元，同比增加 2.7%。2024 年上半年，黑龙江对日进出口额 18.82 亿元人民币，同比增加 20%。其中，出口额 7.88 亿元人民币，同比增加 2.0%，进口额 10.94 亿元人民币，同比增加 39.3%。自 2018 年以来，黑龙江省与日本贸易额呈稳定增长趋势，进口额与出口额差额不大。自日本进口额呈波动状态，2018 年和 2019 年呈下降趋势，新冠疫情期间，进口额增加，2022 年同比下降 14.8%，此后恢复增长趋势。对日本出口额逐年呈稳定小幅增长趋势。

韩国是黑龙江省重要的贸易伙伴。2022 年，黑龙江省对韩贸易进出口额 34.38 亿元人民币，同比增长 46.5%。其中，出口额 31.83 亿元人民币，同比增加 53.3%；进口额 2.55 亿元人民币，同比下降 5.5%。2023 年，对韩进出口额 42.30 亿元，同比增加 23%。进口额 3.46 亿元，同比增加 35.6%；出口额 38.84 亿元，同比增加 22%。2024 年上半年，对韩进出口额 17.35 亿元人民币，同比下降 21.6%。其中，出口额 16.42 亿元人民币，同比下降 15.8%；进口额 0.93 亿元人民币，同比下降 64.4%。受中韩关系影响，2016 年和 2017 年，黑龙江省与韩国贸易额降至阶段性最低点，此后双方贸易总额呈逐年稳定增长趋势。其中进口额呈波段式下降趋势，对韩出口额逐年呈缓慢增长趋势，贸易顺差差额较大。双边贸易不平衡问题突出。

从双方贸易产品来看，黑龙江省对日本、韩国出口以农副产品、机电产品、木制品、纺织服装、鞋类等传统产品为主；自日本、韩国进口以汽车零件、汽轮机零件、无线电导航雷达、遥控设备等机电产品和高新技术产品为主。从吸引外资来看，2022 年，日本对黑龙江省直接投资 13 万美元，韩国对黑龙江省直接投资 375 万美元，吸引外资规模偏小、质量低，也说明黑龙江省对日、韩投资吸引力较弱，营商环境须进一步改善。

四、东北向东北亚深度开放趋势

东北三省近年来对东北亚主要国家贸易额见表6-4。

表6-4　东北三省近年来对东北亚主要国家贸易额

（单位：亿元人民币）

国家	年份	2018	2019	2020	2021	2022	2023
俄罗斯	辽宁省	269.91	238.2	220.1	286.59	359.08	549.0
	吉林省	62.43	57.71	57.76	104.37	173.33	297.28
	黑龙江省	1220.59	1270.67	973.26	1313.40	1854.74	2103.95
	东北三省	1552.93	1566.58	10251.12	1704.36	2387.15	2950.23
	占全国比重	21.7	20.5	16.8	18.0	18.6	17.4
日本	辽宁省	1077.29	982.9	843.5	927.53	914.12	901.20
	吉林省	119.39	103.80	130.24	106.98	83.08	57.47
	黑龙江省	24.22	26.32	26.62	30.61	32.15	35.54
	东北三省	1220.90	1113.02	1000.36	1065.12	1029.35	994.21
韩国	辽宁省	639.07	587.5	406.0	571.14	585.64	634.10
	吉林省	50.61	73.06	51.10	56.76	59.60	59.90
	黑龙江省	15.66	18.88	24.01	23.76	34.38	42.30
	东北三省	705.34	679.44	481.11	651.66	679.62	736.30
蒙古国	辽宁省	4.47	3.3	2.9	4.92	4.19	6.92
	吉林省	—	—	—	—	1.14	1.16
	黑龙江省	1.46	0.91	0.38	0.55	1.03	0.77
	东北三省	—	—	—	—	6.36	8.85

数据来源：根据东北三省各省历年统计年鉴及海关数据整理制作。

（一）东北向日韩开放趋势

日本与韩国是东北地区传统的主要经贸合作伙伴，双方有着密切的经济合作关系和合作基础，同时也受着地缘政治局势的冲击。东北三省中，从与日韩贸易额及吸引日韩外资情况来看，大小排名依次是辽宁省、吉林省、黑龙江省。2023 年，中美关系依然紧张，美国及其盟国包括日韩，在高科技产品、半导体芯片等信息通信关联产品领域对华贸易规制继续加强。2023 年，东北地区自日韩进口额有较大跌幅。2024 年上半年，辽宁省自日进口额持续下降，同比减少 17%，而吉林省与黑龙江自日进口呈现恢复增长趋势。同时，辽宁省与黑龙江省自韩进口持续下降，而吉林省自韩进口额同比增加 47.8%。近几年，东北对日韩出口额呈稳定增长状态，充分显示出东北地区扩大对日韩开放的趋势。

东北地区坚持深化改革，优化营商环境。先后建立了辽宁（沈抚示范区）韩国产业园、中韩（皇姑）经贸产业园、中日（大连）地方发展合作示范区、中韩（长春）国际合作示范区、珲春海洋经济发展示范区等一大批对日对韩开放平台。东北地区与日韩各地方政府互动频繁，双方积极参与和举办一系列推介会、经贸会及人文交流活动，取得了显著成果，促进了双方更多层次、更宽领域的合作。RCEP 协定的生效有利于东北地区优化与日、韩企业上下游产业链布局，推动东北地区建立开放透明的投资环境，加快服务贸易、数字经济、跨境电商等领域发展，助推东北全面振兴。

2024 年 5 月，第九次中国、日本、韩国领导人会议在韩国首尔举行。中国、日本、韩国三方在经贸、科技、环保、人文等领域合作进行了深入交流，并发表联合宣言和联合声明，一致同意落实第八次领导人会议通过的《中日韩合作未来十年展望》，进一步推动中国、日本、韩国三国合作机制化，在 RCEP 框架下加快中国、日本、韩国自贸协定谈判，并将 2025—2026 年定为中日韩文化交流年，推动三国合作行稳致远，促进东北亚地区和平、稳定与繁荣。这也为东北地区深化与日本、韩国合作带来新的机遇，东北三省对日本、韩国经贸合作前景广阔。

（二）东北向俄罗斯、蒙古国开放趋势

近几年，东北地区与俄罗斯贸易保持良好增长状态，2022 年和 2023 年连续创造历史新高。2023 年，黑龙江省对俄进出口 2103.94 亿元人民币，同比增加 13.5%；辽宁省对俄罗斯进出口额 549 亿元人民币，同比增加 52.9%；吉林省对俄贸易进出口额 297.28 亿元人民币，同比增加 71.5%。其中，黑龙江省是对俄贸易大省，对俄贸易占其外贸总额的 70% 以上。此外，东北三省对俄贸易占中俄贸易中的份额比重呈下降趋势，2018 年为 21.7%，2019 年为 20.5%，2022 年为 18.6%，2023 年为 17.4%。这也说明东北三省在对俄贸易中依然存在一些制约因素，也说明了其他省（区、市）对俄贸易的巨大潜力。

东北三省积极拓展在新能源开发、现代农业、机电设备、跨境电商、基础设施建设等领域与俄合作，加强中欧班列、黑河—布拉戈维申斯克公路大桥、"滨海 2 号"、"辽海欧"等陆海国际通道建设，推动与俄罗斯共同开发远东的规划，打造多个边境自由贸易区，探索边境合作新模式，依托中俄博览会、中国—东北亚博览会、大连夏季达沃斯论坛等对俄合作平台深化双方经贸人文交流。

2023 年 3 月，中国、俄罗斯签署《2030 年前中俄经济合作重点方向发展规划的联合声明》。2024 年，俄罗斯政府发布了《2024 年俄中远东合作发展计划》。2024 年 5 月，中国、俄罗斯两国领导人签署了《中华人民共和国和俄罗斯联邦在两国建交 75 周年之际关于深化新时代全面战略协作伙伴关系的联合声明》。当下，中俄关系稳定向好发展，也为东北地区扩大对俄高水平开放带来重大机遇，双方合作前景广阔。

蒙古国是东北地区重要的贸易合作伙伴。2023 年，辽宁省与蒙古国进出口额 6.92 亿元人民币，同比增加 65.17%。其中，出口额 4.58 亿元人民币，同比增加 28.5%；进口额 2.34 亿元人民币，同比增加 273.88%。2023 年，吉林省与蒙古国进出口额 8.15 亿元人民币，同比增加 6.4%。其中，出口额 0.26 亿元人民币，同比增加 40.3%；进口额 7.89 亿元人民币，同比增加 5.5%。2023 年，

黑龙江省对蒙古国进出口额 5.45 亿元人民币，同比减少 21.2%。进口额 2.13 亿元人民币，同比增加 146.1%；出口额 3.33 亿元人民币，同比减少 45.1%。东北三省对蒙古国出口产品主要有机电产品、钢材、成品油等，自蒙古国进口产品主要有煤、铁砂矿等能源产品。双方贸易结构互补性强，合作潜力较大。

2024 年是中蒙建交 75 周年，也是两国建立全面战略伙伴关系 10 周年。中国是蒙古国最大的贸易合作国和投资来源国。东北三省积极参与建设草原"一带一路""中蒙俄经济走廊"，充分发挥产业优势，参与蒙古国能源资源开发与加工、现代农业畜牧业等领域。辽宁省重点建立了"辽蒙欧"国际通道，推动双方基础设施建设与货物贸易发展。2022 年 12 月，黑龙江省首条直飞蒙古国客运航线开通。2023 年 9 月举办了辽宁—蒙古国经贸投资合作交流会，加强双方在相关领域的合作。2024 年中国（黑龙江）—蒙古国贸易交流促进会在蒙古国乌兰巴托举办，19 家中蒙各级政府、行业协会、相关企业签署协议 12 份。

第二节　撬动对东盟国家制度性开放

一、辽宁省与东盟国家合作

东盟是辽宁省最重要的贸易合作伙伴之一。2022 年，辽宁省对东盟 10 国进出口额 721.6 亿元人民币，同比增加 13.4%。其中，出口额 510.84 亿元人民币，同比增加 21.1%；进口额 210.76 亿元人民币，同比下降 1.7%。2023 年，辽宁省对东盟 10 国贸易进出口额 595.44 亿元人民币，同比下降 17.0%。其中，出口额 424.41 亿元人民币，同比下降 16.3%；进口额 171.03 亿元人民币，同比下降 18.83%。2024 年上半年，辽宁省对东盟 10 国贸易进出口额 446.1 亿元人民币，同比增加 38.7%。其中，出口额 187.3 亿元人民币，同比下降 25.5%；进口额 258.8 亿元人民币，同比增加 268.1%。

辽宁省与东盟国家的经贸合作近几年取得了显著进展。2022年1月1日，RCEP生效之后，双方合作空间和潜力进一步扩大。2023年，受国内外市场需求、国际经济政治形势影响，进口额与出口额都有所下降。2024年上半年，出口额持续呈下跌趋势，而进口额猛增，贸易顺差转变为贸易逆差，其中与马来西亚、泰国、越南、印度尼西亚、文莱5个国家贸易进出口额保持增长状态。辽宁省与东盟10国中的新加坡、马来西亚、泰国、越南、印度尼西亚、菲律宾贸易进出口额较多，与文莱、缅甸、柬埔寨、老挝贸易额较小。辽宁省近年来对东盟主要国家贸易情况见表6-5。

表6-5　辽宁省近年来对东盟主要国家贸易情况

（单位：亿元人民币）

国家	年份	2018	2019	2020	2021	2022	2023	2024年 1—6月
	全省贸易总额	7545.92	7255.1	6544.0	7724.04	7907.34	7659.63	3702.87
东盟 10国	进出口额	553.83	648.4	492.8	636.30	721.60	595.44	446.1
	占全省比重	7.3	8.9	7.6	8.2	9.1	7.8	12
	进口额	195.80	235.9	150.1	214.57	210.76	171.03	258.8
	出口额	359.03	412.6	342.7	421.73	510.84	424.41	187.3
新加坡	进出口额	108.98	103.5	145.5	185.0	258.64	186.99	47.98
	进口额	46.34	27.2	28.7	41.18	40.36	12.14	5.37
	出口额	62.64	76.3	116.8	143.82	218.28	174.85	42.61
马来 西亚	进出口额	87.36	222.7	70.8	121.19	118.53	110.20	231.78
	进口额	30.06	87.0	20.8	66.81	76.11	66.06	203.58
	出口额	57.30	135.7	50.0	54.38	42.42	44.14	28.20

续表

国家	年份	2018	2019	2020	2021	2022	2023	2024 年 1—6 月
泰国	进出口额	92.47	92.2	75.3	76.11	79.81	89.13	49.55
	进口额	31.57	39.8	25.3	21.92	26.11	27.57	15.09
	出口额	60.90	52.4	50.0	54.19	53.70	61.56	34.46
越南	进出口额	85.39	80.0	87.4	105.90	99.24	82.03	48.14
	进口额	17.67	20.6	28.1	28.50	24.10	24.33	12.61
	出口额	67.72	52.4	59.3	77.40	75.14	57.70	35.53
印度尼西亚	进出口额	81.16	77.1	49.9	70.78	77.58	60.93	33.88
	进口额	39.79	38.5	26.4	31.23	21.57	20.0	10.38
	出口额	41.37	38.6	23.5	39.55	56.01	40.93	23.50

数据来源：根据辽宁省历年统计年鉴及海关数据整理制作。

辽宁省与马来西亚 2024 年（1—6 月）进出口额 231.78 亿元人民币，同比增加 449.7%，占辽宁省与东盟贸易总额的 50%，马来西亚成为辽宁省与东盟内部最大的贸易合作国。出口额 28.2 亿元人民币，同比增加 40%；进口额 203.58 亿元人民币，同比增加 824.1%。

新加坡是辽宁传统的贸易伙伴和重要投资来源国。近两年，双方贸易额持续下降。2023 年，辽宁省与新加坡进出口额 186.99 亿元人民币，同比下降 26.8%。其中，出口额 174.85 亿元人民币，同比下降 18.7%；进口额 12.14 亿元人民币，同比下降 69.9%。2024 年上半年，辽宁省与新加坡进出口额 48.0 亿元人民币，同比下降 63.6%。其中，出口额 42.61 亿元人民币，同比下降 66%；进口额 5.37 亿元人民币，同比下降 13.66%。2022 年，新加坡对辽宁省实际投资额 4186 万美元。

从进出口商品结构来看，辽宁省与东盟进出口商品主要是机电产品、农产品。2023年前三季度，对东盟出口机电产品208.3亿元人民币，下降20%，占出口总值的60.4%，其中，出口船舶占出口总值的10.7%；进口机电产品占进口总值的26.2%，农产品占进口总值的16.9%。[①]

辽宁省积极参与RCEP框架下的各项活动，如每年的中国—东盟博览会，充分宣传推介辽宁省的优势产品，推动双方更深层次、更宽领域的交流与合作。在"十四五"期间，辽宁省计划拓展面向东盟地区的产业投资，并结合工程承包、建设运营、劳务输出和贸易合作，促进相关产品出口，带动对外贸易发展。

二、吉林省与东盟国家合作

东盟是吉林省最重要的贸易合作伙伴。2022年，吉林省与东盟10国进出口总额89.61亿元人民币，同比增加29.6%。其中，出口额51.33亿元人民币，同比增加58.1%；进口额38.28亿元人民币，同比增加4.3%。2023年，吉林省与东盟10国贸易进出口总额89.17亿元人民币，同比下降0.4%。其中，出口额49.26亿元人民币，同比下降4%；进口额39.91亿元人民币，同比增加4%。2024年（1—6月）进出口额54.35亿元人民币，同比增加41.8%，占全省贸易总额的6.2%。其中，出口额29.94亿元人民币，同比增加38.4%；进口额24.41亿元人民币，同比增加46.1%。2018年至2021年双方贸易额呈小幅波动状态，2022年RCEP协议生效后，双方贸易额增长较快，2023年贸易额与2022年相当，2024年上半年呈大幅增长趋势。在东盟组织内部，吉林省与新加坡、印度尼西亚、马来西亚、菲律宾、泰国、越南贸易额较多。吉林省近年来对东盟国家贸易额见表6-6。

[①]《2023年前三季度辽宁省对东盟进出口下降23.3%》，http：//dalian.customs.gov.cn/dalian_customs/zfxxgk75/460678/lgtj/4013383/5463633/index.html。

表6-6　吉林省近年来对东盟国家贸易额

（单位：亿元人民币）

国家	年份	2018	2019	2020	2021	2022	2023	2024年1—6月
	全省贸易总额	1363.10	1302.17	1280.12	1503.77	1559.42	1679.10	872.00
东盟10国	进出口额	75.55	74.14	64.51	69.15	89.57	89.17	54.35
	占全省比重	5.5%	5.7%	5.1%	4.6%	5.7%	5.3%	6.2%
	进口额	37.37	33.29	32.51	36.70	38.24	39.91	24.42
	出口额	38.18	40.85	32.0	32.45	51.33	49.26	29.93

数据来源：根据吉林省历年统计年鉴及海关数据整理制作。

近几年，吉林省与新加坡贸易额呈显著增加趋势。2022年，吉林省与新加坡贸易总额12.4亿元人民币，同比增加156.7%。出口额10.54亿元人民币，同比增加212.8%；进口额1.87亿元人民币，同比增加27.8%。2023年，进出口额14.87亿元人民币，同比增加19.8%。其中，出口额12.87亿元人民币，同比增加22.1%；进口额2亿元人民币，同比增加7.2%。2024年上半年，进出口额8.17亿元人民币，同比增加62.8%。出口额7.52亿元人民币，同比增加87%；进口额0.65亿元人民币，同比下降34.4%。

近两年，吉林省与印度尼西亚贸易额呈稳定增长状态。2023年，吉林省与印度尼西亚贸易总额16.74亿元人民币，同比增加22.1%。其中，出口额11.66亿元人民币，同比增加19.8%；进口额5.08亿元人民币，同比增加27.8%。2024年上半年，贸易总额11.23亿元人民币，同比增加42.7%，其中，出口额8.93亿元人民币，同比增加60.8%；进口额2.30亿元人民币，同比下降0.6%。

2022年，吉林省与马来西亚贸易总额17.6亿元人民币，同比增加107.3%。出口额4.35亿元人民币，同比增加80.7%；进口额13.25亿元人民币，同比增加117.9%。2023年，贸易总额15.98亿元人民币，同比下降9.2%。其中，出口额3.96亿元人民币，同比下降11.4%；进口额12.12亿元人民币，同比下降 8.5%。2024 年上半年，进出口额 8.69 亿元人民币，同比增加 26.8%。出口额 2.32 亿元人民币，同比增加 9.9%；进口额 6.36 亿元人民币，同比增加 34.4%。

2023 年，吉林省与泰国贸易总额 16.82 亿元人民币，同比增加 11.3%。其中，出口额 5.95 亿元人民币，同比下降 1.5%；进口额 10.87 亿元人民币，同比增加 19.8%。2024 年上半年，进出口额 12.18 亿元人民币，同比增加 72.9%。其中，出口额 3.67 亿元人民币，同比增加 17.4%；进口额 8.51 亿元人民币，同比增加 117.1%。

近几年，吉林省同越南贸易呈波动状态。2021 年、2022 年、2023 年贸易总额分别为 7.54 亿、12 亿、6.53 亿元人民币。2024 年上半年，吉林省与越南贸易额 4.21 亿元人民币，同比增加 45.2%。其中，出口额 2.68 亿元人民币，同比增加 5.5%；进口额 1.53 亿元人民币，同比增加 325.5%。

在双方贸易商品方面，吉林省向东盟出口产品主要包括机电产品、生物医药产品、添加剂、农产品等，自东盟进口的产品主要包括机电产品，化工产品、纺织品。在 RCEP 正式生效的背景下，吉林省不断加强与东盟国家的贸易合作，通过频繁的高层互访、经贸代表团出访、参加国际展会以及签订合作协议等多种方式，不断深化双方在各个领域的合作。2023 年 3 月 14 日，吉林省派出由 21 户企业组成的经贸代表团前往印度尼西亚和越南参加"2023 年第三届中国（印尼）贸易博览会（春季）"，并进行了一系列经贸交流活动，与当地企业签订意向合作协议总金额达 1.38 亿元人民币。2024 年 3 月，吉林省商务厅及相关企业积极参加在胡志明市举办的 2024 中国（越南）贸易博览会。这些活动为吉林省企业深入开拓东盟市场创造了有利条件，双方贸易合作前景更加广阔。

三、黑龙江省与东盟国家合作

东盟是黑龙江省重要的贸易合作伙伴，随着"一带一路"倡议和 RCEP 协定的生效，双方贸易规模迅速增长，在黑龙江省贸易总额中的比重连续

上升。2022 年，黑龙江省与东盟组织贸易总额 78.24 亿元人民币，同比增加
56%。其中，出口额 61.1 亿元人民币，同比增加 57.1%；进口额 17.14 亿元
人民币，同比增加 52.3%。2023 年，贸易总额 102.67 亿元人民币，同比增加
31.2%，占全省贸易总额的比重是 3.5%。其中，出口额 89.86 亿元人民币，同
比增加 47.1%；进口额 12.81 亿元人民币，同比下降 25.3%。常年保持贸易顺
差，而且差额呈增加趋势。黑龙江省近年来对东盟国家贸易额见表 6-7。

表6-7　黑龙江省近年来对东盟国家贸易额

（单位：亿元人民币）

国家	年份	2018	2019	2020	2021	2022	2023	2024 年 1—6 月
	全省贸易总额	1747.73	1865.91	1537.0	1995.0	2651.55	2978.26	1563.81
东盟 10 国	进出口额	26.21	38.07	32.92	50.14	78.24	102.67	70.32
	占全省比重	1.9%	2.0%	2.1%	2.5%	2.9%	3.5%	4.5%
	进口额	11.66	11.95	7.24	11.36	17.14	12.81	12.44
	出口额	14.55	26.12	25.67	38.88	61.10	89.86	57.88

数据来源：根据黑龙江省历年统计年鉴及海关数据整理制作。

在东盟组织内部，黑龙江省与新加坡、泰国、印度尼西亚、马来西亚、越
南、菲律宾贸易额较多。2023 年，黑龙江省与印度尼西亚贸易总额 22.37 亿元
人民币，同比增加 37.2%。其中，出口额 17.95 亿元人民币，同比增加 54.9%；
进口额 4.42 亿元人民币，同比下降 6.2%。黑龙江省与马来西亚贸易总额 17
亿元人民币，同比增加 44.5%。其中，出口额 15.67 亿元人民币，同比增加
81.5%；进口额 1.33 亿元人民币，同比下降 57.3%。黑龙江省与泰国贸易总额
为 14.22 亿元人民币，同比增加 62.7%。其中，出口额 11.04 亿元人民币，同
比增加 60.5%；进口额 3.18 亿元人民币，同比增加 70.7%。黑龙江省与菲律宾
贸易总额 13.27 亿元人民币，同比增加 25.6%。其中，出口额 13.10 亿元人民
币，同比增加 25.1%；进口额 0.17 亿元人民币，同比增加 82.4%。黑龙江省与

新加坡贸易总额 7.85 亿元人民币，同比增加 75.5%。其中，出口额 7.34 亿元人民币，同比增加 96.8%；进口额 0.5 亿元人民币，同比下降 31.5%。黑龙江省与越南贸易总额 19.35 亿元人民币，同比下降 3.4%。其中，出口额 16.73 亿元人民币，同比增加 16.5%；进口额 2.62 亿元人民币，同比下降 53.8%。

从贸易商品结构来看，向东盟出口产品主要包括机电产品、化工产品、食品、纺织服装等，自东盟进口产品主要包括机电产品、纺织品、食品。为了进一步推动与东盟国家的经贸合作，黑龙江省积极利用 RCEP 带来的机遇。例如，2022 年 11 月首届中国（黑龙江）国际绿色食品产业博览会拓展与东盟在农业、绿色食品、现代农业方面的交流合作。2023 年 5 月，黑龙江省还为东盟国家的华文媒体举办了多期培训研修班，以提升双方的信息传播和文化交流水平。2023 年 9 月，黑龙江省积极参与第 20 届中国—东盟博览会，推动对东盟的经贸合作不断迈上新台阶。总体来看，黑龙江省在近几年通过多种措施和平台，积极推动与东盟国家的贸易合作，并且在 RCEP 框架下获得了显著的经济效益和发展潜力。

四、东北向东盟制度型开放走势

2023 年，中国与东盟的贸易继续保持增长，东盟连续四年保持中国第一大贸易伙伴地位。2022 年 1 月 1 日，RCEP 正式生效，标志着亚洲地区的区域合作进入新阶段，为东北地区向东盟组织高水平开放创造了新的条件。RCEP 生效后，贸易壁垒大幅削减，区域内 90% 以上的货物贸易最终将实现零关税。"关税减让"与"原产地累计规则"使东北地区与东盟双方企业获得更低关税和更稳定更灵活的产业链供应链，带动更多企业开拓国际市场，刺激双方贸易潜力，扩大贸易规模，丰富进出口商品种类和来源。双方产业结构具有互补性，在农业、轻工纺织、农产品和食品、石油及化工产品、汽车、机械设备等行业均具有深度合作的潜力。东北三省与东盟组织贸易额呈现稳步上升趋势，2022 年，东北三省与东盟贸易额为 133.31 亿美元，占全国与东盟贸易总额的份额为 1.3%（见表 6-8）。2022 年，大连海关和沈阳海关累计签发出口 RCEP 原产地证书 2.01 万份，享惠货值达 58 亿元，为辽宁省内企业带来关税减让优惠 4200 余万元。2022 年，大连海关和沈阳海关共验放来自 RCEP 成员国的进口享惠货物 10 亿元，税款减让 2000 余万元。[①]

表 6-8　东北三省近年来对东盟国家贸易额

（单位：亿元人民币）

年份	2018	2019	2020	2021	2022	2023	2024 年 1—6 月
中国	38787.8	44252.2	47357.4	56743.0	65153.2	64125.4	33560.2
辽宁省	553.83	648.4	492.8	636.30	721.60	595.44	446.10
吉林省	75.55	74.14	64.51	69.15	89.57	89.17	54.35
黑龙江省	26.21	38.07	32.92	50.14	78.24	102.67	70.32
东北三省	655.59	760.61	590.23	755.59	889.41	787.28	570.77
占全国比重	1.70%	1.70%	1.20%	1.33%	1.36%	1.35%	1.70%

数据来源：根据国家统计局官方网站、东北三省各省历年统计年鉴及海关数据整理制作。

东北三省持续优化营商环境，对标高水平自贸协定，清理调整与 RCEP 投资规则不相适应的投资管理措施，加强在知识产权、电子商务、政府采购、竞争等方面的投资保护力度，建立口岸收费目录清单制度和公示制度，简化升级海关程序与法律、标准、技术法规和合格评定程序等，打造制度型开放体系。各类经贸合作平台建设取得显著进展，利用辽宁省和黑龙江省自贸区、沈大国家自主创新示范区、长吉图开发开放先导区、珲春海洋经济示范区等平台，全方位激活东北地区经济活力。积极筹办参加推介会、进博会、消博会等，多渠道开展贸易投资洽谈活动，加快打造市场化、法治化、国际化营商环境，拓展东北三省与东盟多领域投资。截至 2023 年，辽宁自由贸易试验区已经完成了 92 项改革创新任务，黑龙江自由贸易试验区累计生成 300 多项制度创新成果。东北三省与东盟之间的经济融合在不断加深，产业链

[①] 赵球、于洪波：《RCEP 背景下东北扩大对外开放的对策研究》，《辽宁经济》2022 年第 12 期。

供应链的联系也更加紧密，在现代农业、制造业、服务业、新能源、消费电子等产业合作方面前景广阔。

第三节　摸索对上合组织国家资源型合作

一、辽宁省与上合组织国家合作

根据能源资源禀赋和能源供求结构性特征，可以将上合组织国家划分为重要生产国、重要消费国和重要过境国三个类型。其中俄罗斯、哈萨克斯坦、乌兹别克斯坦和伊朗是世界上重要的油气出口国，中国、印度、巴基斯坦是能源消费国家，哈萨克斯坦、吉尔吉斯斯坦、塔吉克斯坦、白俄罗斯均为区域能源合作的重要过境国。上合组织国家能源资源储量、产量占据全球重要地位，在优势互补、互利共赢的合作理念引领下，区域传统能源合作持续深化、新能源领域合作蓬勃发展，为增进区域经济合作提供了重要动力和战略支撑。①

辽宁省积极实施"走出去""请进来"，参与"一带一路"共建国家承包工程项目，实施了一系列高标准的国际产能合作项目，积极参与上合组织成员国之间能源、环保领域的合作，尤其是与俄罗斯经贸往来密切。2021年，中俄重点能源合作项目辽宁徐大堡核电站正式开工建设，是"十四五"期间辽宁省投资建设最大的清洁能源项目，投产后每年可发电180亿千瓦时以上，相当于每年减少煤炭消耗513万吨，对于保障能源安全、优化能源结构具有积极作用。2022年，中俄东线天然气（辽宁段）管线正式投产通气，标志着中俄两国在能源领域的合作进一步深化。2023年，辽宁省商务厅组织参加2023年俄罗斯国际石油及天然气展览会，以鼓励和支持外贸企业开拓多元化

---

① 聂新伟、张继行：《上合组织国家间能源合作的成效、挑战及对策》，《海外投资与出口信贷》2023年第3期。

国际市场，扩大石油天然气装备出口。

2022 年，朝阳浪马轮胎有限责任公司在巴基斯坦投资 3573 万美元，建成巴基斯坦第一个全钢载重子午线轮胎制造、研发基地。辽宁省特变电工公司在印度投资建立了特变电工能源产业园，这是辽宁省在印度的一个重要的投资项目，也是目前中国企业在印度投资建设的最大能源装备制造及服务基地之一，集输变电高端装备制造业、可再生能源、现代物流贸易、商贸电力电子产业为一体。2024 年 1 月，辽宁港口集团首条直达印度的外贸集装箱航线中远海运大连—印度快航航线在辽宁省大连市正式开通，丰富了中国东北地区至南亚区域的海上物流通道。辽宁省与白俄罗斯布列斯特州是友好省州，2024 年 6 月，辽宁省经贸代表团访问白俄罗斯，推进经贸投资合作与人文交流，积极引导辽宁企业落户中白工业园，推进中铁九局参与园区基础设施建设项目和中俄（沈阳）经贸合作产业园乳制品深加工项目。

二、吉林省与上合组织国家合作

吉林省凭借其地缘优势，主要与上合组织组织成员国中的俄罗斯经贸往来密切。2022 年，吉林省与俄贸易进出口额 173.27 亿元人民币，同比增长 65%。其中，出口额 65.6 亿元人民币，同比增加 122.7%；进口额 107.7 亿元人民币，同比增加 42.6%。吉林省自俄进口以能源产品、水海产品、木材为主。2022 年，自俄进口煤炭达到 552 万吨，同比增长 15%。

近几年，吉林省在对俄远东通道建设，互联互通取得新进展。目前，吉林有"长满欧""长珲欧""长绥欧"三条国际铁路货运通道。"滨海 2 号"国际运输走廊正在建设中，该项目预计到 2030 年货物吞吐量将达到 2300 万吨粮食和 1500 万吨集装箱货物，投资规模为 1700 亿卢布。2019 年，珲春边境经济合作区的中俄国际能源合作项目建成，主要涉及液化石油和天然气的储备与销售，打破吉林省没有从国外进口液化石油气的先例。截至 2023 年，吉林省鸿兴能源有限公司已从俄罗斯进口了 1.1 万余吨液化石油气和 800 余吨液化天然气。2020 年 4 月 6 日，吉林省在俄罗斯符拉迪沃斯托克（海参崴）市阿木尔湾投资新建俄罗斯欧亚国际港口深水码头项目，规划建设中俄国际物流园区、中俄国际海产加工园区以及中俄日韩工业合作区，旨在促进区域经济一体化和互联互通。2023 年 6 月 1 日，中国正式批准了俄罗斯符拉迪沃斯托克（海参崴）作为吉林省和黑龙江省国内货物运输的中转港，通过该港运输的货物将享受优惠关税和简化的海关手续，既缩短陆路运输距离，缓解陆路运输压力，又极大降低运输成本。

吉林省发布《吉林珲春海洋经济发展规划（2021—2035）》，不断探索中俄能源合作的新模式。增强跨境能源基础设施建设，打造我国油气进境新通道，推动在俄罗斯扎鲁比诺等海港建设能源储备基地，珲春至斯拉夫扬卡港天然气管道工程项目的推进，争取将其纳入国家"十四五"规划。同时，珲春市还加快建设 150 万吨 LNG 省级应急储备基地项目，启动清洁能源转运基地项目建设，确保珲春口岸常态化进口俄罗斯清洁能源。建设跨境电力通道。依托俄罗斯远东地区丰富的能源资源，积极争取国家相关部委政策支持，开展珲春与俄罗斯远东地区电力通道建设。

三、黑龙江省与上合组织国家合作

黑龙江省利用其地理和资源优势，与上合组织成员国进行了多方面的合作。黑龙江省在对俄矿产能源合作方面具有得天独厚的区位优势和良好的合作基础，特别是在煤炭、石油、天然气等资源的开发上有着广阔的前景。2023 年，黑龙江省进口原油、天然气、煤炭等能源产品 1619.9 亿元，增长 6.4%，占全省进口总值的 73%。进口农产品 256.2 亿元，增长 14.4%，占全省进口总值的 11.6%。进口金属矿及矿砂 114.8 亿元，增长 11.5%，占全省进口总值的 5.2%。[①] 2024 年上半年，黑龙江省原油、天然气、煤炭等能源产品进口 3030.3 万吨，增加 14.1%。金属矿砂进口 754 万吨，增加 20.3%。肥料进口 39.6 万吨，增加 46.2%。[②]

---

① 《2023 年黑龙江省进出口总值 2978.3 亿元，规模再创历史新高》，人民网，2024 年 1 月 22 日。

② 《上半年黑龙江省外贸规模创历史同期新高》，《黑龙江日报》，2024 年 7 月 29 日。

近年来，黑龙江省积极推动新的能源通道建设。中俄东线天然气管道自2019年12月2日正式投产通气，经黑河累计进口天然气量显著增长。此外，2023年8月，黑河公路口岸首次进口液化天然气（LNG）和液氮，标志着清洁能源及重点新材料进口通道的开启。

黑龙江省与俄罗斯在矿产资源领域签署了多项合作协议。例如，2021年，在黑龙江—俄罗斯远东经贸合作系列活动开幕式上，双方签署了《中国黑龙江省商务厅与俄罗斯萨哈（雅库特）共和国工业和地质部及远东和北极发展集团能源矿产领域合作意向备忘录》，促进双方在矿产资源出口及工业增长方面的合作。

黑龙江省通过上合示范区这一平台，推动黑龙江与上合组织成员国在规则规制、物流口岸、对俄合作等领域的协同发展。在2023年12月18日举行的上合示范区走进黑龙江经贸合作交流会上，双方就平台联动、口岸合作、产能合作等领域进行了深入探讨，并达成了近30例合作意向成果。2024年4月，黑龙江省成立了对俄新产业促进会，旨在促进与俄罗斯等国的新产业合作。该促进会成立之初已有近400家会员企业，涵盖了能源化工、机械制造、粮食食品、高新、商贸、文化等多个行业。

2023年，黑龙江省与哈萨克斯坦在阿斯塔纳成功举办了贸易促进交流会暨招商推介会，会上签署了多项意向协议，签约总额约5.1亿元人民币，并形成了30余个合作意向。这标志着黑龙江省在"一带一路"倡议下，与哈萨克斯坦的合作进入了更深层次、更宽领域的新阶段。

此外，2022年，国家体育总局和黑龙江省政府共同推进中国—上合组织冰雪体育示范区，该示范区不仅是国际冰雪体育运动的集聚区，也是冰雪经济的增长极和国际合作的新平台。黑龙江省还出台了《黑龙江省冰雪经济发展规划（2022—2030年）》，明确了冰雪经济包括冰雪体育产业、冰雪文化产业、冰雪装备产业和冰雪旅游产业等方面，加快构建冰雪发展新格局。

四、东北与上合组织国家资源型合作现状

近几年，随着地缘政治格局博弈的升级，上合组织能源格局更加复杂，全球能源国际格局"需求东移"和"供给东进"。东北地区凭借其地缘优势，与上合组织成员国俄罗斯在能源领域合作具有巨大优势。俄罗斯在西方制裁下加速"向东转"，这对东北地区都是难得的机遇。东北地区是我国向北开放重要窗口，深度融入"一带一路"建设，积极推动"冰上丝绸之路"、"中蒙俄经济走廊"、俄罗斯远东地区开发。

第一，东北积极推动与俄罗斯能源基础设施、电力水利公共设施、陆海交通设施互联互通，随着中俄油气管道、中俄东线天然气管道、黑河—布拉戈维申斯克公路大桥的建成，多条中欧班列的开设，以及中俄滨海国际走廊建设等项目的持续推进，双方能源贸易规模显著增加。2018 年，俄罗斯开始通过中俄天然气管道东线向中国供气。2022 年，中石油与俄气公司签署《中俄远东天然气购销协议》，通过远东管道每年输送 100 亿立方米天然气。中俄东线签订以后，从俄罗斯进口的天然气比例逐年增加，从 2017 年的 0.65% 提升到 2022 年的 9.94%。

第二，能源合作领域不断拓展。2023 年 8 月，黑河公路口岸首次进口液化天然气和液氨，标志着清洁能源及重点新材料进口通道的开启。2021 年，中俄重点能源合作项目辽宁徐大堡核电站正式开工建设，是"十四五"期间辽宁省投资建设最大的清洁能源项目，也是中俄新型能源合作的又一重要成果。2024 年，中企与俄罗斯直接投资基金合作，计划在俄远东哈巴罗夫斯克边疆区苏维埃港建造该地区首个液化石油气转运综合体，前期投资额达 70 亿卢布，项目总额高达 300 亿卢布（约合 23.96 亿元人民币）。

第三，东北积极探索健全与俄能源合作新模式，落实完善双方能源合作框架协议。依托自由贸易试验区、边境口岸等平台，秉持互利共赢的合作原则，共同制定和完善金融、数字经济、税收、保险、海关、仲裁等多项规则，创新推进投融资模式，为高水平开放营造良好环境。

2023 年 3 月，中俄签署了《2030 年前中俄经济合作重点方向发展规划的联合声明》，东北—远东地区合作进入了新的阶段。俄罗斯政府发布了《2024 年俄中远东合作发展计划》，该计划明确提出，将向中国农业投资者开放俄罗斯远东地区的大量土地资源，总面积高达 2520 万亩，并配套以优惠的融资政策和支持措施。这一举措旨在促进远东地区的农业开发，增加地方税收与出口收入，同时为中国提供更为稳定、多元化的食品进口来源，强化两国经济合作的基石。

2024 年 5 月，中俄两国领导人签署了《中华人民共和国和俄罗斯联邦在两国建交 75 周年之际关于深化新时代全面战略协作伙伴关系的联合声明》。在经济合作方面，中俄两国强调了在能源、交通物流和高科技领域的合作，加强天然气、石油及可再生能源、核能、风能、太阳能等领域的合作，还签署了多项关于环境保护和气候变化的协议，这些协议有助于提升两国的能源结构多样化水平，也为全球的能源转型和可持续发展贡献了力量。中俄将合作开发北极航道、共同开发黑瞎子岛、建设图们江出海口，长远来看，这些项目将极大促进中国与远东地区、东北亚乃至全球的经贸往来，降低物流成本，提高贸易效率，为东北地区带来前所未有的发展机遇。2023 年东北三省与上合组织成员国贸易额见表 6-9。

表 6-9　2023 年东北三省与上合组织成员国贸易额

（单位：亿元人民币）

国别	俄罗斯	哈萨克斯坦	吉尔吉斯斯坦	塔吉克斯坦	乌兹别克斯坦	白俄罗斯	印度	伊朗	巴基斯坦
辽宁省	549.0	6.89	9.51	0.31	7.03	26.15	144.95	3.12	27.08
吉林省	238.28	—	—	—	5.76	—	25.94	0.52	5.59
黑龙江省	2103.95	7.66	1.91	0.03	2.99	2.57	24.82	1.22	4.37

数据来源：根据东北三省各省历年统计年鉴及海关数据整理制作。

第四节 拓展对其他国家多元化合作

一、东北拓展与中东国家合作

中东国家与中国东北地区产业结构契合度高。近年来，东北三省地方政府高度重视推动与中东地区国家的友好经贸往来，双方在多领域合作取得了新突破。

2023 年，辽宁省与沙特阿拉伯贸易进出口额 81.87 亿美元，与阿联酋贸易额 26.83 亿美元。2023 年 3 月 29 日，中国和沙特阿拉伯共同推动的重大能源合作项目华锦阿美开工。华锦阿美是东北振兴的重点项目，也是中国东北与中东地区深入合作的象征。阿联酋穆巴达拉资本（Mubadala Investment Company）入股的沈阳十月稻田集团有限公司，是辽宁首家"独角兽企业"。此外，万达集团在 2024 年 3 月 30 日引入了阿联酋的阿布扎比投资局（ADIA）旗下全资子公司 Platinum Peony 和穆巴达拉投资公司（Mubadala Investment Company）等中东资本作为战略投资者，投资约人民币 600 亿元，持股比例达到 60%，这项投资反映了中东资本对中国消费市场和商业管理行业的长期看好。辽宁省与科威特主权基金等金融领域的合作也有进一步深化。

黑龙江省与以色列在农业领域有深入合作。2018 年 1 月，在哈尔滨举行了中国（哈尔滨）·以色列现代农业高峰论坛，哈尔滨市政府与以色列经济产业部签署了联合声明，加强两国在"一带一路"框架下的合作，中以现代农业产业园是其中的一个重要合作项目，总投资 56 亿元，涉及农业展示中心、智能温室等项目。哈尔滨举办了多次犹太历史文化国际论坛以及文化旅游交流活动，促进了中以两国的文化交流。

2023 年，中国（辽宁）—中东国家经贸合作交流大会在辽宁省沈阳市举行。来自科威特、沙特、阿联酋等国家的数十位政商嘉宾出席大会，共有 37 个项目在会上完成签约。2024 年 2 月，举办辽宁—中东双向投资宣讲会，推动双方经贸合作。辽宁省政府先后访问中东各国，举办辽宁—中东国家重点项目对接会，加快推动辽宁—沙特电力装备产业园等项目建设。2023 年 8 月 29 日，吉林省商务厅在长春举办了吉林省与阿拉伯国家贸易和投资便利化交流会。

东北与中东国家的合作不仅涵盖了传统的石化和建材产业，还拓展到了文旅、医疗、能源等新兴领域，双方合作的深度和广度不断提升。中东地区国家已经成为东北经贸投资合作的重点地区。

二、东北拓展与非洲国家合作

近几年，东北三省与非洲贸易额呈稳步上升趋势。其中，2023 年，辽宁省与非洲国家进出口额 153.17 亿元人民币，同比增加 4.1%；吉林省与非洲国家进出口额 37.24 亿元人民币，同比增加 7.5%；黑龙江与非洲国家进出口额 49.4 亿元人民币，同比增加 55.7%。辽宁省与非洲贸易额比较稳定，吉林省、黑龙江省与非洲贸易规模偏小，但潜力巨大，增长趋势更快（见表 6-10）。从基础设施建设到能源合作，再到文化交流和人才培养，东北地区与非洲的经贸合作互补性强、潜力大。随着"一带一路"倡议的推进和中非合作论坛成果的落实，东北三省推动政治互信、经济互利、文明互鉴、安全互助和多边互动，参与构建中非命运共同体。

表 6-10　东北三省近年来与非洲国家贸易额

（单位：亿元人民币）

年份	2018	2019	2020	2021	2022	2023	2024 年 1—6 月
辽宁省	233.41	262.70	153.70	219.19	147.25	153.17	62.84
吉林省	19.02	21.95	14.66	21.47	34.65	37.24	21.60
黑龙江省	19.01	19.76	17.26	15.62	25.33	39.41	22.56
东北三省	271.44	304.41	185.62	256.28	207.23	229.82	107.00

数据来源：根据东北三省各省历年统计年鉴及海关数据整理制作。

东北地区积极推动境外经贸合作园区的建设，如辽宁省企业参与投资建设了乌干达辽沈工业园，尼日利亚建设工业园区，刚果（金）生态农业园等一批具有区位优势、产业清晰、运营管理先进的合作区。东北三省积极参与对非洲投资，主要涉及矿产、农业林业等资源开发、基础设施建设和运营等领域。如辽宁三和矿业投资有限公司在非洲多个国家或地区进行了深植投资；吉林农业大学实施了援建赞比亚农业技术示范中心项目，总投资近 1000 万美元，成为中赞农业科技及教育领域合作的典范。截至 2023 年 6 月，吉林省对非洲国家备案设立境外投资企业 43 家，中方协议投资额 2.86 亿美元，对非洲国家实际投资额 7054 万美元。[①]

在医疗卫生领域，东北三省多年来派遣多批医疗队援助非洲地区。东软医疗肯尼亚项目顺利完成，可为肯尼亚 76% 人口提供医疗影像诊疗服务，解决其诊断技术薄弱、费用高、专业人员缺乏等困难。2023 年，黑龙江省医院对口合作项目"走进非洲"正式启动，标志着黑龙江省医院与利比里亚 JFK 医疗中心建立了对口医院合作机制。

东北三省参与"一带一路"建设，拓展与非洲国家各领域的交流合作。借助中非经贸博览会与中非合作论坛等平台，促进中非贸易合作。东北三省多次组织企业代表赴非洲开展出访交流活动，以促进双方的投资合作。2019 年，辽宁省在沈阳举办了"一带一路"助力中国（辽宁）非洲工业高峰论坛会，尼日尔三角洲州长和尼日利亚驻华大使等访问辽宁，推动辽宁省与非洲国家建立经贸合作关系。2024 年 6 月，辽宁省工商业联合会举办了辽商美国、南部非洲投资贸易说明会，推动民营企业"走出去"，加强与非洲国家的交流与合作。

三、东北拓展与拉美国家合作

近年来，中国与拉美关系不断升级，中国是拉美第二大贸易伙伴国，拉

---

① 《吉林企业亮相第三届中非经贸博览会》，央广网，2023 年 6 月 30 日。

美是中国对外投资第二大目的地。其中，中国是巴西、智利和秘鲁最大的贸易伙伴国。截至 2023 年，中国已与 26 个拉美国家建交或复交，和其中 22 个拉美国家签署了"一带一路"合作备忘录，同拉美 5 国（智利、秘鲁、哥斯达黎加、厄瓜多尔和尼加拉瓜）签署了自由贸易协定。

2023 年，辽宁省与拉美国家进出口额 541.87 亿元人民币，同比下降 3.7%；吉林省与拉美国家进出口额 181.48 亿元人民币，同比增加 7%；黑龙江省与拉美国家进出口额 170.63 亿元人民币，同比增加 12.6%。近几年，东北三省中辽宁省与拉美国家贸易额较为稳定，吉林省、黑龙江省与拉美国家贸易额偏小，但增长趋势较快，潜力巨大（见表 6-11）。东北地区与拉美国家中的阿根廷、巴西、智利、厄尔瓜多、墨西哥、秘鲁、哥伦比亚等国家贸易额较多，双方进出口商品结构也呈现出多样化和高附加值趋势，在传统能源、农产品之外，机械设备、电子产品、生物医药、新能源产品也快速增加。

表 6-11　东北三省近年来与拉美国家贸易额

（单位：亿元人民币）

年份	2018	2019	2020	2021	2022	2023	2024 年 1—6 月
辽宁省	634.42	537.60	594.50	628.50	561.34	541.87	253.05
吉林省	77.67	83.62	119.21	130.69	169.58	181.48	84.37
黑龙江省	43.01	74.49	63.49	106.93	151.25	170.63	71.77
东北三省	755.10	695.71	777.20	866.12	882.17	893.98	409.19

数据来源：根据东北三省各省历年统计年鉴及海关数据整理制作。

东北三省积极引导本地优势企业开展境外投资合作，参与拉美的基础设施建设项目，包括交通运输、电力、通信工程、能源和城市建设等领域，提升当地的基础设施水平。东北三省通过参与和举办各种推介活动，拓展与拉美国家的经贸往来。中国—拉美企业家高峰会，自 2007 年创立以来成为中拉经贸合作的重要机制性平台。东北三省经贸代表团积极参与峰会，如辽宁省贸促会代表团参加了第十六届中国—拉美企业家高峰会，并与墨西哥等国签署了合作协议。2023年，中国国际贸易促进委员会辽宁省分会与阿根廷共和国工商和生产商会签署了友好合作协议，这表明双方在经贸领域有深入的合作意愿。2024年4月，在大连举办阿根廷企业"大连行"经贸合作对接会，推动双方企业洽谈合作。通用空气（辽宁）有限公司与拉美方签署了战略合作协议，共同推进拉丁美洲市场的空气环境控制和新能源项目。2024年5月，在辽宁省博物馆举办了中国（辽宁）·墨西哥玉米文化对话会，进一步促进中墨在农业科技、玉米产业、文旅融合等方面互鉴交往，不断推动双方交流合作迈上新台阶。

此外，双方在人文交流和教育方面来往密切。2017年，大连外国语大学成立了全国首家拉美安第斯国家研究中心，是辽宁省内第一家关注拉美研究的机构，进一步促进了学术研究和教育合作。吉林大学与拉美国家有着广泛的教育合作，特别是与阿根廷布宜诺斯艾利斯大学的合作，双方共同创建了孔子学院。2021年，辽宁中医药大学与智利北京国际经贸服务中心联合成立了中国—拉美中医药中心，这不仅促进了中医药的国际化发展，也加强了中拉在医疗健康领域的合作。

总体来看，东北三省近年来在与拉美国家的经贸合作、投资和人文交流方面取得了显著成果，通过参与各类国际会议和峰会、举办推介活动、推动学术研究和文化交流等多种方式，不断深化与拉美国家的合作关系，为双方带来了更多的发展机遇和合作空间。

四、东北拓展与欧美国家合作

近几年，受世界经济政治格局变化、国内经济增速放缓、中美贸易摩擦等多方面因素影响，中国与欧美发达国家之间的经贸合作呈现波动状态。欧美国家是东北三省传统的重要贸易合作伙伴和投资来源地，其中，欧盟是辽宁省第一大贸易合作伙伴和重点外资来源地。2023年，辽宁省与欧盟进出口额1317.1亿元人民币，占辽宁省对外贸易额的比重为17.2%；欧盟是吉林省第一大贸易合作伙伴，双方贸易额为 693.68 亿元人民币，占吉林省对外贸易总额的 41.3%；欧盟是黑龙江省第二大贸易合作伙伴，双方贸易额为 130.92 亿元人民币，占黑龙江省贸易总额的 4.4%（见表 6-12）。东北三省积极推动与欧美国家的引资、贸易和科技合作，进一步优化营商环境。截至 2022 年，欧洲国家在辽宁省累计设立外企投资企业 2605 家，累计使用外资 165.5 亿美元。① 沈阳的中德（沈阳）高端装备制造产业园区是辽宁省"十四五"对外开放重点规划建设平台，截至 2022 年，有各类企业 470 余家，包括宝马、巴斯夫、本特勒等德国企业 82 家。

表 6-12　东北三省近年来与欧美主要国家贸易额

（单位：亿元人民币）

年份		2018	2019	2020	2021	2022	2023	2024 年1—6 月
欧盟27 国	辽宁省	1341.52	1352.00	1195.80	1464.02	1398.43	1317.10	643.77
	吉林省	751.36	684.10	671.49	806.28	708.16	693.68	375.47
	黑龙江省	99.78	109.79	103.47	113.25	128.76	130.92	76.36
美国	辽宁省	735.32	528.00	553.30	693.22	675.31	567.25	247.38
	吉林省	55.09	58.42	44.79	56.41	59.26	55.82	28.27
	黑龙江省	51.22	39.60	56.34	63.95	71.78	78.01	34.25
加拿大	辽宁省	93.99	85.50	80.10	97.83	87.16	125.22	59.93
	吉林省	7.63	6.26	6.60	8.93	6.17	4.82	4.24
	黑龙江省	10.00	7.91	10.65	13.43	14.11	26.62	5.60

数据来源：根据东北三省各省历年统计年鉴及海关数据整理制作。

---

① 《抢抓合作机遇，辽宁省经贸代表团赴欧洲开展经贸活动》，https：//swt.ln.gov.cn/swt/ywxx/zsyz/20230116092105720007/index.shtml。

东北三省积极组织经贸代表团赴欧洲开展招商活动。例如，2023 年 1 月，辽宁省商务厅与代表团访问德国、瑞士和奥地利等国，推动双方智能制造、新材料和输变电装备等领域合作。2023 年 9 月，沈阳市举办了辽宁—欧洲经贸合作交流会暨第 10 届中德轻量化技术年会，加强与欧洲在汽车和高端装备制造业等领域交流合作。2024 年 5 月，吉林省经贸代表团访问德国、挪威、法国，组织经贸和文旅交流合作会，促成 8 个招商引资重大项目签约，投资总额 19.51 亿元，深化拓展了与欧洲在现代新型汽车与零件、氢能、农产品加工、冰雪旅游等领域的合作。

此外，东北三省积极推进中欧班列、国际海铁联运大通道的建设，在俄罗斯、美国、欧洲多个地区设立海外仓，促进与欧洲地区的互联互通和跨境电商发展。2024 年 3 月 14 日，首条黑龙江至荷兰的中欧班列线路成功开行，为黑龙江省农产品出口到欧洲市场创造了便利条件。

美国政府在 2024 年 5 月宣布提升对中国半导体和绿色能源领域产品的关税，电动汽车的关税从 25% 提升至 100%，锂电池的关税从 7.5% 提高到 25%，太阳能电池关税从 25% 提高到 50%，半导体的关税从 25% 提高至 50%。美国的对华关税政策可能会对中国的半导体和绿色能源领域的出口造成更大的影响，但同时也给美国自身经济和全球贸易秩序带来了负面影响。

综上所述，中国与欧美国家的经贸关系虽然面临一些挑战，但双方在多个领域保持着密切的合作关系，并在不断寻求新的合作机遇与空间。

五、东北拓展与中东欧国家合作

2012 年，中国与中东欧 16 国之间建立了中国—中东欧国家合作机制，简称"16+1 合作"机制，旨在促进双方的经济发展和合作。"16+1 合作"框架下的合作领域广泛，包括政策沟通、互联互通、经贸、金融、人文交流等。该合作机制还包括领导人会晤机制以及各领域的合作平台，并制定了《中国—中东欧国家合作中期规划》。"16+1 合作"也是"一带一路"建设的重要组成部分，中东欧16国占"一带一路"沿线国家总数的1/4。自中国—中东欧国家合作机制成立以来，中国与中东欧国家经贸合作展现出蓬勃活力和强大韧性，双方贸易额年均增长8.1%。2023年，中国与中东欧国家贸易总额达1336亿美元，截至2023年第一季度，双向投资规模接近200亿美元。①

2023年，辽宁省、吉林省、黑龙江省与中东欧国家（16国）贸易分别达41亿、31亿、3亿美元。中东欧国家是东北地区重要的新兴市场，双方合作潜力巨大。东北三省与中东欧国家主要进出口产品包括机电产品、高新技术产品、劳动密集型产品、农产品等。东北地区作为以装备制造业为主的重工业基地，具有完备成熟的工业体系和装备制造能力。捷克、波兰等中东欧国家都是老牌工业强国，在机械、电子、化工、制药、环保、能源等领域基础较好。双方在化工、机电设备、农业等传统行业拥有良好的合作基础，在绿色、新能源、数字、文旅、健康等新领域合作前景广阔。

东北三省积极融入中国—中东欧国家的合作机制。2019年，辽宁创建"16+1"经贸合作示范区，推动互联互通、国际产能和装备制造合作、贸易投资以及园区建设。2019年，也建立了中国（辽宁）中东欧16国国家馆，推进辽宁服务"一带一路"建设。辽宁企业投资建立了罗马尼亚麦道工业园、塞尔维亚轻纺建材工业园、天呈（捷克）工业园，黑龙江省在克罗地亚投资建立了克罗地亚中国经贸合作区，深化与中东欧国家多领域的经贸合作。2021年2月，吉林省正式加入中国—中东欧国家地方省州长联合会，为加强与中东欧国家的合作提供了稳定对外渠道和机制保障。2023年10月，辽宁省还组织了企业参展团赴波兰参加国际汽车零部件博览会，双方签订多项合作协议。

此外，近几年，东北地区与中东欧国家互联互通水平显著提升。辽宁省已经建立"辽满欧""辽蒙欧"和"辽海欧"三条陆海通道，吉林省有"长满

---

①《深化务实合作携手共向未来——中国—中东欧国家经贸合作新观察》，新华社，2023年5月18日。

欧""长珲欧""长同欧"三条国际铁路通道,黑龙江省的绥芬河、满洲里、同江铁路口岸为中欧班列东部通道的重要进出口岸。截至 2024 年 8 月 20 日,中欧班列"东通道"满洲里、绥芬河、同江铁路口岸开行以来,累计通行量突破 30000 列,发送货物 291 万标箱,实现连年增长,呈现量质齐升的良好态势。① 中欧班列的常态化运营,为东北地区与中东欧国家的外贸增长和外贸结构优化升级提供了有力支撑。

在人文交流方面,东北三省积极举办各种文化教育交流活动。如多次组织中国东北三省与中东欧国家的人文合作论坛,展示了中国东北地区与中东欧国家在文化、教育等方面的合作成果。黑龙江省还设立了中东欧与俄罗斯思想文化学术交流基地,举办了一系列学术讲座和文化交流活动。2021 年,中国(辽宁)—中东欧国家文化旅游交流会在沈阳举行,推动双方文化旅游产业交流。2022 年,吉林财经大学成功加入中国—中东欧国家高校联合会,进一步推动了吉林省与中东欧国家高校间的交流与合作。2023 年,黑龙江工程学院成功加入中国—中东欧国家高校联合会,成为黑龙江省第五家会员单位。

总体来看,东北三省通过多种方式积极拓展与中东欧国家的合作,涵盖经贸、文化、基础设施等多个方面,取得了显著成效。未来,随着"一带一路"倡议的深入实施,东北地区与中东欧国家的合作有望进一步加强,助推东北地区融入国内国际双循环发展格局,打造向北开放新高地。

---

① 《中欧班列"东通道"通行量突破 30000 列》,新华社,2024 年 8 月 21 日。

第七章

东北地区高水平开放的路径突破

党的二十大以来，在新发展理念的指导下，东北地区正通过积极参与RCEP，深化"一带一路"合作，特别是依托中蒙俄经济走廊的推进，以实现高水平对外开放的新路径和跨越。这一突破主要体现在制度开放上创新体制机制，服务贸易开放上拓展合作领域，地方合作开放上加强区域联动，以及人文合作开放上促进民心相通，从而为东北地区的经济振兴开辟出一条开放、包容、共赢的发展新路径。东北地区高水平开放的发展新路径对于新常态下我国打造全新的开放式经济体系、推动形成全方面开放新局面、探索经济发展新动力、增强国家整体实力提供了至关重要的新路径。

第一节 制度型开放的渐次突破

一、地方框架开放合作

（一）东北对外开放政策体系建设呈现新局面，构建了推动对外开放的制度框架

近年来，东北三省把高水平对外开放作为振兴发展的必由之路，充分发挥地理区域、产业特色和资源要素的优越性，全面协调和推进经贸、融资、

服务渠道、信息平台的构建，掀起了对外开放的热潮。2022 年 12 月、2023 年 4 月和 7 月，东北三省先后召开对外开放大会，相继出台了《关于加快构建开放新格局以全面开放引领全面振兴的意见》《深度融入"一带一路"的实施意见》《"十四五"对外开放规划》《加快推进建设东北海陆大通道的意见》等政策，除此之外，东北各省还推出了"全面对接《区域全面经济伙伴关系协定》（RCEP）行动计划"和"'一带一路'建设方案"。

一系列政策措施的出台展示了东北三省以高水平开放引领高质量发展的明确导向，呈现了东北对外开放政策体系建设的全新局面，构建起了对外开放的制度框架和制度基础。

（二）RCEP 和"一带一路"国际框架下开放新合作，"双轮"驱动更高水平开放

2020 年 11 月，中国与东盟等 15 国签署 RCEP，2022 年 1 月成效，2023 年 6 月全面实施，为我国东北地区与日、韩等国的经贸合作提供了开放制度和基础。

RCEP 旨在通过逐步实施关税自由化，为成员国提供优惠的市场准入。RCEP 是目前我国签署的对外开放力度最大的自贸协定，在 RCEP 框架中的各成员国之间，最终将会有大约 90% 的商品享受到零关税待遇。对于同处东北亚地区的中国和韩国、日本之间，中韩双方承诺的零关税比例均为 86%，而中日双方对彼此出口商品承诺的零关税比例分别是 88% 和 86%。在协议生效之际，韩国和日本对中国商品的关税即刻取消的比例分别为 50.4% 和 57%，中国对日本和韩国商品的关税即刻降为零的比例为 38.6% 和 25%。（见表 7–1、表 7–2）

表 7–1 RCEP 韩国、日本对中国减免关税的商品项目比例

减免关税模式	协定生效即刻降为零	最终零关税占比	部分减税	破例商品
中国向韩国出口的商品	50.4%	86%	1.1%	12.9%
中国向日本出口的商品	57%	88%	无	12%

数据来源：整理自 RCEP 协定附件《关税承诺表》。

表 7-2　RCEP 中国对韩国、日本减免关税的商品项目比例

减税模式	协定生效即刻降为零	过渡期降为零			最终零关税占比	部分减税	破例商品
		10 年降为零	15 年降为零	20 年降为零			
韩国向中国出口的商品	38.6%	41%	3.1%	3.2%	86%	1%	13%
日本向中国出口的商品	25%	46.5%	11.5%	3%	86%	0.4%	13.6%

数据来源：整理自 RCEP 协定附件《关税承诺表》。

2013 年 9 月和 10 月，习近平主席先后在哈萨克斯坦纳扎尔巴耶夫大学和印度尼西亚国会进行公开演讲，提出了共同构建"丝绸之路经济带"和"21 世纪海上丝绸之路"的倡议。2013 年 11 月，党的十八届三中全会审议通过了《中共中央关于全面深化改革若干重大问题的决定》，鲜明提出"推进'一带一路'建设，形成全方位开放新格局"的决定性举措。2015 年 3 月，"抓紧规划建设'一带一路'"被明确写入《政府工作报告》。至此，"一带一路"成为新时代中国构建全方面开放新格局的重大举措、促进区域布局协调和可持续发展的重要平台，也是深化多边开放合作及维护自由贸易机制的重要框架。

东北地区是"一带一路"线上具有重要地缘和区位作用的区域，2016 年 4 月《中共中央　国务院关于全面振兴东北地区等老工业基地的若干意见》提出东北振兴要"主动融入、积极参与'一带一路'建设战略"；2018 年 9 月，习近平总书记主持召开深入推进东北振兴座谈会时发表重要讲话，明确提出新时代东北振兴是全面振兴和全方位振兴[1]，指导东北地区紧密衔接"一带一路"倡议，融入中蒙俄经济走廊建设，也预示着东北地区衔接"一带一路"建设已被纳入"一带一路"的核心视野。

党的二十大报告着重提出，要致力于实现高层次对外开放，促进"一带一路"的高质量共建，拓展覆盖全球的高规格自由贸易区网络，推动构建开

---

[1] 安蓓、徐扬、汪伟：《实现新时代东北全面振兴》，新华社每日电讯，2018 年 9 月 30 日。

放式的世界经济体系，更好造福各国百姓。目前，"一带一路"倡议已经成为世界范围内广泛认可的全球公共产品和国际合作平台，它不仅是推动更高层次对外开放的关键举措，也是构建人类命运共同体的有效实践。此外，RCEP正式生效已两年有余，激发了区域内经济增长的潜力。

黑龙江省与RCEP其他成员国贸易保持较快增长，2023年实现261.5亿元人民币，同比增长8.5%。除此之外，黑龙江省商务厅发布了《黑龙江省RCEP项下进出口优势产品清单》，精准锁定黑龙江省最具优势的进出口产品，组织多场培训会，鼓励企业挖掘潜力，开拓新的海外市场机遇。同样地，辽宁省2023年上半年对RCEP国家进出口货值1284.4亿元，同比增长1.4%。沈阳海关对RCEP成员国享惠进口货值7.97亿元，较2022年同期增长504%；对RCEP成员国签发各类原产地证书7129份，签证金额35.60亿元，同比增长7.39%。

共建"一带一路"与RCEP相互促进形成"双轮"驱动，对我国实现更高水平对外开放、区域内实现疫后经济增长复苏以及构建人类命运共同体具有重要意义。共建"一带一路"为RCEP奠定基础，RCEP为"一带一路"提供规则借鉴。与RCEP成员国的自由贸易合作需借助"一带一路"的互联互通优势，同时，"一带一路"的建设与壮大需要RCEP优惠政策的落实。两者协同发展，以内需促进外循环，通过RCEP和"一带一路"高质量发展，构建内外联通的产业链供应链，有利于推动区域一体化，以实现更高水平对外开放。

（三）东北各省区间开放框架合作，协调联动发展

2010年，辽宁、黑龙江、吉林和内蒙古四省区的行政领导人在沈阳共同缔结了《东北四省区合作框架协议》，协议商定推进东北大交通、大电网、大生态的建设，除此之外还包括工业、农业、商贸、金融、文化等多个方面的全方位合作，推进东北地区的一体化发展，助力东北地区实现大规模开发、深度开放和广泛发展。

2017年，国务院办公厅印发了《东北地区与东部地区部分省市对口合作工作方案》，根据方案安排，辽宁省与江苏省，吉林省与浙江省，黑龙江省与广东省；沈阳市与北京市，大连市与上海市，长春市与天津市，哈尔滨市与深圳市，六省八市分别结成了对子。①明确了五个方面的合作重点，增加了对口省份、城市在基础设施建设、民营经济发展、国企改革、发展理念等方面的交流和合作。相比东部省市，东北地区具有工业基础好、资源丰富、科研能力强、发展空间大、农业基础好等优势，通过这一措施，有利于东北地区和东部地区的人才互相交流、增加活力，让东北地区与全国其他地区的副省级城市协调联动、深化合作。

2021 年 2 月，中共中央、国务院发布的《国家综合立体交通网规划纲要》将哈尔滨、沈阳和大连正式确定为国家综合交通枢纽城市中的国际交通枢纽城市。2023 年 2 月，沈阳都市圈获批成为继杭州都市圈之后全国第 9 个国家级都市圈，也是东北首个国家级都市圈。

随着沈阳国家级都市圈的获批，东北地区的城市间合作进入了一个新的发展阶段。这一举措将进一步促进哈尔滨、长春、沈阳、大连四个副省级城市之间的资源整合和优势互补，加强区域内的交通互联互通、产业协同和市场一体化。在此基础上，东北地区将充分发挥国家综合交通枢纽城市的优势，加快推动区域经济一体化，提升对外开放水平，吸引更多的投资和人才，为东北全面振兴注入新的活力。同时，通过与东部地区的对口合作，东北地区将继续学习借鉴先进的发展理念和管理经验，推动国有企业改革和民营经济发展，实现资源共享、互利共赢，为构建全国统一大市场贡献力量。

二、多边机制开放合作

（一）东北区域开放合作机制的现状和创新

2019 年 8 月 22 日，中国、蒙古国、韩国、俄罗斯在长春召开大图们倡议政府间协商委员会第十九次部长级会议，会议通过了《长春宣言》②。宣言

---

① 《六省八市"牵手"东北振兴开辟合作共进路》，https://www.gov.cn/xinwen/2017-03/23/content_5180103.htm。

② 《长春宣言》，https://gjs.mofcom.gov.cn/qyhcqyjmhz/dtmcy/art/2019/art_cc2b76b9e5cc4853898302a3339ae1ff.html。

中，成员国重申了促进区域发展与繁荣的共同目标，并达成了一系列共识与决定。其中包括：成员国持续促进大图们倡议转型为一个高质高效、注重成果的政府间经济协调合作机制，涵盖交通、投资、旅游、环境等多个领域的具体合作内容。

除大图们倡议之外，中国、日本、韩国领导人峰会也是一个重要的多边合作机制，旨在加强三国之间的经济、政治和文化联系。

2023 年 8 月 18 日，中国、日本、韩国领导人峰会在中国成都重启，这是自 2019 年 12 月以来的首次三国领导人峰会。会议重点讨论了经济、民生、供应链和知识产权等领域的议题，旨在扩大三国的合作范围，应对全球多重危机。由于美国在亚太局势中的频繁干预，中日韩合作受到一定影响，导致峰会多次延期。2024 年 5 月 27 日，第九次中国、日本、韩国领导人会议在韩国首尔举行，这次会议标志着三国合作进入一个新的阶段。中国领导人强调，中日韩要坚守合作初心，推动合作全面发展，为地区繁荣稳定做出更大贡献，提出了五点建议，包括推动合作全面重启、深化经贸互联互通、引领科技创新合作、拉紧人文交流纽带和促进可持续发展。韩国领导人和日本领导人也表示，希望三国以此次会议为新起点，保持合作稳定性和连续性，深化六大领域合作，共同促进东亚区域合作，应对全球性问题。此外，会议还讨论了增进人员往来、扩大经贸合作、推进可持续发展、解决老龄化问题和卫生挑战、推动科学技术数字化转型以及解决灾难和安全问题等六大领域的合作方案。

大图们倡议和中国、日本、韩国领导人峰会为区域多边合作带来了新的机遇和挑战，推动了区域经济一体化、贸易便利化、基础设施建设、环境可持续性以及科技创新等多个领域的深入合作。

除此之外，东北三省与俄罗斯、日本、韩国等国政府进行了有效的政策沟通，建立了省州长定期会晤机制。这种新的合作机制，在国家整体对外开放的大背景下，为东北亚地区的具体合作提供了新的交流平台和前进动力。

（二）东北亚区域开放合作机制的创新路径

首先是完善区域合作的市场竞争机制，建立统一的市场准入、透明度、非歧视性原则，消除行政壁垒，促进资源有效配置。同时，建立信息交换机制，通过信息共享平台和信息公开制度，提升区域合作的信任度和可预测性。加强管理协调机制，建立激励约束机制和成员参与退出机制，确保区域整体利益。

此外，建立利益平衡机制，通过对话和利益补偿，保障各方共赢。统一对外开放机制，推动东北亚经济合作，构建招商引资和对外贸易平台。设立跨行政区的制度性组织协调机构，加强立法协作，制定区域性法规，确保制度一致性。设立共同发展基金，支持区域重大项目和公共服务。

最后，发挥行业组织和民间组织作用，通过举办论坛、研讨会等活动，搭建交流平台，促进经济技术合作，建立政府与非政府组织间的协调机制，推动东北地区合作顺利进行。这些措施将有力促进东北区域一体化发展，实现全面振兴。

三、制度约束开放合作

（一）东北地区制度约束的现状分析

近年来，东北各省区在生态环境、交通运输、能源开发、环境保护、金融服务等方面签订了众多合作文件和发展规划，确定了工作焦点和合作方向。这些合作主要是在政府的主导下推进的，通常通过集体协商的方式来实施，多属于非制度层面。当行政影响力过于突出时，此类合作往往难以独立于地方政府的管控，并且某些领域需要依赖地方政府的威望来推动。这种非制度层面的合作，无法解决东北地区一体化运作过程中要素自由流动以及地方利益割据等方面的问题。

东北地区在制度约束下的开放合作，就是在 RCEP 和"一带一路"倡议的框架指导下，为了推动经济增长、技术共享和扩大市场机会，与其他地区或国家进行的双向、多边的开放和协作。

随着东北人口持续外流，市场需求增长陷入停滞，资本收益率逐渐降低，传统的供给侧增长动力逐渐不足，经济面临的下行压力持续增强，正处于传统增长模式向新动能转换的关键过渡阶段。制约东北地区新兴产业发展的矛盾一部分来源于市场环境的构建存在不足，众多管理规章、限制性措施以及隐性的市场准入障碍阻碍了资源有效流入新兴行业。即便资源得以进入，也会因为分配体系的不公而难以持续发展，无法得到应有的回报。这种扭曲的利益分配格局向资源的流动发出了错误的信号，导致难以通过政策激发市场活力、利用市场力量推动产业发展。

东北地区在行政体制、国有企业改革、创新能力、市场体系完善程度、对外开放程度等方面具有不足和滞后。行政体制改革相对滞后，政府职能转变不够到位，行政审批事项繁多，影响了市场活力和资源配置效率；国有企业占比过高，竞争力不强，严重制约了东北地区经济结构调整和产业升级；科技创新体系不完善，企业创新意识不强，制约了东北地区产业转型升级；要素市场发育不足，资源配置不合理，导致资源配置效率低下；东北地区对外开放水平相对较低，与国际市场接轨不够紧密，影响了地区经济发展。

（二）制度约束下开放合作的路径探索

在种种制度约束下，东北地区可以通过一系列对内和对外的路径探索来推动开放合作。

对内方面，通过深化行政体制改革，简政放权，优化政府职能，提高政务服务效率，为开放合作创造良好环境。同时，推进国有企业改革，加快混合所有制改革，提高国有企业竞争力，助力产业升级。此外，完善市场体系，发展要素市场，改进资源配置，提升市场在资源配置中的关键作用。同时，增强创新能力，构建科技创新体系，培育创新型企业，推动产业高质量发展。

对外方面，东北各省区正努力成为我国向北开放的重要门户，特别是在加强与东北亚区域的合作上，推动中日韩产业链供应链深度融合，加强与俄罗斯和中亚国家的经贸合作。同时，在 RCEP 的框架下，深化与日韩的经贸合作，特别是在关税减让、市场准入和区域供应链调整方面。此外，作为

"一带一路"向北开放的重要窗口，东北地区正在加强与"一带一路"合作伙伴的经贸合作，特别是在农业、能源和装备制造业等领域。通过内外两方面路径的不断探索，东北地区将逐步打破传统的制度约束，推动开放合作，实现经济社会的全面振兴。

四、制度创新开放合作

（一）深化体制机制改革，释放制度创新红利

首先要推动政府职能转变。东北地区要实现高水平开放，需加强体制机制的深化改革，促进政府职能向服务导向、法治导向转变。一是优化政府职能配置，减少政府对市场的不必要干预，提高政府决策的透明度、民主性和科学性；二是推进"放管服"改革，精简行政审批程序，提升政务服务效能，打造良好的经商环境；三是加强政府与企业的沟通协作，构建亲清新型政商关系，为企业发展提供有力支持。

其次是创新国有企业改革。东北地区国有企业占比高，改革任务艰巨。要以混合所有制改革为突破口，推动国有企业实现股权多元化、治理结构现代化。一是引入民营资本参与国有企业改革，提高国有企业活力和竞争力；二是完善国有企业法人治理结构，强化激励约束机制，提高企业运营效率；三是加大国有企业去产能、降杠杆力度，优化国有经济布局。

（二）拓展对外开放领域，提升开放型经济水平

首先要构建全方位对外开放格局。东北地区要充分发挥地缘优势，积极参与"一带一路"建设，加强与周边国家的合作。一是拓展国际产能合作，推动优势产业"走出去"，积极参与国际市场竞争；二是强化科技创新合作，吸纳国际先进技术和管理经验，增强产业竞争力；三是深化人文交流合作，增进与周边国家的友谊，为经贸合作奠定基础。

其次是创新外资利用方式。东北地区要充分发挥政策优势，创新外资利用方式，提高利用外资质量。一是增大招商引资的力度，吸引更多外资企业到东北地区投资和发展；二是改善外资产业布局，激励外资投向高端制造业

和现代服务业等关键领域；三是完善外资政策体系，保障外资企业合法权益，营造公平竞争的市场环境。

（三）推动区域协同发展，打造高水平开放平台

首先要加强区域内合作。东北地区要打破行政区划限制，加强区域内合作，实现资源共享、优势互补。一是推动基础设施互联互通，构建便捷高效的物流体系；二是加强产业协作，打造具有竞争力的产业集群；三是深化科技创新合作，共同建立研发平台，促进科技成果的应用转化。

其次是构建高水平对外开放平台。东北地区要充分发挥各类开放平台的引领作用，打造高水平开放载体。一是推动国家级新区、自由贸易试验区、综合保税区等平台创新发展，形成可复制、可推广的经验；二是加速推进边境经济合作区域和跨境经济合作区域的发展，提高边境地区的开放程度；三是培育和扩大市场采购、跨境电商等新兴贸易形式，促进对外贸易的转型升级。

（四）优化营商环境，激发市场活力

首先要完善法治环境。东北地区要增强法治建设力度，为高水平开放提供坚实的法治支撑。一是提升知识产权保护力度，严厉惩处侵犯知识产权和制售假冒伪劣商品的行为；二是完善市场准入负面清单制度，确保各类市场主体在市场竞争中的公平参与；三是强化法治宣传教育，提高全民法治意识。

其次是优化政策环境。东北地区要完善政策体系，为高水平开放提供有力政策支持。一是加大财政支持力度，优化财政支出结构；二是创新金融政策，提高金融服务实体经济能力；三是完善人才政策，吸引更多优秀人才助力东北振兴。

总之，东北地区要以制度创新为突破口，深化开放合作，加快构建高水平开放型经济新体制，为实现全面振兴、全方位振兴注入强大动力。

第二节　服务贸易的二次开放突破

一、货物和服务贸易双轮驱动

在当前全国开放大局和国际形势变化的宏观背景下，东北地区紧密围绕建设对外开放新高地的目标，积极推进货物贸易与服务贸易的双重发展。通过双向发力，东北地区不断深化对外经济贸易合作，持续提升开放型经济水平，确保对外开放的整体态势保持良好。货物贸易与服务贸易的双轮驱动，为东北地区的经济发展注入了新的活力。

在货物贸易方面：2022年，东北货物进出口总额12117.3亿元，同比增长7.9%，高于全国水平0.2个百分点，2020年至2022年三年平均增速9.6%。其中，出口额4632.5亿元，增长12.6%，高于全国平均增速2.3个百分点；进口额7484.8亿元，增长5.3%，高于全国1个百分点。2023年前三季度，东北货物进出口总额9163.3亿元，同比增长1.3%，其中出口额3654.7亿元，增长5.3%；进口额5508.6亿元，增速下降1.1%。2022年至2023年前三季度，东北货物进出口增速分别高于全国平均增速0.4、1.9个百分点，增长态势明显回升（见图7-1）。

2023年，东北三省与东北亚地区国家对外贸易进出口增速统计显示，韩国、日本、蒙古国和俄罗斯与东北亚地区的贸易往来十分密切。其中，俄罗斯的进出口总额最高，达到29502316万元人民币，显示出其作为东北亚地区重要经济体的地位；日本的进出口总额位居第二，为9942181万元人民币，反映出其在高科技产品出口方面的优势；韩国的进出口总额较低，仅为7363048万元人民币，但出口同比增长16.01%，表明其出口方面仍具有较大潜力；蒙古国的进口总额和出口总额均位列最低，分别为123665万元人民币和81680万元人民币。

图 7-1　2013—2023 年前三季度东北进出口增速与全国水平比较

数据来源：哈尔滨海关、长春海关、沈阳海关以及海关总署官方网站统计数据。

货物运输能力不断增强。东北地区已初步建立起一条从沿海口岸南下，并通过中欧班列北上的海陆联运通道体系。辽宁省的沿海港口拥有193条集装箱海运航线，连接了超过160个国家和地区的300多个港口，实现了对日韩及东南亚国家主要港口的全覆盖，海铁联运的运量已连续六年超过百万标箱。在2023年的前三个季度，辽宁省的港口完成了5.5亿吨的货物吞吐量、1.9亿吨的外贸吞吐量以及933.4万标准箱的集装箱吞吐量，同比分别增长了2.1%、8.6%和17.2%。

从量上看，东北三省对东北亚国家的贸易呈现差异化增长：对韩国和俄罗斯进出口均增，尤其是出口增长显著，显示出贸易关系加强和市场竞争力提升；对日本进口下降而出口微增，表明依赖减少且市场渗透力增强；对蒙古国进口增而出口大跌，反映出进口需求上升与出口面临挑战（见表7-3）。整体趋势凸显东北三省在区域贸易中的调整和市场动态。

表 7-3　2023 年东北三省与东北亚主要国家对外贸易进出口情况统计

（单位：万元人民币）

产终国	进出口总值	同比（±%）	出口	同比（±%）	进口	同比±%
韩国	7363048	8.34	4552975	16.01	2810074	-2.14
日本	9942181	-3.41	6534228	2.25	3407953	-12.69
蒙古国	205348	9.30	81680	-16.75	123665	37.79
俄罗斯	29502316	23.59	6364451	81.90	23137865	13.58

数据来源：哈尔滨海关、长春海关、沈阳海关以及海关总署官方网站统计数据。

在服务贸易方面：2022 年，东北地区服务贸易进出口总额达到 218.8 亿美元，同比上升了 8.8%，占全国服务贸易进出口总额的 2.5%。具体来看，服务出口额为 86.5 亿美元，增长了 18.8%；而服务进口额为 132.3 亿美元，增长了 3.1%（见表 7-4）。在大连市，服务贸易进出口总额达到了 87 亿美元，增长了 19.1%，这个增速比全国平均水平高出 10.8 个百分点。细分来看，服务出口额为 57 亿美元，增长了 24.8%，比全国平均水平高出 17.2 个百分点；服务进口额为 30 亿美元，增长了 9.6%，比全国平均水平高出 0.7 个百分点。

表 7-4　2022 年东北三省服务贸易进出口情况

（单位：亿美元，%）

服务进出口总额	同比（%）	服务进口额	同比（%）	服务出口额	同比（%）	占全国服务进出口比例（%）
218.8	8.8	132.3	3.1	86.5	18.8	2.5

数据来源：2023 年东北对外开放调研报告。

在货物贸易与服务贸易的双轮驱动下，东北地区的进出口总额持续增长，显示出该地区在全球贸易中的活跃地位。特别是出口额的显著增长，反映出东北产品的国际竞争力正在提升，同时也表明了区域内产业结构的优化和升级。同样，服务进出口的快速增长，不仅丰富了贸易结构，也为地区经济发展注入了新动力。

货物贸易与服务贸易的协同发展，为东北地区开放型经济体系建设提供了有力支撑。通过不断提升贸易便利化水平，加强与国际市场的深度融合，东北地区正逐步形成以技术创新和产业升级为核心的国际竞争新优势。未来，随着"一带一路"倡议的深入实施，以及 RCEP 等多边贸易协定的红利释放，东北地区将更好地融入全球产业链、供应链，实现更高水平的开放型经济发展。

二、服务贸易规则和创新并重

2013 年 9 月，中国（上海）自由贸易试验区正式成立，首次以外商投资特别管理措施的负面清单方式施行管理。我国当时经济被划分为 1069 个类别，而首份负面清单涵盖了其中的 190 个类别，占全部类别的 17.8%。到了 2014 年 7 月，第二份负面清单发布，项目数量从 190 项减少至 139 项，降幅超过 25%。到了 2021 年，负面清单内相关规定已精简至 27 条，特别是服务业领域的特别管理措施显著减少。

2021 年，我国还发布了《海南自由贸易港跨境服务贸易特别管理措施（负面清单）》（2021 年版）。这是首次针对跨境服务贸易领域发布的负面清单，打破了传统服务贸易管理的模式，并逐步与国际贸易和经济规则的高标准相融合。在金融服务和交通服务等多个关键领域，该负面清单实现了高度开放的布局，详细列出了针对跨境服务提供商的 11 个大类 70 项特别管理措施，标志着服务贸易管理方式的重要发展，并助推了服务贸易的迅速增长。

2024 年 3 月，商务部发布《自由贸易试验区跨境服务贸易特别管理措施（负面清单）》及《跨境服务贸易特别管理措施（负面清单）》，这两份清单自 2024 年 4 月 21 日起正式施行，标志着中国首次在全国层面实施跨境服务贸易的负面清单管理，是中国服务贸易管理体系的一次重大变革，也是中国进一步扩大高水平开放的关键步骤。2024 年版的《跨境服务贸易特别管理措施（负面清单)》覆盖了 11 个国民经济行业门类。其中，全国版的清单包含了 71 项措施，而自由贸易试验区版的清单则有 68 项。这些措施的实施，意味着中国首次在全国范围内建立起跨境服务贸易的负面清单管理模式，构建了跨境服务贸易的梯度开放体系。

在 2023 年 8 月 21 日的国务院新闻办公室新闻发布会上，商务部服务贸易和商贸服务业司宣布："商务部将升级建设国家服务贸易创新发展示范区，高水平打造未来引领服务贸易开放创新发展的新高地。"这一计划涵盖了高标准打造服务外包示范城市，推动特色服务出口基地的品质提升、规模扩大和范围增加，以及在更多行业中培养服务贸易的新业态和新模式，从而创造服务出口的新增长点。

2022 年，中国共有 37 个城市被认定为服务外包示范城市，这些城市在服务外包业务方面取得了突出成绩，包括承接在岸和国际服务外包的执行额实现了显著增长。在这些示范城市中，杭州、南京和广州的评价得分位列前三，分别达到了 77.44 分、76.95 分和 75.54 分（见表 7-5）。另外，商务部连同其他 9 个部门，将佛山、徐州等 6 个城市新增为服务外包示范城市，这些新加入的城市将享有与其他示范城市相同的政策支持。

表 7-5　2022 年度中国服务外包示范城市综合评价得分前十城市

序号	城市	基础评价得分	基础评价（权重 70%）				加分项	专家评审（权重 20%）	问卷调查（权重 10%）	综合得分
			（一）产业发展情况	（二）综合创新能力	（三）公共服务水平	（四）政策措施保障				
1	杭州	50.76	20.57	9.85	5.80	11.03	3.50	19.33	7.35	77.44
2	南京	50.55	19.28	10.57	4.60	11.38	4.73	18.33	8.07	76.95
3	广州	50.12	19.37	8.23	6.20	12.65	3.68	18.67	6.75	75.54

续表

序号	城市	基础评价得分	基础评价（权重70%）				加分项	专家评审（权重20%）	问卷调查（权重10%）	综合得分
			（一）产业发展情况	（二）综合创新能力	（三）公共服务水平	（四）政策措施保障				
4	上海	46.98	16.45	11.46	4.20	10.84	4.03	19.67	7.11	73.75
5	北京	49.93	13.90	15.18	6.20	10.98	3.68	16.67	7.00	73.60
6	苏州	47.63	17.21	8.99	5.40	13.22	2.80	17.33	6.51	71.47
7	宁波	46.06	17.93	6.65	5.00	11.92	4.55	16.67	7.87	70.59
8	厦门	46.88	17.97	7.64	5.40	11.66	4.20	15.67	7.62	70.16
9	成都	46.94	16.20	9.19	5.80	12.42	3.33	15.67	7.16	69.76
10	合肥	45.35	15.92	9.32	5.00	12.31	2.80	16.33	7.67	69.36

数据来源：2022年度中国服务外包示范城市及申请城市综合评价结果，中华人民共和国商务部，http://images.mofcom.gov.cn/fms/202310/20231024092819656.pdf。

2022年，中国数字化服务贸易可交付的总额达到了2.5万亿元，同比上升了7.8%。同时，政府高度重视数字贸易发展，致力于推动数字产业化和产业数字化发展，并积极参与数字贸易国际规则的制定。服贸会作为服务贸易领域关键的综合性展览，成为中国服务业扩大开放与合作的关键平台。2023年的服贸会以"开放引领发展，合作共赢未来"作为主题，凸显了服务贸易在推动全球贸易繁荣和世界经济复苏中的关键作用。

中国在服务贸易领域的创新和发展，特别是在服务外包、数字贸易和展会平台方面的显著进步，推动服务贸易向更高水平的发展，并为全球贸易和经济复苏作出贡献。

三、服务贸易的二次开放理念

当前，在东北地区的对外经济贸易合作中，尽管货物贸易仍占据重要地位，但随着全球经济结构的转型升级，服务贸易，特别是那些附加值高、品质高端的服务领域，其国际竞争愈发激烈。各国纷纷通过开放服务市场，吸引外资流入，以增强本国服务业的国际竞争力。全球贸易模式正逐渐从过去的以货物贸易为中心，转变为更加侧重于服务贸易的"二次开放"新动向。

东北三省的传统产业结构以重工业为主，这在一定程度上限制了地区经济的发展。转向服务贸易为主的"二次开放"，有助于推动产业结构优化升级，培育新的经济增长点。服务贸易的发展可以带动金融、旅游、教育、医疗等现代服务业的繁荣，为东北振兴注入新动力。此外，在全球经济一体化的背景下，服务贸易成为国际竞争的新焦点。东北三省通过发展服务贸易，可以提升自身在国际市场的竞争力，拓宽对外经济合作的空间。不仅如此，随着居民收入水平的提高，消费需求逐渐从物质消费向服务消费转变。发展服务贸易，有助于满足人民群众日益增长的多元化、个性化服务需求。

2017年4月、2019年8月，中国（辽宁）自由贸易试验区、中国（黑龙江）自由贸易试验区分别在沈阳、哈尔滨正式设立。东北地区这两个自贸区的设立进一步完善了中国的整个跨境服务贸易梯度开放体系，优化了东北地区服务贸易的政策内容，降低了东北地区的服务贸易壁垒；加大了对东北地区服务贸易企业的支持力度，鼓励企业"走出去"参与国际竞争。自贸区内，服务贸易企业还可以享受到更加优惠的政策，更加便捷的通关服务，以及更加开放的市场环境。

除此之外，黑龙江大学软件学院被设立为黑龙江省软件服务外包人才培养培训基地，2019年11月成立的中国国际贸易学会中日韩经济合作与发展研究中心被设立为辽宁省服务外包人才培训基地，以及由中国服务贸易协会专家委员会联合相关单位举办的第八届中国现代服务业与服务贸易人才培养论坛等活动，共同为东北地区的服务贸易提供强有力的人才支持。

在实际操作层面，近年来，东北三省的服务贸易发展成果斐然。沈阳市、长春市、哈尔滨市均被列为国家服务外包示范城市，大连市成为全国首批服务贸易创新发展试点城市。东北地区在金融服务、旅游服务、教育服务等领域的国际合作不断加深，为经济发展注入新活力。

此外，东北地区在服务贸易领域积极探索新模式、新业态。例如，依托大数据、云计算等技术，发展在线教育、远程医疗、跨境电商等新兴服务贸易业态。以跨境电商为例，截至 2022 年底，国家批复的跨境电子商务综合试验区城市合计 7 批，共有 165 个城市。其中，东北三省有 14 个城市被纳入这一体系。直到 2023 年前三季度，辽宁省的跨境电商经营主体超过 2000 家，进出口成交额达到了 149.44 亿元，同比增长了 63.84%；吉林省的跨境电商进出口额增长了 15.5%，特别是跨境电商零售进出口增长了 65.9%；与此同时，黑龙江省的跨境电商业务迅猛增长，达到了 5.6 亿元的贸易额，增长了 2.6 倍。这些新兴业态不仅为东北地区经济发展带来了新的增长点，也为传统产业转型升级提供了有力支撑。

总的来看，东北地区的服务贸易正逐渐接受"二次开放"转型的理念，逐步打破传统产业结构的束缚，推动地区经济向高质量发展迈进。在这一过程中，东北地区将继续深化改革开放，加强与国际市场的对接，提升服务贸易的竞争力，为实现东北全面振兴、全方位振兴奠定坚实基础。展望未来，东北三省将秉持更加开放的态度，积极投身于国际服务贸易的竞争与合作，为我国服务贸易的进步贡献更大的力量。

四、服务贸易高水平开放突破

（一）东北地区服务贸易发展现状和存在问题

1. 服务贸易整体水平进一步提升，自由贸易区服务贸易优势凸显

以辽宁省为例，根据 2023 年辽宁省统计局统计的辽宁省分地区规模以

上服务业企业按照营业收入占比（见图 7-2），其中沈阳的营业收入占比高达 61.12%，大连为 22%，其次是鞍山 4.50%，营口 3.68%。可见辽宁省的服务贸易活动有超过 80% 集中在沈阳和大连这两大城市；紧随其后的是以鞍钢著称、作为北方重要重工业基地的鞍山市，其占比约为 4.5%；而作为辽宁省自由贸易区组成部分的营口市，位列第四，其服务贸易活动占比约为 3.68%。沈阳市和大连市的服务贸易企业凭借其自身优势，敏锐洞察市场需求，积极推动自由贸易区完善基础设施建设，提升创新能力，并不断扩大其辐射影响力，从而逐步增强产业集聚效应，进一步凸显辽宁省自由贸易区的服务贸易优势。

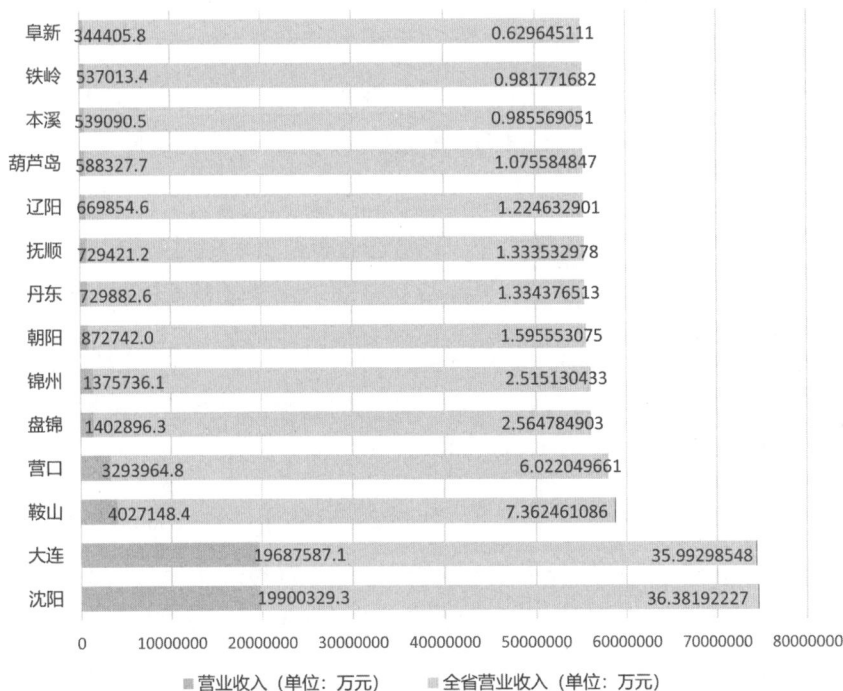

地区	营业收入（万元）	占比
阜新	344405.8	0.629645111
铁岭	537013.4	0.981771682
本溪	539090.5	0.985569051
葫芦岛	588327.7	1.075584847
辽阳	669854.6	1.224632901
抚顺	729421.2	1.333532978
丹东	729882.6	1.334376513
朝阳	872742.0	1.595553075
锦州	1375736.1	2.515130433
盘锦	1402896.3	2.564784903
营口	3293964.8	6.022049661
鞍山	4027148.4	7.362461086
大连	19687587.1	35.99298548
沈阳	19900329.3	36.38192227

■ 营业收入（单位：万元）　■ 全省营业收入（单位：万元）

图 7-2　2023 年辽宁省分地区规模以上服务业企业营业收入占比图

数据来源：2023 年《辽宁省统计年鉴》。

此外，东北三省服务企业进一步推动地区生产总值的增加。2023 年，辽宁省、吉林省、黑龙江省的第三产业增加值分别达到 15823.9 亿元、7301.4 亿元、8074.3亿元，合计31199.6亿元，按照一定的增长率稳定增长；第三产业增加值占地区生产总值比重分别为52.4%、53.9%、50.8%，合计占东北三省生产总值的52.3%（见表7-6）。

表7-6　2023年东北三省第三产业增加值及占地区生产总值比重

地区	第三产业增加值（亿元）	第三产业增长速度（%）	第三产业增加值占地区生产总值比重（%）
东北三省	31199.6	5.6	52.3
辽宁	15823.9	5.5	52.4
吉林	7301.4	6.9	53.9
黑龙江	8074.3	5.0	50.8

数据来源：根据东北三省统计局公布的东北三省2023年《国民经济和社会发展统计公报》统计数据整理而成。

2. 传统服务贸易占据主导地位，高附加值服务贸易相对落后

服务贸易，作为当前最具活力的贸易领域，在全球贸易中的比重不断上升，逐渐成为推动全球经济增长的关键力量。目前，东北三省的高附加值服务进出口呈现增长趋势，有助于服务贸易结构的优化，然而，服务贸易的逆差状况尚未得到根本性改变。根据国家外汇管理局统计，2022年，我国服务贸易的总收入达到了3690亿美元[①]，比2021年增加了9%；而服务贸易的支出为4613亿美元，同比增长了5%。因此，服务贸易的逆差为923亿美元，相较于前一年下降了9%，服务贸易逆差收窄。然而，即使东北三省的服务贸易逆差有所收窄，逆差也依然存在，这反映了服务贸易领域我国企业竞争力仍然不足的现状。此外，东北三省的高附加值服务贸易在整体服务贸易中的比重有所提高，服务贸易行业的集聚程度有所降低，服务进出口的结构得到了一定程度的优化，但和东部发达地区相比，东北三省在高附加值项目的发

---

① 《2022年中国国际收支报告》，https://www.gov.cn/lianbo/2023-04/01/content_5749629.htm。

展上仍然滞后。

（二）东北地区服务贸易高水平开放的路径突破

1. 优化产业结构，培育新兴产业，打造服务贸易新优势

应积极推动产业结构调整，减少对传统服务贸易的依赖，加大对高附加值服务贸易的投入。加大政策引导的力度，鼓励企业向金融、信息技术、研发设计等领域转型，提升服务贸易的附加值。还应抓住国家发展战略机遇，大力发展数字经济、文化创意、健康养老等新兴产业，形成新的服务贸易增长点。同时，加大对创新人才的引进和培养，提供充足且优质的人才支持。

2. 拓展服务市场，提升服务质量，增强服务贸易品牌影响力

应该深化与周边国家和地区的合作，积极参与"一带一路"建设，拓展服务贸易市场。通过加强交流与合作，提升服务贸易的国际竞争力。此外，提升服务质量，增强服务贸易品牌影响力，提高服务贸易标准化水平，强化质量管理和品牌建设。政府应加大如税收优惠、金融支持、市场准入便利等政策的力度，支持高附加值服务贸易发展，为企业创新发展提供有力保障。

3. 推动服务创新，提升信息化水平，"智造"高水平服务平台

应该充分利用现代信息技术，推动服务贸易模式创新，提高服务贸易的智能化、网络化水平，为东北地区与其他地区、国家之间的服务贸易建设更大范围、更快效率、更高水平的服务平台。

第三节　地方合作的新型开放突破

一、地方友好城市的开放

自1973年中国建立第一对中外友好城市关系起，我国的国际友好城市活动持续取得新的进展。截至 2024 年 8 月，中国共有 538 个城市与全球五大洲 147 个国家和地区中的 596 个省（包括州、县、大区、道等）及 1853 个城市，建立了 3019 对友好城市（省、州）关系。

1979 年 5 月，辽宁省大连市与日本北九州市建立了友好城市关系，东北地区开启了中外友好城市关系的先河；同年 12 月，黑龙江省哈尔滨市与日本新潟市建立了友好城市关系；1980 年 10 月，吉林省长春市与日本仙台市建立了友好城市关系。至此，东北三省均开始了发展国际友好城市的新篇章。截至 2024 年 8 月，东北三省及所辖市与全球五大洲 49 个国家的 250 个省（州、市、县、大区、道等）结成了国际友好城市（省州）关系。尤其是在过去十年间，东北三省在友好城市数量方面取得了显著增长。2014 年，辽宁省、吉林省、黑龙江省的友城数量为 79 个、50 个和 79 个，而到了 2024 年，友城数量分别增长到 92 个、61 个和 97 个，这 10 年辽宁、吉林、黑龙江的增长率分别达到了 16.46%、22.00%、22.78%（见表 7-7）。

表 7-7 2014 年、2024 年东北三省友城数量情况

地区	2014 年友城数量	2024 年友城数量	同比增长（%）
东北三省	208	250	16.80
辽宁	79	92	16.46
吉林	50	61	22.00
黑龙江	79	97	22.78

数据来源：中国人民对外友好协会官方网站，https：//www.cpaffc.org.cn。

东北地区位于东北亚的地理中心地带，与东北亚五国（俄、蒙、朝、日、韩）地理位置相邻，文化相通，历史上有着密切的经济往来和人际交流，在我国的"一带一路"倡议中扮演着向北开放的重要角色。随着经济社会的持续进步和改革开放的不断深化，双方在经贸与社会各个领域的合作日

益加强，关系日益紧密，推动了友好城市数量的增加，同时也拓宽和加深了友好城市间的实际交流与合作内容。

在经贸方面，东北地区会定期举办各类商品展览会和贸易洽谈会邀请国际友好城市参与其中，如辽宁出口商品（日本大阪）展览会、大连日本商品展览会、中国—俄罗斯博览会（哈洽会）、中日韩投资贸易博览会、中蒙博览会、中国—东北亚博览会等。这些经贸领域的国际会议不仅促进了东北地区与国际友好城市之间的贸易往来，还加深了双方在多个领域的合作关系。

在人文与旅游合作方面，通过如沈阳"韩国周"、大连赏槐会暨东北亚国际文化旅游周等活动，东北地区与各国际友城之间来往更加密切，增进了彼此民间的交流和了解。

在教育文化方面，东北加快建设对外友好交流合作平台，与各个国际友好城市的交流合作成效显著。哈尔滨工业大学、东北农业大学、吉林大学、延边大学、东北大学、大连理工大学、辽宁大学、大连外国语大学等多所高校与东北亚国家建立了留学生及教育交流机制。东北三省高校在全球建立了48 所孔子学院。组建了东北三省一区"一带一路"职业教育联盟，有 14 个国家的 130 多所职业院校和企业加盟。目前，辽宁已接任东北亚地区地方政府联合会第 15 届主席地方政府，这将有利于进一步深入参与东北亚区域合作。

在深入实施"一带一路"倡议扩大国际产能合作的大环境下，东北三省持续深化与东北亚地区国际友好城市之间的互动与合作，并不断拓宽视野，在东南亚、中亚、东欧、拉丁美洲和非洲地区精心布局友好城市网络。东北地区坚持在友好交流的基础上深化务实合作，重视与欧洲、美洲等发达国家的联系。借助友好城市这一桥梁，东北地区积极推动区域内重大项目的落地、关键产业的壮大和重点园区的建设，与自贸区、装备园等机构携手，实施"引进来、走出去"的双向战略，共同利用友好城市资源拓展国际市场，促进国际合作项目的实施。通过一系列务实举措，东北地区致力于培育一批具有影响力的核心友好城市，以此提升其在国际交流领域的成效，并发挥引领和示范作用。

二、地方毗邻地区的开放

中国东北地区与俄罗斯远东地区、朝鲜、韩国、日本和蒙古国之间受各国对外政策、战略规划以及地缘政治等因素影响，近年来呈现出经济合作日益加深、地方毗邻地区日益开放的特点。

2023 年，我国与邻国俄罗斯的贸易关系显著增强，俄罗斯超越越南、德国和澳大利亚，成为中国第四大贸易伙伴。同时，中国连续 14 年成为俄罗斯的最大贸易伙伴。在这一年，中俄之间的贸易额创下历史，高达 2401 亿美元。与此同时，中国与蒙古国的贸易往来也显著增长，2023 年，双边货物进出口总额达到 165.9 亿美元，较 2022 年增长了 43.65 亿美元，增幅达到 36.1%。具体来看，中国对蒙古国的出口额为 34.72 亿美元，增长了 21.4%；而从蒙古国进口的金额为 131.17 亿美元，增长了 40.6%。同样在 2023 年，中日和中韩的贸易额分别达到 3179.98 亿美元和 3107.37 亿美元，这进一步证明了东北亚各国在经贸领域的紧密联系，成为彼此重要的经贸合作伙伴和目标市场。

经济合作的深化得益于多个领域合作的快速推进。

首先是中俄边境地区在基础设施的建设、开通和运营方面取得了显著进展。近年来，中俄几项重要的跨境基础设施项目成功实施，包括中俄黑河—布拉戈维申斯克界河公路大桥、同江铁路大桥以及西伯利亚管道，这些项目分别在 2022 年的 6 月、11 月和 12 月正式投入使用。此外，2020 年，海关总署将俄罗斯斯拉夫扬卡港纳入吉林内贸中转口岸；2023 年 5 月，海关总署宣布将符拉迪沃斯托克（海参崴）港纳入吉林内贸货物的中转口岸。符拉迪沃斯托克（海参崴）港作为远东联邦区的行政中心和俄罗斯太平洋沿岸的最大港口，对吉林开放为中转口岸，打破了以往的试点限制，使得东北地区货物可以通过该港中转至东南沿海，从而扩大了中转范围，便捷了物流运输。

　　在俄罗斯远东地区优惠政策的基础上，中国按照市场化、商业化原则加强投资合作，重点发展工业和高科技产业的合作生产。两国共同推进黑瞎子岛的开发，并加速协商涉及中俄船只在该区域水域航行的政府间协议。同时，中国正与朝鲜就中国船只通过图们江下游出海航行的问题进行建设性对话。[①] 另外，依据 2018 年 9 月生效的《关于沿亚洲公路网国际道路运输政府间协定》，蒙古国正加速推进亚洲公路网 3 号线和 4 号线在境内的基础设施建设和提升工作，此举将增进中蒙边境地区的连通性和开放性，加强区域合作。

　　其次是农业合作方面，俄罗斯远东地区紧邻中国，拥有超过 400 万公顷的广阔牧场和 250 万公顷的肥沃耕地，这为其生产环保的绿色生态食品提供了得天独厚的条件。2018 年 11 月，中国与俄罗斯签订农业合作专项规划，旨在推动两国边境地区农业合作。规划提出建设粮食、油料、畜牧、渔业综合体和养殖场，发展高附加值农产品和物流设施，并应用创新农业技术。[②] 林业方面，中俄在木材加工和科研领域合作潜力巨大。水产养殖方面，俄罗斯远东地区拥有大量闲置海域和有市场价值的水产养殖品种，双方合作前景广阔。

　　再者是旅游方面，自 2023 年 8 月 1 日起，俄罗斯为中国游客开放电子签证，简化签证申请流程，莫斯科和圣彼得堡为中国游客开设了签证中心。自 2023 年 9 月 13 日起，中俄实施团队游免签协议，中国游客跟团旅游无须请签证。远东及西伯利亚地区拥有独具一格的世界自然遗产和自然风光，如美丽的堪察加半岛、全球最大的淡水湖贝加尔湖、沿海岸线分布的大型针叶林，以及千岛群岛的活火山等等。这些地区地理位置优越，靠近中国、日本和韩国，具有巨大的旅游业发展潜力。

　　总的来看，我国与东北亚邻国加强多领域合作，推动地方毗邻地区开

---

① 资料来源：《中华人民共和国和俄罗斯联邦在两国建交 75 周年之际关于深化新时代全面战略协作伙伴关系的联合声明》。

② 资料来源：《中国东北地区和俄罗斯远东及贝加尔地区农业发展规划》。

放，中俄、中蒙经贸关系升级，基础设施、农业、林业及旅游合作成果显著，为区域经济注入新动力。

三、地方互通交流的开放

2013年9月，习近平主席对哈萨克斯坦和土库曼斯坦等国家进行了正式的国事访问，并参加了在比什凯克举行的上合组织峰会。在出访期间，习近平主席强调，构建"丝绸之路经济带"需要创新合作模式，强化五个方面的沟通与联系，即设施联通、贸易畅通、货币流通、民心相通以及政策沟通。他强调，应采取以点带面、由线至面的策略，逐步推动形成区域性的广泛合作格局。"一带一路"建设以来，东北三省围绕"五通"国际合作，取得了多领域深层次的丰硕成果。

政策沟通不断深化。俄罗斯在哈尔滨、沈阳设立领事馆，美国、日本、韩国、朝鲜、法国、德国、澳大利亚也在沈阳设立领事馆，并与发展中国家和地区的五大洲建立了经贸联系，国际交流网络不断扩展。东北地区不断推出创新性的开放政策，优化招商环境，全面放宽对一般制造业的限制，并在电信、新能源汽车等多个领域加大开放力度，对外合作的层次逐渐提高。

设施联通加快拓展。推进与东北亚地区"陆海空网冰"全方位互联互通。黑龙江、吉林、辽宁三省2023年全年旅客吞吐量分别为2525.4万人次、1783.2万人次、3751.2万人次，总计8059.8万人次，与2022年相比，分别增长了115.4%、124.2%和133.7%。[①]大数据、多媒体等现代通信网络覆盖全省。辽宁沿海港口集装箱海运航线达到193条，联通160多个国家和地区300多个港口，实现日韩和东南亚国家核心港口全覆盖，海铁联运量连续6年突破百万标箱。2023年前三季度，辽宁港口完成了5.5亿吨的货物吞吐量、1.9亿吨的外贸吞吐量和933.4万标准箱的集装箱吞吐量，与2022年相比，分别增长了2.1%、8.6%和17.2%。东北三省正在加快建设大连东北亚国际

① 数据来源：中国民用航天局，《2023年全国民用运输机场生产统计公报》。

航运中心、沈阳国家中欧班列集结中心、长春国家级临空经济示范区、哈尔滨国际航空枢纽，提升"辽满欧""辽蒙欧"两条海铁联运班列转运效率，优化其他城市通道节点的布局和集疏运体系，加大"招航引货"力度，扩展海运空运航线，广泛招引货源，进一步畅通路由、提效降费，将东北海陆大通道打造成为连接亚欧大陆的"一带一路"新通道，以及东北亚的物流枢纽和经济动脉。

贸易畅通丰富成果。区域多边贸易和投资网络正在逐步扩展，与欧洲、亚洲、非洲等地区的产能合作迅速加深。一系列标志性项目，如中德高端装备制造产业园（沈阳）、中韩国际合作示范区（长春）、哈尔滨新区暨自贸区哈尔滨片区中俄产业园、华晨宝马以及一汽奥迪项目等已高效引入并落地；俄罗斯、蒙古国、赞比亚等国的多个境外产业园顺利进行，华晨汽车集团在伊朗的汽车工厂、中铁九局的匈塞铁路项目、东软集团在非洲的医疗项目等"走出去"项目正在兴旺发展。中国（黑龙江）自由贸易试验区、中国（辽宁）自由贸易试验区等高能级开放平台作用日益显著，辽阳小北河袜业、绥芬河金燕经贸等一批跨境电商及外贸新业态也在不断壮大。

资金融通持续促进。沈阳、哈尔滨、大连金融集中区迅速发展，与国家开发银行和中国出口信用保险公司等金融机构建立了密切的合作关系，为"一带一路"项目开辟了融资快速通道，优化了融资环境，创造了"政银保企"服务新机制，增强了金融服务于实体经济的功能。

民心相通深入交流。众多社会团体主动投身于对外展示和文化交流活动，充分展现了中国文化的吸引力。中国—俄罗斯博览会（哈尔滨洽谈会）、中国国际装备制造业博览会（沈阳制博会）以及中国—东北亚博览会（长春东博会）等展会影响力在国际上不断上升。超过30所高等学府积极参与国际教育合作，吸引了2.3万名海外留学生，位居全国前列。同时，东北地区与多国共同创建了旅游合作机制，并在医疗健康领域开展了深入合作。借助东北地区的特色，生动讲述东北的故事，体现了中国文化的软实力。

四、地方新型合作的开放

东北亚国家正在东北亚地缘范围内通过多领域的新型合作、区域性的国际会议和展览等方式加速发展，其中开放性的区域新型合作涵盖数字、低碳、气候、海洋、人文等多个领域。

在数字经济合作领域，数字化是推动东北亚经济增长和社会进步的关键动力，中、日、韩三国在数字经济、人工智能等领域引领世界创新浪潮，促进技术共享交流和区域合作进步。尽管如此，隐私保护、数据安全和数字鸿沟等问题仍需东北亚国家共同应对，以促进合作、明确产权和加强政策协调。面对如此问题，东北亚国家通过多个合作项目推动数字经济发展，应对数字经济难题，涉及政府、高校和科研机构，包括产业协作创新中心、合作论坛、智库国际论坛、高峰论坛、研究中心和创新合作论坛。例如，东北亚数字经济产业合作论坛、中蒙俄智库国际论坛、中俄数字经济高峰论坛、中韩数字经济研究中心、中韩数字经济创新合作论坛、中韩5G+AI助力数字化转型创新发展研讨会、中国—朝鲜国际商品贸易数字展览会等。这些项目聚焦于数据治理、制造业数字化转型、能源、跨境电商等领域，旨在促进三边合作，支持"一带一路"和金砖国家数字经济发展，提升区域技术研发和产业创新能力，以及推动新技术、新产品和新业态的互补发展。

在低碳合作领域，面对气候变化的严峻挑战，东北亚各国正采取实际行动，包括制定和实施相关政策、推动能源结构的调整、发展可再生能源、减少化石燃料的使用，加快实现碳中和。各国尽管在低碳技术商业化、碳汇市场运作以及技术交流等方面有所合作，为区域的绿色可持续发展奠定了良好基础，但仍面临着成本高昂、技术限制、市场需求不足等挑战。可以在未来建立区域性的合作机制，如东北亚低碳合作联盟，来进一步加强成员国之间的信息交流和资源共享，促进低碳技术的转让和应用。

在气候变化应对领域，东北亚国家正积极合作，共同面对极端天气事件带来的挑战，包括洪水、台风、干旱等。在源头上减少碳排放的同时，加强极端天气事件的事中与事后监管及治理措施。在灾害的应急响应和预警系统等方面，各国已取得进展，并重视保护陆地水资源和生态恢复。然而，面对气候变化的不可预测性和城市化带来的资源约束与环境污染问题，各国需加强深入研究与创新，并将各国的实践案例作为多边对话和交流的重要依据。

在海洋合作领域，东北亚各国均展现出保护海洋环境和促进海洋经济发展的意愿与行动，具体涉及海洋垃圾处理、污染预防、渔业资源的可持续使用、海上执法和保障海洋安全等多个方面。然而，领土争议和海洋资源分配的冲突往往受到地缘政治影响，如何降低诸如此类问题的政治敏感性，以深化海洋合作，建立和完善交流机制，实现质的突破，将是东北亚国家未来合作的重要努力方向。

在人文合作领域，随着5G的广泛应用和互联网社交平台的扩张，文化交流和研究项目呈现出多样化和多层次的发展趋势。随着世界范围内疫情逐渐消散，国际旅游业正在恢复，为东北亚国家的旅游合作带来了新的发展机遇。然而，历史遗留问题和文化差异仍是影响该地区人文交流的障碍。如何增进相互认同与理解，推动人文合作的广泛参与，成为东北亚国家促进区域和平与和谐发展的重要课题。

第四节　人文合作的友好纽带突破

一、跨境旅游开放的突破

我国东北地区拥有哈尔滨、长春、沈阳、大连等充满历史底蕴和人文氛围的城市，这些城市各具特色，承载着丰富的历史记忆和文化传承。哈尔滨以其独特的冰雪文化闻名遐迩，冰雪大世界每年吸引了无数游客；长春被誉为"汽车之城"，同时也有着深厚的电影文化底蕴；沈阳作为清朝故都，拥有众多历史遗迹和文物古迹；大连则以其海滨风光和现代化都市风貌著称。这些城市不仅是东北地区经济发展的引擎，也是连接过去与未来的文化桥梁，展现着东北地区的独特魅力和时代风貌。

近年来，中国政府高度重视东北地区跨境旅游发展，出台了一系列政策措施，为跨境旅游市场提供有力支持。根据2023年3月10日文旅部和国家发改委印发的《东北地区旅游业发展规划》，政策措施主要包括：构建"三纵三横"旅游通道和"三圈两带"旅游板块、优化旅游城市空间布局、提升铁路交通服务水平、加强口岸跨境旅游服务功能、大力推动绿色旅游发展、实施特色旅游提升工程等。这一规划涵盖了辽宁省、吉林省、黑龙江省和内蒙古自治区的部分地区，面积总覆盖大约145万平方公里，规划持续到2030年。

构建"三圈两带"旅游区块和"三纵三横"旅游通道。"三圈两带"旅游区块分别是："冰雪旅游核心圈""草原森林旅游核心圈""草原沙漠特色旅游圈"和"滨海特色旅游带""边境开放旅游带"。"三纵三横"旅游通道分别为：北起抚远南至丹东的"东纵通道"；北起黑河南至大连的"中纵通道"；北起漠河南至锡林浩特的"西纵通道"；东起绥芬河西至满洲里的"北横通道"；东起珲春西至阿尔山的"中横通道"；东起丹东西至二连浩特的"南横通道"。"三圈两带"旅游区块和"三纵三横"旅游通道的构建有利于提升区域旅游的便捷性和可达性，聚焦旅游资源的整合与特色发展。

加强口岸跨境旅游服务功能。2023年8月1日起，中国公民赴俄罗斯旅游可享受电子签证的便利；2023年9月13日起，中、俄两国启动了团队旅游免签机制；2024年7月26日起，中、朝两国互相免持外交护照、公务普通护照。

优化旅游城市空间布局。加强旅游枢纽城市如大连、哈尔滨的国际航空运输能力和区域通达性，并提升重点旅游集散城市和特色旅游城市如丹东、延吉、黑河的旅游服务能力和通达性，以吸引更多国内外知名企业入驻，促进旅游科技、装备、服务和运营的发展。

提升铁路交通服务水平。优化机场体系，增加国际旅游航线，规划新建和改扩建支线机场，形成通用航空旅游网；加强铁路交通关键节点的连接，增开旅游列车，优化列车班次配置，提高铁路站点换乘便捷度；提升口岸旅游服务能力，强化基础设施建设，提高通关效率，支持设置免税店，开展跨境旅游服务，优化入出境交通工具检验检疫流程等。

大力推动绿色旅游发展。通过充分利用丰富的生态景观资源，实现生态保护与旅游发展的有机结合。措施包括：建立绿色旅游标准化体系、实施旅游节能节水减排工程、发展循环经济、建立旅游环境监测预警机制，并支持绿色旅游发展模式创新和探索建立国际绿色旅游合作平台，以促进旅游目的地整体品质升级，并确保不对生态系统功能和结构造成重大损害。

实施特色旅游提升工程。大力发展冰雪旅游，打造高品质冰雪旅游基地和国家级滑雪旅游度假地，同时发展避暑旅游和自驾旅游，构建生态、游憩、体验、运动复合功能的自驾游交通网。此外，有序发展边境旅游，依托边境特色资源，推动跨境旅游合作，提高通关便捷性，同时探索创建边境旅游示范区及跨境旅游合作区域。

东北地区将初步建立跨区域旅游一体化发展模式和布局，旅游服务质量、产品供给、治理水平将明显提高，发展活力和产业竞争力增强，旅游业在全面振兴中的作用凸显。到 2030 年，东北地区将成为全国绿色旅游的领头羊、世界级的冰雪旅游度假目的地、边境旅游改革的创新示范区，旅游业将实现高质量发展，为东北的振兴贡献巨大力量。展望 2035 年，旅游业将成为东北地区社会主义现代化的重要推动力。

二、多边文化交流的突破

东北地区地处中国东北部，与俄罗斯、蒙古国、朝鲜等国家接壤，拥有汉族、满族、蒙古族、朝鲜族等多个民族，各民族在长期交往中相互借鉴、相互融合，形成了独特的民族文化。再加上其得天独厚的地理优势，即位于东北亚的地理几何中心位置，也更加方便了民族文化的融合与多边文化的交流。

沈阳制博会、哈尔滨洽谈会和中国—东北亚博览会等展会品牌的影响力在国际上不断提升，这些展会不仅成为了展示中国制造业和技术创新成就的重要窗口，也成为了促进国际贸易合作、加强国际技术交流以及展示中华优秀文化的重要平台。随着参展企业数量的增加和展览内容的丰富，这些展会吸引了来自世界各地的专业观众和采购商，进一步推动了地区经济的发展，提升了东北地区的国际知名度和文化影响力；也通过东北元素承载的丰富的地域文化，展现了中国的文化软实力。

持续扩展的跨境服务贸易体系为各国民间服务交流提供了便利，这不仅促进了服务领域的深度合作，还加强了两国人民之间的相互理解和信任。随着服务贸易的自由化和便利化，双方的服务提供商能够更加高效地进入对方市场，提供高质量的服务产品。这不仅丰富了消费者的选择，也推动了服务行业的创新和发展。同时在这一过程中，双方在教育培训、医疗健康、旅游休闲等领域的合作日益加深，为民间交流搭建了更多平台、传播了更多文化、加强了文化交流。

随着5G技术的广泛应用和社交媒体平台的扩展，信息传播的速度和范围达到了前所未有的水平。这不仅极大地促进了全球化的进程，也为文化交流和商业合作带来了新的机遇。人们可以更加迅速地获取世界各地的资讯，跨国沟通变得无缝和即时。在这样的背景下，创新创业氛围日益浓厚，远程工作和在线教育变得普遍，虚拟现实和增强现实技术为娱乐和零售行业开辟了新的市场。同时，社交媒体平台的扩展也为民间交流提供了广阔的空间，人们可以在这些平台上分享生活、交流思想、建立跨国友谊，从而加深对彼此文化的理解和尊重。

在多边文化交流的推动下，东北地区正成为连接中国与东北亚的重要枢纽。展望未来，东北将利用其地缘和文化优势，加强与邻国的合作。政府间合作将加强，通过对话与合作机制促进区域经济繁荣。高校和科研机构将扩大国际交流，培养国际化人才，支撑区域发展。民间交流将更加频繁，通过文化、教育、旅游等活动加深人民间的友谊与信任。5G等新技术的应用将加速东北的数字化转型，推动传统产业升级和文化创意产业、数字经济的新发展。东北地区的多边合作与发展将为区域及全球的和平与发展作出新贡献。

三、数字科技融合的突破

目前，我国已步入以人工智能、大数据、云计算等数字技术为核心的数字经济时代，数字技术广泛渗透到经济社会的各个层面，成为推动经济发展的新引擎。在数字经济引领的第四次科技革命时代，数字科技创新和信息技术革命带来了生产技术条件的根本性变革。互联网成为新的生产平台，数据成为核心生产要素，通过对大量数据系统性分析整理，并结合数字技术应用，实现了生产的精确化。数字技术与传统技术相比，其创新性和广泛性尤为显著。东北地区作为中国重要的工业区域之一，正在发生数字科技与现实的深度融合，为这片黑土地注入了新的活力，开启了一场旨在重塑经济结构、提升产业能级、改善人民生活的深刻变革。

第一，数字技术创新驱动传统产业的智能化升级和数字化转型。在农业领域，利用数字技术的广泛互联性和深入应用性，打造了现代化的智慧农业和大型现代农业，促进农业产业链和价值链向更高端的方向拓展；在工业领域，加快了基于工业互联网的智能制造技术的进步，推广了人工智能、先进通信、新型显示和高级计算技术的广泛应用。通过优化生产流程，建立数字化的供应链和网络化的销售渠道，推动制造业企业的智能化和数字化转型，加强优势制造业链条的建设；在服务业方面，探索各细分行业的数字化转型和升级路径，通过"云上应用、数据利用、智能赋能"行动，提升服务业的质量和效率。此外，东北地区还在优化数字基础设施布局，建立适应新质生产力的现代化基础设施体系，加强部门间和区域间的数据资源流通与应用体系，改善数据要素的流动条件，为传统产业向集群化、智能化、高端化升级提供推动力。

第二，数字技术的快速发展促进了东北地区的创新创业生态建设。随着各省创业孵化器、众创空间等新型创业平台的搭建，以及政策扶持和资本注入，东北地区正成为创新创业的热土。国家级科技企业孵化器在运用数字技术推动科技成果转化和产业化、为科技型中小企业提供全方位服务以及培育高新技术企业和企业家方面展现出强大的能力，根据科技部公布的 2022 年度国家级科技企业孵化器名单，东北地区的黑龙江省、辽宁省分别有 3 家、2 家科技企业孵化器榜上有名。数字技术的广泛应用为创业者提供了广阔的舞台，从电子商务到大数据分析，从智能硬件到区块链应用，一系列创新项目在东北大地生根发芽，带动了就业增长和人才回流。

第三，数字技术带动东北对外贸易的高水平开放。通过加强与"一带一路"合作伙伴的合作，扩大跨境电商平台的辐射范围和影响力，高效利用跨境电商平台资源帮助东北外贸企业在更大市场内更好地参与国际竞争，进而促进其外贸业务转型升级，提升国际交流能力，吸引外资企业和国际项目，促进区域国际化水平。

第四，数字经济的蓬勃发展助力东北地区实现绿色转型。通过大数据分析和智能监控，东北地区在环境保护、资源节约等方面取得了显著成效。例如，智能电网的建设提高了能源利用效率，减少了污染排放；数字化管理手段在森林资源保护中的应用，有效提升了生态保护水平。依据 2024 年 3 月国务院发布的《中共中央办公厅 国务院办公厅关于加强生态环境分区管控的意见》，预计到 2025 年，我国将初步建立起生态环境分区管控制度，构建一个全面覆盖、精确科学的生态环境分区管控体系。该体系包括利用大数据、无人机、卫星遥感等先进技术手段进行实时动态监控，并将生态环境分区管控的执行情况纳入污染防治攻坚战的成效评估。由此可见，在生态环境保护领域，东北地区将着力提升生态环境分区管控力度，以实现建立一个精准科学、全面覆盖的生态环境分区管控体系。

在未来的发展中，东北地区将继续发挥数字技术的引领作用，通过数字技术的深度融合和创新驱动，推动传统产业的转型升级，促进创新创业生态的建设，深化产业融合，提升区域竞争力，助力绿色转型，实现高水平对外开放，为实现全面振兴和高质量发展贡献力量。

四、淡化国界体育的突破

党的十八大以来，在党中央的引领下，体育产业蓬勃发展，国家出台多项政策引导其高质量发展。2010年，国务院出台了《关于加快发展体育产业的指导意见》，首次从国家层面明确了体育产业的定义；2014年，国务院发布了《关于加快发展体育产业促进体育消费的若干意见》，将体育产业定位为促进内需扩大和经济转型的"特殊"产业，并提出了到2025年建立完善的体育产业体系的目标，将全民健身提升为国家战略；2019年，国务院发布了《关于促进全民健身和体育消费推动体育产业高质量发展的意见》，助力体育产业发展壮大为支撑国家经济的重要产业；2021年，国家体育总局出台了《"十四五"体育发展规划》，为体育产业持续注入动力。此外，北京2022年冬奥会、冬残奥会和杭州2022年亚运会的成功举办，也进一步激发了体育产业的新动能。

现代体育的兴起与城市化进程紧密相连，东北是中国城市化最早、程度最高的地区，众多高度组织化的产业工人构成了体育发展充足的人才资源和广泛的群众基础。伴随着体育事业的快速进步，这片沃土在打破国界限制、推动体育国际化方面取得了令人瞩目的成就。这里不仅孕育了冰雪运动的璀璨成就，也见证了体育产业的革新与发展，同时，跨国体育交流的深度和广度也在不断拓展。此刻，东北地区的体育事业正以全新的姿态，跨越地理界限，绘制出中国体育发展的崭新蓝图。

2024 年的 2 月 17 至 27 日，第十四届全国冬季运动会在为期 11 天的紧张赛程后圆满落幕。本届赛事中，黑龙江省以 66 金、58 银、52 铜的佳绩，连续第 14 届领跑金牌榜和奖牌榜，稳居第一；吉林省则以 62 金、56 银、42 铜的成绩紧随其后，位列金牌和奖牌总数的第二位；辽宁省在本届赛事中获得了 24 金、21 银、23 铜，排名金牌榜第六。这些成绩充分展现了东北三省在冰雪运动领域的强大实力。

多种体育赛事的举办，如哈尔滨国际冰雪节、大连国际马拉松赛、国际中体联足球世界杯，以及冰雪运动的广泛普及，推动了东北地区体育产业的快速发展。2023 年，东北地区体育产业营业收入在规模以上体育产业中的占比相比上一年提高了 9.7%，其中体育健身休闲活动对东北地区体育产业营业收入的增长贡献率达到了 52.9%。根据国家体育总局公布的数据，截至 2023 年年底，我国的体育场地总数增至 459.3 万个，人均体育场地面积达到 2.9 平方米，超过了《"十四五"体育发展规划》提出的 2.6 平方米的目标。此外，全民健身步道的总长度已达到 37.1 万公里，较 2019 年增长了 107%。2023 年，体育健身休闲活动和体育旅游服务这两个行业的营业收入同比分别实现了 52.0% 和 101.5% 的增长。

2024 年 7 月 26 日，第 33 届夏季奥林匹克运动会在法国巴黎开幕。在这场全球体育盛事中，东北地区的运动员们展现了坚韧不拔的斗志和出色的竞技能力，在多个项目中取得了优异成绩，为国家增添了光彩。这些东北健儿们以实际表现诠释了"更快、更高、更强——更团结"的奥林匹克精神，并为推动中国体育事业的进步做出了重要贡献。他们的体育精神跨越了国界，在世界范围内传播，激励着不同国家和地区的运动员们追求卓越挑战极限。这种精神不仅仅体现在竞技场上的辉煌成就，更在于它所传递的坚持、拼搏和团结的价值观。东北体育健儿们的奋斗故事和赛场表现，成为了国际体育交流的桥梁，促进了全球体育文化的相互理解和尊重，为构建一个更加和谐、包容的体育世界贡献了中国力量。

后　记

　　党的十八大以来，以习近平同志为核心的党中央高瞻远瞩、审时度势，指导实施新一轮东北振兴战略。党的十九大报告提出，深化改革加快东北等老工业基地振兴。党的二十大报告提出，推动东北全面振兴取得新突破。2023年9月，习近平总书记主持召开新时代推动东北全面振兴座谈会并发表重要讲话，强调牢牢把握东北的重要使命，奋力谱写东北全面振兴新篇章。2025年初，习近平总书记再赴辽宁、黑龙江、吉林考察，对新时代东北全面振兴作出最新指示要求，充分彰显了总书记对东北人民的亲切关怀和深情厚爱，彰显了总书记对东北振兴的殷切期望和信任重托，是对正在为东北振兴努力奋斗的各界人士的巨大鼓舞和莫大鞭策。

　　中国东北振兴研究院是在国家发展和改革委员会指导下，以东北振兴理论和政策研究为特色，为中央和东北地区各级地方政府提供政策咨询的新型智库，是辽宁省新型智库联盟首任理事长单位、"智库人才培养联盟"单位、国家区域重大战略高校智库联盟单位。先后入选"2021年中国智库参考案例（咨政建言类别）"和"CTTI 2022年度高校智库百强"，荣获"CTTI 2023年度 / 2024年度智库研究优秀成果"特等奖。

　　2020年，由中国东北振兴研究院组织编写的《东北振兴研究丛书》出版，被列为"十三五"国家重点图书出版规划项目、国家出版基金资助项目，荣获"第一届辽宁省出版政府奖"。2022年，《新时代东北全面振兴研究丛书》筹划、立项，经编委会、作者团队与出版社共同努力，丛书被列入

"十四五"国家重点出版物出版规划增补项目和国家出版基金资助项目。

值此丛书付梓之际，感谢各位作者用严谨治学的精神为丛书倾注心血、贡献智慧，感谢亿达集团董事局主席孙荫环先生的鼎力支持和在丛书启动阶段给予的充分保障，感谢辽宁人民出版社编辑团队的辛勤付出。

党中央为新时代东北全面振兴指明了前进方向，也给东北振兴发展提供了新动力新机遇。东北地区要认真贯彻落实党的二十大和二十届二中、三中全会精神，坚定信心、开拓创新，勇于争先、展现作为，以进一步全面深化改革开放推动东北全面振兴取得新突破。

中国东北振兴研究院

2025 年 2 月 12 日